传承黔南非遗
共筑德育之路

杨建红 周光发 / 编著

经济日报
北京
出版社

图书在版编目（CIP）数据

传承黔南非遗　共筑德育之路 / 杨建红，周光发编
著 . --北京：经济日报出版社，2025. 3.
ISBN 978-7-5196-1513-0

Ⅰ. G127. 732；G631

中国国家版本馆 CIP 数据核字第 2024422ZS1 号

传承黔南非遗　共筑德育之路

CHUANCHENG QIANNAN FEIYI GONGZHU DEYU ZHI LU

杨建红　　周光发　编著

出　　版：	经济日报出版社	
地　　址：	北京市西城区白纸坊东街 2 号院 6 号楼	
经　　销：	全国各地新华书店	
印　　刷：	四川科德彩色数码科技有限公司	
开　　本：	787mm×1092mm　1/16	
印　　张：	17	
字　　数：	310 千字	
版　　次：	2025 年 3 月第 1 版	
印　　次：	2025 年 3 月第 1 次	
定　　价：	68. 00 元	

编委会

序　言

在浩瀚的文化长河中，非物质文化遗产犹如一颗颗璀璨的明珠，镶嵌在中华民族丰富多彩的历史画卷上。黔南，这片被赋予自然与人文双重恩泽的土地，孕育了无数令人叹为观止的非物质文化遗产，它们不仅是黔南人民智慧的结晶，更是中华文化的瑰宝，承载着深厚的历史记忆和民族情感。

我们坚信，黔南非遗不仅仅是历史的见证，更是连接过去与未来的桥梁，是构建文化自信、促进民族团结、推动社会和谐的重要力量。通过系统梳理黔南非遗的丰富内涵与独特价值，唤起社会各界对非物质文化遗产保护与传承的高度重视。因此，本书致力于探索黔南非遗在青少年德育教育中的创新应用，旨在通过这一传统与现代相结合的教育方式，培养青少年的民族自豪感、文化认同感和社会责任感，为他们的全面发展奠定坚实的基础，共筑一条寓教于乐的德育之路。

依据中共中央办公厅、国务院办公厅印发《关于进一步加强非物质文化遗产保护工作的意见》、教育部关于印发《中小学德育工作指南》的通知等文件精神，采用跨学科主题学习的理念，挖掘黔南州非物质文化遗产资源，将非物质文化遗产内容贯穿德育教育始终，完成本书撰写。本书结构清晰，内容详实。首先，从黔南非遗的概况入手，介绍其历史渊源、表现形式、艺术特色及社会价值，让读者对黔南非遗有一个全面而深入的了解。其次，从课程育人、实践育人、协同育人、文化育人、活动育人、管理育人等六大方面切入，深入探讨黔南非遗与德育教育的融合之道，通过具体案例和实践经验，展示非遗文化在青少年品德教育、价值观塑造等方面的独特优势与显著成效。最后，我们还将展望黔南非遗的未来发展趋势，鼓励更多人参与到非遗文化的传承保护中来，共同为构建更加丰富多彩的文化生态贡献力量。

在此，我们诚挚地呼吁每一位读者，无论你是文化学者、教育工作者，还是热爱传统文化的普通民众，都能积极参与到本书的传播与推广中来。让我们携手并肩，共同为黔南非遗的传承与发展贡献力量，让这份宝贵的文化遗产在新时代焕发出更加绚丽的光彩。同时，我们也期待通过本书的出版，能够激发更多人对德育教育的关注与思考，共同探索一条符合时代要求、贴近青少年实际的德育之路。让我们以黔南非遗为媒介，以德育为引领，共同为培养德智体美劳全面发展的社会主义建设者和接班人而不懈努力！

全国教育系统先进工作者、贵州省核心专家

目 录
Contents

第一章　课程育人 ·· 001

第一节　神秘"天书"·水族密码——水书 ······················· 002

第二节　"东方探戈"·舞动苗韵——鼓龙鼓虎·长衫龙 ······ 013

第三节　自然颜色·蓝白世界——布依族蓝靛染织技艺 ········ 026

第二章　实践育人 ·· 043

第一节　马尾缠丝技·刺绣活化石——水族马尾绣 ············· 044

第二节　鲜花的咏叹·歌调承民情——惠水《好花红》 ········ 054

第三节　千年秘方·世代传承——布依族益肝草 ················· 063

第四节　花丝点珠·盘龙团凤——水族银饰制作技艺 ··········· 072

第五节　陀螺飞旋·梦想飞舞——瑶族民间竞技陀螺 ·········· 084

第三章　协同育人 ·· 095

第一节　布依族"天染"·画布青花瓷——惠水枫香印染 ······ 096

第二节　文明美器·陶艺匠心——牙舟古陶制作技艺 ··········· 105

第三节　滋味甘醇·茶和天下——都匀毛尖茶制作技艺 ········ 115

第四节　水族古酒·"九仙"糯香——水族九阡酒酿造技艺⋯⋯⋯⋯⋯123

第五节　民族风味·别样"盐酸"——独山盐酸菜制作技艺⋯⋯⋯⋯⋯130

第四章　文化育人⋯⋯⋯⋯⋯⋯⋯⋯⋯⋯⋯⋯⋯⋯⋯⋯⋯⋯⋯⋯139

第一节　静谧水族·古老技艺——黔南水族剪纸文化⋯⋯⋯⋯⋯⋯⋯⋯140

第二节　民间艺术·载歌载舞——布依族独山花灯⋯⋯⋯⋯⋯⋯⋯⋯⋯149

第三节　神秘瑶族·踏歌起舞——荔波瑶族猴鼓舞⋯⋯⋯⋯⋯⋯⋯⋯⋯158

第四节　水族曲艺·天籁之声——三都水族双歌⋯⋯⋯⋯⋯⋯⋯⋯⋯⋯167

第五节　戏曲之"花"·常开校园——长顺县马路屯堡地戏⋯⋯⋯⋯⋯174

第五章　活动育人⋯⋯⋯⋯⋯⋯⋯⋯⋯⋯⋯⋯⋯⋯⋯⋯⋯⋯⋯⋯183

第一节　游千年古邑·戏火龙嘘花——瓮安草塘火龙⋯⋯⋯⋯⋯⋯⋯⋯184

第二节　师承蔡伦·质非凡品——长顺县翁贵造纸⋯⋯⋯⋯⋯⋯⋯⋯⋯191

第三节　民间天籁·布依八音——平塘布依八音弹唱⋯⋯⋯⋯⋯⋯⋯⋯197

第四节　响篙起舞·别样风情——独山县布依族响篙舞⋯⋯⋯⋯⋯⋯⋯205

第五节　卉服鸟章·文化积淀——龙里苗族服饰⋯⋯⋯⋯⋯⋯⋯⋯⋯⋯210

第六章　管理育人⋯⋯⋯⋯⋯⋯⋯⋯⋯⋯⋯⋯⋯⋯⋯⋯⋯⋯⋯⋯221

第一节　水族盛日·庆端祥瑞——水族端节⋯⋯⋯⋯⋯⋯⋯⋯⋯⋯⋯⋯222

第二节　金黄小果·维 C 之王——刺梨干制作技艺⋯⋯⋯⋯⋯⋯⋯⋯⋯232

第三节　音韵悠扬·技艺非凡——布依族器乐演奏绝技⋯⋯⋯⋯⋯⋯⋯245

后　记⋯⋯⋯⋯⋯⋯⋯⋯⋯⋯⋯⋯⋯⋯⋯⋯⋯⋯⋯⋯⋯⋯⋯⋯⋯258

第一章　课程育人

非遗德育课程育人
——课堂与德育并行·知识与品德并进

非遗文化不仅是中华优秀传统文化的瑰宝，还是重要的学校教育资源，以非遗文化引领学校教育多学科交叉融合发展，让更多的学科教学与非遗文化产生"化学"反应，为非遗保护事业融入更多的力量和资源。非遗文化进校园有利于保护好、传承好、利用好非物质文化遗产，对于延续历史文脉、坚定文化自信、推动文明交流互鉴、建设社会主义文化强国具有重要意义。

本章我们重点探讨以下问题

● 水书习俗怎样融入中华优秀传统文化教育？

● 鼓龙鼓虎·长衫龙与学科教育如何结合？

● 如何利用布依族蓝靛染织技艺开展跨学科教学？

第一节 神秘"天书"·水族密码——水书

图1 水族水书

水书属于国家级民俗类非物质文化遗产。在55个少数民族中，22个民族有与自己的语言相一致的文字，是中国文字史的重要组成部分。水族是一个古老的民族，在漫长的发展过程中，水族先民创造了特有的民族文字——水书。

一、水书习俗概述

水族是为数不多的拥有本民族语言及文字的民族之一，水族语言称水书为"泐睢"（"泐"即文字，"睢"即水家，"泐睢"意为水家的文字或水家的书），水书是水族的古文字、水族书籍的汉译通称，它是一种类似于甲骨文和金文的古老文字符号，被誉为象形文字的"活化石"、水家人的"易经"和"百科全书"，是解读水族悠远、沧桑、苦涩历史的重要典籍。水族文字有象形字、指事字、会意字和假信字等，因部分文字类似汉字的反写、倒写、改写，外族人称之为"反书"。经近年水族学者研究，水书文字能够被识读的单字有500余字，常用文字486个，含异体在内则有3000余字。

水书大致分为两类：一类叫"普通水书"，水语称之为"白书"，用于婚丧嫁娶，出行占卜；而另一类叫

图2 水书先生

秘笈水书，水语称之为"黑书"，传世者极少，能解读破解的更是凤毛麟角。根据其性质又可以分为吉、凶两类，其目录可分为阅览本、朗读本、遁掌本、时象本、方位本、星宿本，等等。

水书习俗是水书形成、发展和传承并以此构成与水族生活相关的习俗。水族人民丧葬、祭祀、婚嫁、营建、出行、占卜、生产，均先由

图3　古老水书

水书先生从水书中查找出依据，然后严格按照其制约行事，这是形成水书习俗文化的重要前提。水书是水族人民的精神内核和支柱，它对水族社会生产生活有着广泛的影响力和制约力。2002年水书被国家档案局中央档案馆列入第一批"中国档案文献遗产名录"。2006年5月20日，水书习俗经国务院批准列入首批国家级非物质文化遗产名录。

思考：

水族水书与商周时期的甲骨文有什么联系呢？

二、水书习俗中的学科知识

首先，水书习俗是水族的特有文化，学习水书必然要了解水族这一古老的民族及其文化，而水族的形成历程涉及到历史学科知识，水族的分布、水族聚落的布局与当地自然环境的关系、水族的民族文化等涉及到许多地理知识，水族建筑、服饰、饮食等文化中蕴含的思想与精神则涉及到语文学科的知识；其次，水书本身就是一种民族文字，在学习水书、认识水族文字的过程中需要运用语文相关知识，而水书的起源与水书习俗的形成则更多涉及到历史学科知识；最后，水书的价值以及如何

保护和传承水书则涉及到语文、历史、地理、政治等多个学科，需要综合多个学科知识进行学习。

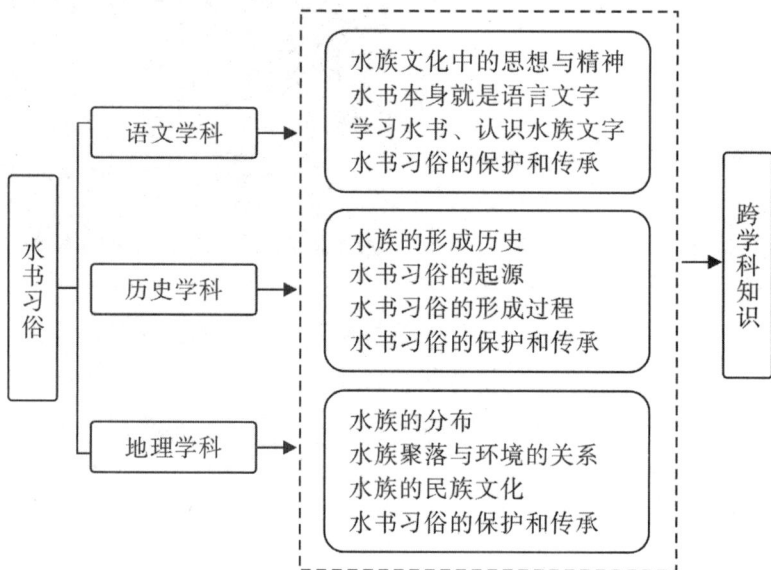

图 4　水书习俗中主要的学科知识

三、基于水书习俗的跨学科教学设计

探秘古老民族的语言文字——水族水书

（一）授课年级

八年级。

（二）课标解读

运用地图和相关资料，简要归纳中国的民族分布特点，树立中华民族共同体意识。

解读：本课标要求学生运用地图和相关资料进行学习，因此，在教学中选取本土案例，结合图片和视频等资料，让学生在民族文化的熏陶下感受家乡民族的魅力，从而树立文化自信，感受到中华民族是一个共同体。

（三）学情分析

八年级学生经过一年的学习，已经初步掌握了读图的方法，在分析问题时思路也相对清晰。在日常生活中对地理知识已有一定的积累，能够说出我国民族的分布。八年级学生具有好奇、好动、好表现的个性，因此在教学过程中要充分利用图像材料、激发学生对学习的兴趣，在教学中为学生搭建探究平台，组织相关活动。注重引导学生通过自己的分析得出结论，培养学生的地理思维能力，增进学生对新知识的深化理解。

（四）教学目标

A. 运用图文资料了解我国水族分布、水族文化特点及水书的价值与保护措施；

B. 运用水族分布图，培养学生读图、析图能力；通过实践活动，提高学生归纳、综合分析问题的能力；

C. 认识水书是世界宝贵的文化遗产的组成部分，是我国少数民族传统文化的宝贵财富，明确传承人类文明、保护世界非物质文化遗产是历史与未来赋予我们的重任。培养学生辩证唯物主义的观点，学习时取其精华，去其糟粕，获取智慧的理性认知。

（五）重点难点

重点：水族的分布及文化特点；水书的含义、类型、形成过程、传承。

难点：水族的分布及文化特点，水书的文化内涵与价值。

（六）教法学法

讲授法、课堂讨论法、合作探究法等。

（七）教学准备

教师自制多媒体课件、准备学案，并熟悉授课内容，同时学习该主题的跨学科知识，为提高教学质量做充分准备。学生提前预习课本知识，同时查阅相关资料，学习课外相关知识。

（八）课时安排

2课时。

（九）教学过程

表1　教学过程

教学过程	教师行为	学生活动	设计意图（德育体现）	学科链接
新课引入	同学们，你们知道我们中国有多少个少数民族吗？其中有文字的又有多少呢？这说明什么？	阅读资料，为本节学习做好准备。集体回答：55个，22个。有些民族有语言而没有产生文字。	利用提问的方式导入新课，将学生引入课堂。接着以水族文字引入新课教学，营造良好的课堂氛围。	运用地图和相关资料，简要归纳中国的民族分布特点。（地理七年级上）

续表

教学过程	教师行为	学生活动	设计意图（德育体现）	学科链接
新授课	同学们说得很好，文字是一个民族历史文化的结晶和载体，今天我们所要学习的水书，被形象地称为"活着"的象形文字，今天就让我们一起走进水书。 教学环节一：水族分布 水族自称"睢（suǐ）"，因发祥于睢水流域而得名，故民间有"饮睢水，成睢人"之说。对于水族的来源，民间和学术界出现殷人后裔说、百越（两广）源流说、江西迁来说、江南迁来说等。	发言：水族主要分布在贵州省、云南省、江西省和广西壮族自治区。 读图描述三都的地理位置，并简述三都的地理环境，各抒己见开展话题：1.三都的地理位置。位于贵州省黔南布依族苗族自治州东南部，东邻榕江县、雷山县，南接荔波县，西接独山县、都匀市，北连丹寨县。位于107°40′~108°14′E，25°30′~26°10′N。 2.三都的地理环境怎么样？ 地形以丘陵为主，溪流交错，植被多为常绿阔叶林，属亚热带季风气候。 3.水族人口分布有什么特点？ 主要分布在以贵州省黔南州三都水族自治县为中心的周边区域。	培养学生的读图能力和综合分析能力。 激发学生思考，学会独立地思考问题。 学会提取信息并让学生感受我国少数民族的文化魅力。 设置小组任务，让学生充分参与到课堂当中，调动学生的积极性。	运用地图和相关资料，简要归纳中国的民族分布特点。（地理七年级上） 能够知道中国古代遗留至今的各类史料是了解和认识中国古代历史的重要证据。（历史七年级上）

续表

教学过程	教师行为	学生活动	设计意图（德育体现）	学科链接
新授课	【任务】 结合相关资料，说明水族主要分布在哪些地区。世界的水族在中国，中国的水族在三都，那三都的地理位置和地理环境如何呢？ 投影贵州省简图并提供学案 过渡：优越的地理位置、多样的自然环境造就了别样的三都。 承转：水族是一个古老的民族，拥有独特的文化，勤劳智慧的水族人民在漫漫的历史长河中孕育出别具一格的民族文化，其中水族妇女用马尾作为重要原材料创造出的马尾绣被称为刺绣的"活化石"，列入 2006 年文化部公布的第一批《国家级非物质文化遗产名录》。 请同学们根据课前预习和屏幕所展示的文字材料描述水族文化，小组合作交流完成。	小组 1：水族的服饰。 水族的服饰较注重外形曲线美。未婚女子喜用浅蓝色、绿色等布料制作有领衣衫，下着靛青长裤，腰系绣花长围腰，颈部银项为链，围腰上系提花飘带，拖于身后；已婚女子多以沙青布制作服饰，系长方形青色腰带。 小组 2：水族的图腾。 水族人的图腾崇拜首先为鱼，其次为龙。 小组 3：水族的建筑物。 水族人民多依山傍水而居，房屋多为木质结构楼房，多为干栏式建筑。 小组 4：水族的饮食。 水族以大米为主食，喜食酸辣调味，有"无菜不酸，无辣不食"的习俗。待客以酒为重。	利用民族的传说介绍水书起源，增强其趣味性，并引导学生自主查阅资料了解其形成过程。 少数民族文化具有独特性和多样性，学习这些文化能够拓宽学生的视野，激发其好奇心和求知欲，促进其思维的灵活性和创新性发展。	运用地图和相关资料，简要归纳中国的民族分布特点，树立中华民族共同体意识。（地理七年级上） 了解中华民族对人类文明的贡献，为中华民族创造的文明成就感到自豪，坚定文化自信。（道法六年级）

续表

教学过程	教师行为	学生活动	设计意图（德育体现）	学科链接
新授课	教学环节二：水书是什么？ 【讲解】水书是水族古文字及其著编典籍的汉译通称。由于其结构多为象形，主要以花、鸟、虫、鱼等自然界中的事物以及一些图腾物如龙等所撰写和描绘，仍保留着远古文明的信息，在水族地区仍被广泛使用，因而被专家、学者誉为象形文字的"活化石"。	水书是中国西南少数民族水族先民创制的雏形文字。水书被誉为水族的"百科全书"。水书习俗是水书形成、发展和传承并以此构成与水族生活相关的习俗。 小组1：水族古文字的结构大致有三类：一是象形字，有的字类似甲骨文、金文。 小组2：二是仿汉字，即汉字的反写、倒写或改变汉字形体的写法。 小组3：三是宗教文字，即表示水族原始宗教的各种密码符号。书写形式从右到左直行竖写，无标点符号。水族古文字的载体主要有：口传、纸张手抄、刺绣、木刻、陶瓷煅造等。	增进学生对水族的了解和认识。增强学生结合地图分析地理事物和现象的能力。 为学生接下来的活动做铺垫。利用小组抢答的方式，让全班同学都能参与到课堂中来。 培养学生合作探究的能力、通过阅读获取信息的能力。 学生在了解不同民族文化的过程中，需要运用比较、分析、综合等思维方法，这有助于培养其逻辑思维能力和批判性思维能力。	运用地图和相关资料，简要归纳中国的民族分布特点，树立中华民族共同体意识。（地理七年级上） 了解中华民族对人类文明的贡献，为中华民族创造的文明成就感到自豪，坚定文化自信。（道法六年级）

续表

教学过程	教师行为	学生活动	设计意图（德育体现）	学科链接
新授课	【任务】 1. 查阅资料，介绍水书字体的结构。 2. 水书字体判读。 请同学们结合生活实际，大胆联想，猜猜这些是什么字。 教学环节三：水书溯源 【讲解】水书的制造时代极为古远，有学者推测，水书源头可追溯至夏代，而且水书与甲骨文、金文具有"姻缘关系"。水书制造之地点，"初在西北一带，由北方次第传入江西，再由江西迁入贵州省"。 关于水书的起源，下面请两位同学来分享一下。	学生1：水族文字是水族的一位名叫陆铎公的先祖创造的。相传，他花了6年时间创制文字。起初，水族文字"多得成箱成垛，堆满一屋子"，后来天皇派天将烧了装着水族文字的房子。陆铎公生怕再遭天皇算计，此后全凭记忆把文字装在脑子里。 学生2：水族文字是陆铎公等六位老人在仙人那里学来的，仙人根据水族地区的牲畜、飞禽和各种用具，造成了"泐睢"。六位老人经过6年的学习，终于把"泐睢"学到手，并记在竹片、布片上带回。在回家的路上，"泐睢"被人抢走。为了避免再遭人谋害，凭着记忆，陆铎公故意用左手写"泐睢"，改变字迹，还将一些字写反、写倒或增减笔画，形成了特殊的水族文字。	强化学生的民族共同体意识，培育民族情感。 提取信息并让学生感受我国少数民族的文化魅力。 了解民族文化起源是传承和弘扬民族文化的基础和前提。只有深入了解民族文化的历史渊源和发展脉络，才能更好地把握民族文化的精髓和特色，从而有效地传承和弘扬民族文化，让其在现代社会中焕发出新的生机和活力。	运用地图和相关资料，简要归纳中国的民族分布特点，树立中华民族共同体意识。（地理七年级上） 能够知道中国古代遗留至今的各类史料是了解和认识中国古代历史的重要证据。（历史七年级上）

续表

教学过程	教师行为	学生活动	设计意图（德育体现）	学科链接
新授课	教学环节四：水书价值 承转：水书经历了漫长的发展历程，至今仍被广泛使用。"水书"是水族先民在远古的生产生活中创制出的独具一格的文字，被誉为水族的"百科全书"，其内容博大精深，是水族民间知识、民间信仰文化的综合记录与体现。水书是夏商文化的孑遗，属水族的精神支柱，被水书先生代代相传。主要用来记载水族的天文、地理、宗教、民俗、伦理、哲学等文化信息。 【任务】结合资料，说明水书的重要价值。 教学环节五：水书的保护与传承 水书是世界上除东巴文之外又一存活的象形文字，水书在水族群众的社会生活中，至今还起着很重要的作用，如婚丧嫁娶仍然照水书记载的"水历"推算决定。然而水书是靠一代又一代的水书先生通过口传、手抄的形式流传下来的，它是水族古文字抄本和口传心授文化传承的结合。水书先生与水书的结合是传承水族传统文化的重要前提。随着时代的变迁，水书的传承面临困境，2006年被列为"国家级非物质文化遗产"。	学生1：水书是水族天文历法、信仰文化、民间知识杂糅的综合典籍，被誉为"华夏古文化宝库中一块珍贵的活化石"。以水文字为主要载体的水书抄本典籍，在文字学、文化学、民族学和民俗学等学科领域中具有重要的研究价值。 学生2：水书具有极高的美学价值。作为一种象形文字，水书兼具图形和文字的特点。象形是人类最原始的造字方法，水族先民对所见所感的事物进行描摹提炼，记载自然之物、生产生活之事，并对其进行抽象化的加工，达到快速辨别、识记的作用。水书文字形象精练、个性鲜明，具有相当的图案形象美。	通过学习和传播民族文化，我们可以让更多的人了解并欣赏到这些文化的独特魅力，从而激发人们对传统文化的兴趣和热爱，促进传统文化的传承与发展。 学生将意识到自己是民族文化传承的重要一环，有责任和义务去保护和弘扬自己的文化。这种爱国情怀和民族责任感将激励学生更加努力学习，积极投身社会建设，为民族文化的发展贡献自己的力量。	运用地图和相关资料，简要归纳中国的民族分布特点，树立中华民族共同体意识。（地理七年级上） 能提出学习和生活中感兴趣的问题，共同讨论，选出研究主题，制订简单的研究计划。（语文八年级）

续表

教学过程	教师行为	学生活动	设计意图（德育体现）	学科链接
拓展	【任务】 1.结合查阅资料，谈一谈保护水书的必要性。 2.想一想，为更好促进水书的保护和传承，我们应该怎样做呢？	组内交流讨论。 小组讨论，分组发表见解。提出保护与传承的措施。 学生回答： 1.开展水书进校园活动、培训骨干教师。 2.对水书先生讲话进行录音整理。	学生可以相互学习、取长补短，共同深化对问题的理解和认识。	运用地图和相关资料，简要归纳中国的民族分布特点，树立中华民族共同体意识。 （地理七年级上）
小结	我国是一个多民族的大家庭，各民族都有悠久的历史和丰富的文化，五十六个民族同呼吸、共命运、心连心，为祖国的繁荣发展奠定了坚实的基础。当然在研究和学习各民族的文化时一定要坚持一分为二的观点，取其精华，去其糟粕。			
作业	1.选出一个你感兴趣的民族，结合地图说出其分布特点并简述其文化特点。 2.你认为应该如何传承和保护非物质文化遗产？			
板书设计	一、水族的分布特点 二、水族水书的含义、类型（是什么） 三、水族水书习俗的来源（怎么来的） 四、水族水书有什么功能（有何作用） 五、如何保护与传承水族水书（如何保护）			

（十）教学反思

学生在本次课堂教学中表现出较高的积极性，很愿意去了解水族文化与水书，但由于水书年代久远，学生难以真正了解其价值与传承，并且缺乏直观感受，在今后的教学中可适当融入视频、图片等。

■ 问题探究

贵州的少数民族语言文字

贵州是个多民族省份，全省共有 55 个少数民族。其中有 17 个世居少数民族：苗族、布依族、侗族、土家族、彝族、仡佬族、水族、回族、白族、瑶族、壮族、畲族、毛南族、蒙古族、仫佬族、满族、羌族。这些少数民族大多有自己的语言，在日常生活中，主要以本民族语言为交际工具。全省有语言的世居少数民族人口约 1200 万人，其中约有 600 万人不通汉语。各族语言内部在语音、词汇上也有小的差异，从而形成在同一民族语言里又分为若干方言和土语，其中尤以苗语的方言土语最多，有东部、中部和西部三大方言，各方言下又分为若干方言和土语；瑶语有优勉、斗睦、巴哼三种方言；布依语分为黔南、黔中、黔西三种土语；侗语分南北两种方言；水语有阳安、潘洞和三洞三种土语；仡佬语有四种方言。

彝族和水族在解放前都有自己的文字。

解放后，政府分别为苗族、布依族、侗族创制了拼音文字，并在这几个民族的聚居区内试行推广。1995 年，中国社会科学院和国家民委组织专家学者对贵州实验推行的苗文（黔东方言）、布依文、侗文进行论证验收，认为已具备正式推行的条件。1996 年，贵州省人民政府根据调查组的意见和少数民族群众的要求，向国务院呈文要求正式批准上述三种文字。

任务清单：

1. 查阅相关资料，说说贵州省的少数民族有哪些，其分布有何特征？
2. 调查家乡所在县市的少数民族，并了解其民族语言与文字。
3. 将家乡少数民族文字进行对比，归纳其异同点。

第二节　"东方探戈"·舞动苗韵——鼓龙鼓虎·长衫龙

鼓龙鼓虎·长衫龙属于国家级传统舞蹈类非物质文化遗产。苗族鼓龙鼓虎·长衫龙舞蹈，感情丰富，韵律抑扬，舞姿粗犷，矫若游龙，翩若惊鸿，深沉古朴，是民间艺术之瑰宝，被誉为"东方探戈"。

图1　鼓龙鼓虎·长衫龙

一、鼓龙鼓虎·长衫龙简介

芦笙舞，又名"踩芦笙""踩歌堂"等，因用芦笙为舞蹈伴奏和自吹自舞而得名。它流行于贵州、广西、湖南、云南等地的苗、侗、布依、水、仡佬、壮、瑶等民族聚居区，是南方少数民族最喜爱、分布最广泛的一种民间舞蹈。从已出土的西汉铜芦笙乐舞俑分析，芦笙舞至少已有两千多年的历史。芦笙舞大多在年节、集会、庆贺等喜庆时刻表演，主要有自娱、竞技、礼仪三种类型。

鼓龙鼓虎·长衫龙苗语音为"打容打阻·阿冗"，是贵州苗岭山麓小花苗聚居区贵定县新铺乡谷撒村所独有的一种苗族芦笙舞蹈，至今已有千年以上的历史。据记载，宋代，黑蛮龙跟随岳飞抗金立功，被封为"龙虎将军"，后因岳飞父子风波亭遇害，他"痛哭几日绝食而死"。人们以鼓龙鼓虎·长衫龙的舞蹈纪念这位苗族英雄，并一代一代地流传下来。

长衫龙这种苗族芦笙舞过去仅在丧葬和祭寨神仪式中表演，现在则每逢重

图2　苗族长衫龙陈列室

大节日集会、婚嫁、立房、跳月等传统民族活动都要表演，成为开展娱乐竞赛、增进情谊的重要活动方式。长衫龙包括男子双人舞、四人舞和群舞等形式，整个舞蹈分为三节，第一节表示群龙出现，第二节表示龙腾虎跃，第三节表示群龙抢宝。舞者身着黑色大襟长衫，头插两根野鸡翎，顶龙面牛角图腾，戴髯口，拴红色银饰腰带，手执芦笙，自吹自跳，

图 3　长衫龙表演

随着流畅的芦笙旋律做出"龙斗角""龙吐水""龙出洞""龙飞膀子""莲花""拜见"等动作。该舞伴奏乐器笙管粗长，声音低沉浑厚，音乐节奏鲜明，舞蹈动作与音乐紧密结合为一体，形成一种独具魅力的艺术形式。

　　鼓龙鼓虎·长衫龙舞蹈形式独特，是一种具有人类学、社会学、民族学、民俗学研究价值的民间舞蹈。由于社会环境的改变，外来文化等多方面因素对苗寨多有影响和冲击，这一古老的民间艺术形式已处于严重的濒危状态，亟待保护。

> **思考：**
> 　　苗族有鼓舞、芦笙舞、接龙舞、跳香舞等多种传统舞蹈，它们之间有什么差异呢？

二、鼓龙鼓虎·长衫龙中的学科知识

　　鼓龙鼓虎·长衫龙本质上就是一门艺术，表现为舞蹈与芦笙乐器结合，也可以看作民族体育，主要涉及到音乐、体育、美术等学科的知识。在音乐学科上，长衫龙表演中使用的芦笙属于民族乐器，学习时需要运用乐器与乐理等知识，长衫龙的体裁与风格，及其与苗族人社会生活的关系也体现了文化理解；在体育学科上，长

衫龙是一种配合芦笙的舞蹈，包含了一些体育动作与团队合作精神，它也是健康行为的一种表现；在美术学科上，长衫龙的表演服饰属于民族服饰，一些图案蕴含美术元素，体现了中华优秀传统美术的文化内涵及独特艺术魅力。此外，长衫龙还涉及到地理、历史、政治等学科。

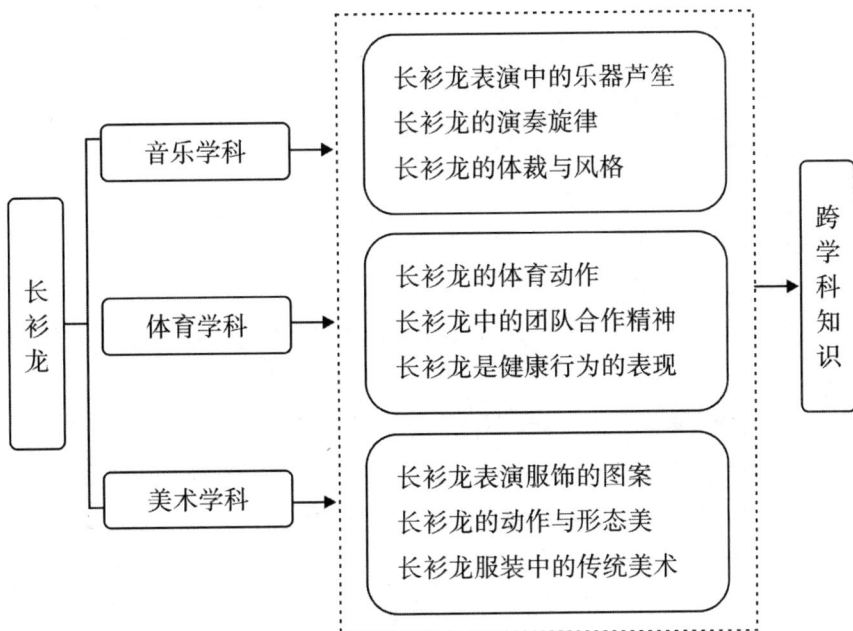

图 4　鼓龙鼓虎·长衫龙中的学科知识

三、基于鼓龙鼓虎·长衫龙的跨学科教学设计

国家级非物质文化遗产长衫龙的价值与传承

（一）授课年级

高二年级。

（二）课标解读

课标要求："描述旅游资源的分类与内涵"（地理选修 5）；"区别自然遗产和文化遗产的基本概念，结合实例说明保护世界遗产的意义与方式"（地理选修 5）；"运用资料，说明保护传统文化和特色景观应采取的对策"（地理选修 6）。

解读：本课题以贵定县国家级非遗长衫龙为案例，要求学生能说出非遗旅游资源的含义和类型，能够认识长衫龙是文化遗产之一，同时，通过了解苗族的相关文化，学习少数民族独特的成果，激发民族自信心。此外，通过分析长衫龙的传承现状与对策，学会保护和传承非遗，从而树立保护人类文明成果的观念。

（三）学情分析

在初中阶段，学生已经学习了我国民族以及旅游的相关知识，对本节课的学习有了一定知识积累，选取贵定长衫龙为案例，让学生对家乡的事物有一定了解，此外，学生经过高中一年的学习，思维和分析能力均得到一定锻炼，可以顺利完成本次学习。

（四）教学目标

A. 描述非物质文化遗产内涵与类别。

B. 认识苗族的独特文化及其价值。

C. 说明长衫龙传承存在的问题和对策。

D. 激发学生对非物质文化遗产的保护意识，培养民族团结精神。

（五）重点难点

重点：非物质文化遗产内涵与类别、长衫龙的特点与价值、长衫龙传承存在的问题和对策。

难点：长衫龙传承存在的问题和对策。

（六）教法学法

讲授法、多媒体展示法、合作探究法、自学辅导法。

（七）教学准备

教师：根据搜集的相关资料制作多媒体课件。

学生：查阅贵州的非物质文化遗产，收集苗族和贵定长衫龙的相关资料。

（八）课时安排

1 课时。

（九）教学过程

表 1　教学过程

教学过程	教师行为	学生活动	设计意图（德育体现）	学科链接
新课引入	众所周知，我国有 55 个少数民族，我们班有没有少数民族的同学？主要有哪些民族？	学生回答：有，侗族、苗族、布依族、水族、毛南族等。	以提问的形式导入，吸引学生注意力，激发学生学习兴趣。	

续表

教学过程	教师行为	学生活动	设计意图（德育体现）	学科链接
新授课	承转：一提到这些少数民族，你会想到什么。 教学环节一：非物质文化遗产概述 板书：非物质文化遗产的内涵与类型 过渡：非物质文化遗产是一个国家和民族历史文化成就的重要标志，是优秀传统文化的重要组成部分。那么，非物质文化遗产是什么？ 非物质文化遗产又可以划分为许多类别，我国把非物质文化遗产划分为十大类，即民间文学、传统音乐、传统舞蹈、传统戏剧、曲艺、传统体育、游艺与杂技、传统美术、传统技艺、传统医药、民俗。 承转：了解了非遗类型，我们以贵定长衫龙为例，学习非遗的保护与传承。	学生回答：侗族大歌、苗族银饰、放蛊、苗药、布依八音、水族历法、水书、毛南族刺绣。 学生回答：非物质文化遗产是指各族人民世代相传，并视为其文化遗产组成部分的各种传统文化表现形式，以及与传统文化表现形式相关的实物和场所。"非物质文化遗产"与"物质文化遗产"相对，合称"文化遗产"。 从这十类非遗中选择感兴趣的类别，并列举几个例子： 学生1：民俗，如三月三、苗年、独山花灯等。 学生2：传统技艺，如牙舟陶、枫香染、马尾绣、荔波竹编等。	利用提问，让学生说出印象最深的少数民族事物，以此引出非遗。 让学生自己说出对非遗的理解，教师纠正补充，加深对非遗概念的印象。 学习非遗的类型，通过举例加深学生对非遗项目的了解。	"描述旅游资源的分类与内涵"。（地理选修5） "区别自然遗产和文化遗产的基本概念，结合实例说明保护世界遗产的意义与方式"。（地理选修5） 运用资料，说明保护传统文化和特色景观应采取的对策。（地理选修6）

续表

教学过程	教师行为	学生活动	设计意图（德育体现）	学科链接
新授课	教学环节二："长衫龙"之求知 板书：长衫龙概况 讲述：长衫龙是苗族的一种传统舞蹈，是非物质文化遗产之一，那么它究竟是什么呢？ 讲述：小花苗自古素拜龙，龙能呼风唤雨。能使人间风调雨顺、五谷丰登，能为苗族消灾解难，是他们崇拜的神。请同学列举几个相关的故事。 承转：人们用舞动着鼓龙鼓虎的旷野气势，祈福人兴旺、五谷丰的吉祥。长衫龙可群舞，有许多与龙有关的动作，主要有哪些？	根据课前查找的资料回答： 长衫龙是国家级非物质文化遗产，流传于贵州省黔南布依族苗族自治州贵定县德新镇四寨村，是苗族所独有的一种芦笙舞蹈，流传迄今已有上千年的历史，是广大花苗同胞在传统民族节日里和盛大庆典仪式上祈福驱邪、图腾崇拜的艺术表现形式。因表演时着长衫而叫长衫龙。 学生1：苗族认为老祖公在一次农事活动中，听到一片秧鸡叫声，估计有水源，寻声探寻，发现有一天然龙形水井穴，他们认为是龙神相助指路，迁寨开荒于此，建成了谷撒寨。	学生根据课前查找资料回答，锻炼学生提取信息和语言表达能力。 插入小故事环节，增强课堂的趣味，提高学生的积极性。 学生在了解知识点背后的历史、文化和社会背景时，他们能够更好地将新信息与已有知识相融合，从而加深理解，形成更为牢固的记忆。	"描述旅游资源的分类与内涵"。（地理选修5） "区别自然遗产和文化遗产的基本概念，结合实例说明保护世界遗产的意义与方式"。（地理选修5） 认识艺术起源于人类的生活、生产实践，探究人类如何运用艺术语言表现社会生活。（艺术必修1）

续表

教学过程	教师行为	学生活动	设计意图（德育体现）	学科链接
新授课	讲述：长衫龙，苗族芦笙舞蹈过去仅限于在丧葬和祭寨神仪式中表演，如今每逢重大节日集会、婚嫁立房、跳月等传统民俗活动都会表演此舞蹈，它们有何不同？ 讲述：长衫龙发挥了什么作用呢？ 总结为社会功能、学术功能、艺术功能。	学生2：苗族祖先黑蛮龙在得知岳飞死后，伤心过度而亡，人们建黑神庙纪念他。 学生回答：龙聚会、龙虎八卦阵、龙游虎行、群龙闹海、群龙抢宝、群龙喝彩、龙祈福、龙传宗。 学生回答：用于丧葬时，在丧葬队伍的最前列表演；用于祭寨神时，则于农历二月初一这一天在杀牛祭祖踩场之际表演；用于立房时，往往在踩屋脊时进行；用于跳月时，则在正月初一至三十的"跳月场"活动中表演。 学生回答：①将花苗同胞联系在一起。②供人们研究其历史文化。③具有美学价值。 学生回答：最初为家族式传承，后变为寨内传承，只传男性，从后辈中选择优秀者作为传承人。	加深对长衫龙的了解。 了解长衫龙用途，增强学生对其文化内涵的理解。 体会长衫龙背后的人文情怀。 了解其传承模式，为接下来的问题和对策做铺垫。 通过学习和欣赏民族舞蹈，学生能够感受到自己民族的独特魅力和深厚底蕴，从而增强民族认同感和自豪感。	结合实例，说明地域文化在城乡景观上的体现。（地理必修2） 做出正确的身体姿态、身体各部位的基本动作和基本步伐等健身健美操基本动作，初步形成健身健美操的乐感。（体育必修）

续表

教学过程	教师行为	学生活动	设计意图（德育体现）	学科链接
新授课	过渡：多年来，长衫龙将花苗连在一起，发挥社会功能，长衫龙这么多年是怎样传承的呢？ 播放一个贵定中学学生跳长衫龙的视频。 过渡：长衫龙是花苗所独有的舞蹈，而苗族分布于我国的湖北、湖南、贵州、广西等多个省份，此外，苗族存在许多支系，它还有哪些他称？ 承转：下面我们来探讨苗族文化。 板书：苗族的特色文化 展示：苗族服饰图片 讲述：苗族在发展过程中形成了特有的文化，比如苗族女装极为讲究，可以根据服饰花纹的多少来确定女子的大概年龄，以及其是未婚或是已婚。	了解长衫龙的背景知识后，观看并欣赏视频。 学生回答：苗族有这些他称，如"长裙苗""短裙苗""红苗""白苗""青苗""花苗"等，中华人民共和国成立后统称为苗族。 各小组分别介绍： 1.非遗一组：苗族刺绣 苗族刺绣以挑花工艺为核心，其有以下特点： 挑花主要用于妇女服饰，挑花原料多出于自己之手，构图多是几何图形。题材来自苗族人民生活、生产和传说故事中所熟悉的东西，具体挑法有以下几种：①不先起样，数纱挑刺。②先画后蜡染。③针法以十字针法为主，反面挑绣、正面欣赏。	认识苗族独特的文化，增强文化自信和民族自豪感，培养学生的民族团结观念。 苗族刺绣以其独特的图案设计、精湛的技艺和丰富的色彩运用，展现出极高的艺术价值。学习苗族刺绣，可以让人近距离地欣赏到这种传统艺术的魅力，提升个人的审美能力和艺术鉴赏力。	运用资料，说明保护传统文化和特色景观应采取的对策。（地理选修6） 通过对当地或其他地区各种手工艺品的认知和鉴赏，识别手工艺的品种与艺术特色，形成对中国传统手工艺，尤其是非物质文化遗产的兴趣和认同。（美术选择性必修）

续表

教学过程	教师行为	学生活动	设计意图（德育体现）	学科链接
新授课	女童穿的是青色和蓝色搭配的长衫，只有袖子，长衫上有一种或两种花纹。未婚女子则是头戴喜鹊棉帽，帽后有两条蓝色飘带，身着蓝布长衫、蓝色长裤。已婚女子的服装是头戴方帕并扎白色布条，上身着刺绣衣服，腰系短裙，下身小腿扎绑腿，手戴银镯子，有的还戴银项圈。已婚妇女上衣的图案里有蝴蝶、豆米、桌子角、花边、银泡、螃蟹。中老年妇女衣服的花纹逐渐减少，穿青色和蓝色布料搭配的服饰。 男子盛装是身穿黑色长衫，头顶龙面牛角图腾，插野鸡翎儿，口戴髯口，拴红色银饰腰带，脚穿布鞋。便装则是一身黑色或蓝色长衫，头缠黑色头帕，脚穿草鞋或布鞋。	2. 非遗二组：苗族蜡染 蜡染在苗族有悠久的历史，贵定小花苗蜡染的图案结构精细别致，色彩调和鲜美，图案花纹的变化多姿、名不虚传。 其主要工艺有布料洗练、布面平驶、安排底样、开始点蜡、多次浸染、开水去蜡等。 3. 非遗三组：苗族祭祖 祭祖仪式是小花苗同胞最为隆重的祭祀性节日，以纪念祖先黑蛮龙(小花苗称黑蛮龙为先辈老祖)为主要内容，祈求祖先保佑来年风调雨顺，五谷丰登。在谷撒寨有棵硕大的千年石楠树，寨民们每年要祭树。	理解中华文化具有多样性，了解各类少数民族文化有助于拓宽他们的文化视野，认识到中国文化的多元性和包容性。 学生可以更加深入地了解这个民族的独特性和魅力，从而增强对中华民族大家庭的认同感和自豪感。	"结合实例，说明地域文化在城乡景观上的体现。"（地理必修2） 辩证地看待传统文化，领会对中华优秀传统文化进行创造性转化、创新性发展的重要意义。（政治必修3）

续表

教学过程	教师行为	学生活动	设计意图（德育体现）	学科链接
新授课	过渡：其具有鲜明特征，除了这些，苗族文化特色还有哪些，四个小组分别派代表展示一个特征。 教学环节三："长衫龙"之现状 讲述：现只有一个寨子且不足三十人会跳鼓龙鼓虎·长衫龙舞蹈，这一古老的民间艺术形式已处于濒危状态，亟待保护。	4. 非遗四组：苗族婚礼和节庆有山歌日："苗族婚俗礼仪多，揪把筷子来唱歌。来来往往迎宾客，三回九转才算完。"有照妖哭嫁、喜庆迎亲、郎背娘、叩拜祖宗等婚礼形式。 学生回答： （1）随着社会的进步，各区域之间的联系日益紧密，谷撒寨与世隔绝的环境被打破，本地文化因受到外来文化的冲击而逐渐变味。 （2）村内就业机会少，村民为了生存选择外出务工，村内只有一些老人在家。此外，生活方式发生巨变，原本以农业为中心的生活被改变。 （3）许多年轻人喜欢快餐文化，对传统的东西不感兴趣，并且学习长衫龙难度较大，导致人们不愿意学习。	了解长衫龙的传承现状，激发学生保护非遗的意识。 了解非遗传承面临困难的原因，为接下来制定对策做准备，培养学生的问题探究意识。 了解非遗传承现状，让学生意识到保护非遗的重要性和紧迫性，从而积极参与到非遗保护工作中来，为传统文化的传承与发展贡献自己的力量。	"运用资料，说明保护传统文化和特色景观应采取的对策"。（地理选修6） 辨识各种文化现象，领悟优秀文化作品的影响力和感召力；展示中国特色社会主义文化自信。（政治必修3）

续表

教学过程	教师行为	学生活动	设计意图（德育体现）	学科链接
新授课	为什么会出现这种情况，长衫龙的传承存在什么问题？ 教师总结： （1）外来文化冲击。 （2）社会变迁，生活方式变化。 （3）年轻人缺乏兴趣。 （4）代代师徒式传承，不传外族。 教学环节四："长衫龙"之传承 板书：长衫龙的保护与传承 讲述：长衫龙作为花苗的精神纽带，如今面临失传的困境，我们应该如何保护它呢？ 教师总结： （1）发展旅游业，吸引人才回流。 （2）开展民族文化进校园工作，非遗与教育结合。 （3）开展竞赛、演出活动，提高人们参与度。 （4）为长衫龙传承提供资金支持。 （5）加大宣传力度，提高其知名度。	5.长衫龙为家族内传承，不允许传于外族，也不传授女性，教授方式为师徒式，一代只传一人或少数几人。 小组讨论，分组发表见解，提出保护和传承的措施。 学生回答： （1）加强村寨民俗民风文化建设，尤其是结合地域建设跳月场地，增强村寨浓郁的民风，发展旅游业。 （2）做好长衫龙芦笙舞进校园工作，不仅要结合地区中小学教育实际，举办多种形式的长衫龙芦笙舞兴趣班，还要让长衫龙走进大专院校。 （3）定期举办长衫龙芦笙舞比赛活动，以赛促推，通过比赛来激发更多的民众参与、学习长衫龙舞蹈。	通过探讨如何传承与保护长衫龙，训练学生的思维能力，培养学生的社会责任感。 通过分析长衫龙传承困难的原因和提出的对策，学生可以锻炼自己的逻辑思维、批判性思维和解决问题的能力，提升自己的综合素质。 在提出对策的过程中，学生需要不断探索和创新，这有助于培养他们的创新精神和创新意识。	"运用资料，说明保护传统文化和特色景观应采取的对策"。（地理选修6） 辩证地看待传统文化，领会对中华优秀传统文化进行创造性转化、创新性发展的重要意义。（政治必修3）

续表

教学过程	教师行为	学生活动	设计意图（德育体现）	学科链接
新授课	展示长衫龙传承历史歌谣相关材料，分析其文化内涵，并带领学生朗诵。	（4）政府要加大资金投入，购买道具，培养传承人，扶持长衫龙的传承。理解并有感情的朗诵（略）。	通过分析长衫龙传承历史歌谣的文化内涵，了解本土的地域文化，让学生在朗诵中体验其独特性。	"运用资料，说明保护传统文化和特色景观应采取的对策"。（地理选修6）
小结	通过本课的学习，我们知道了非遗的内涵和类型，并了解了苗族的文化特色和长衫龙，更重要的是通过这个案例明白了非遗传承的现状及其传承的必要性。我国是一个多民族的大家庭，每个民族都创造了灿烂的文化，共同组成中华文明，对待传统文化，我们要坚持用辩证的眼光看待，取其精华，去其糟粕。			
练习与拓展	查阅资料，将家乡的非物质文化遗产制成一个表格，并了解其传承现状，下次上课将请同学上台展示。			
板书设计	国家级非物质文化遗产长衫龙的价值与传承 一、非物质文化遗产的内涵与类型 二、长衫龙概况 1.长衫龙简介 2.苗族的文化特点 三、长衫龙的传承现状和存在的问题 四、长衫龙的保护与传承			

（十）教学反思

本课以长衫龙为载体，学习文化遗产的保护与传承，运用本土的教学资源进行授课，有利于拉近与学生的距离，激发学生兴趣，此外，本课采取了多种教学方法，按照从理论到案例，由浅及深的逻辑顺序，符合学生的学习思维。

问题探究

长衫龙的传承与发展

鼓龙鼓虎·长衫龙初为家族传承式，后能在本寨里传授，但外寨和外族绝不允许传授。传承方式为老一辈的芦笙手在下一辈中选择两个跳得最好且聪明、好学的青年手把手传教。此舞传承人可上溯五代，即兰士洪、兰柏林、兰有才、兰成芳、兰朝斌，如今，36岁的兰衡是长衫龙苗族芦笙舞的第35代传人。按25年一代计算，其流传历史不少于125年。

近几年来，长衫龙苗族芦笙舞多次亮相国内舞台，精彩的表演向海内外展示了苗族古老民族文化的博大精深和无穷魅力，多次在"多彩贵州"等活动中获奖。如今，长衫龙苗族芦笙舞已成为贵定县各种重大文化活动必不可少的民族表演舞蹈。被选定为全国第九届传统民族运动会传统体育表演项目后，贵定县对此十分重视，专门从苗族长衫龙舞故乡的新铺乡谷撒村抽调了22名演技精湛的苗族长衫龙舞表演者进行集中排练，以最优美的舞姿将这一"东方探戈"展现给全国观众。

但是，鼓龙鼓虎·长衫龙的传承已出现很大变化，如有的地方只用鼓龙，有的地方只用鼓虎的"简化"现象。而且人们也不再区分其是用于庆典还是祭祀活动。随着社会的发展，年轻人对该舞蹈不再感兴趣，纷纷外出打工，使这项"不外传"的独特舞蹈面临失传的危险。

任务清单：

1. 以时间轴的形式将历代传承人列出，并注明长衫龙在相应时期的发展情况。

2. 查阅相关资料，撰写长衫龙的传承与发展研究报告。

第三节　自然颜色·蓝白世界——布依族蓝靛染织技艺

图1　蓝靛染织产品

　　布依族蓝靛染织技艺属于省级传统技艺类非物质文化遗产。蓝靛染是世界上最古老且至今仍在延续的染色技术之一，布依族先民很早就人工栽培板蓝用于提取色素，并采用蓝靛染料制作民族服饰。

一、布依族蓝靛染织技艺概述

　　布依族蓝靛染织技艺，主要指蓝靛染色后的棉、丝等天然纤维通过卧式织布机手工纺织而成的色织织物。自古以来分布在都匀市的小围寨、平浪、江洲、摆忙、摆揽、墨冲、沙寨等布依族聚居区，是布依族群众日常所需的传统纺织品。

　　都匀地区的蓝靛染织品纹样的丰富性在布依族族群内独树一帜，且图案数量远多于同地域其他民族。布依族蓝靛染织是研究布依族生产、生活、文化习俗、经济、历史、风土人情的重要载体。在布依族叙事长诗《造万物》中讲述了布依族的创世神勒灵教会布依族先民种蓝制靛。在布依族的叙事古歌《十二层天，十二层海》中讲述了布依族先民到第七层天上跟七仙女学习纺纱织布的情形。民歌《开布机》展现了美好的织布场景和丰富的想象力："开布机，开吉利，织出布匹千万尺、

图2　蓝靛非遗工坊

好像瀑布落河溪。"

布依族视传统的蓝靛染织布为重要的家庭财产，其更是布依族民俗生活中重要的物质载体。纺纱织布由多人相互协作完成，共同的生产劳动生活加强了人与人的联系。蓝靛染织布除了可以满足家庭生活所需的纺织品，还被视为女子的陪嫁，男子给女方家的聘礼。当乔迁的时候，客人会送主人家布匹。在葬礼仪式中女性长辈会把布作为给晚辈男女的谢礼。蓝靛染织的布料也因此成为了布依族社会的情感纽带。蓝靛染织的纺织品保留了板蓝的药效，可以驱蚊防虫，裨益肌肤，深受人们喜爱并一直沿用至今。

因传统服饰制作、民俗活动的需要，对其需求依然存在，但受制作周期长、人工成本高的影响，部分地区的蓝靛染织技艺传承力量正在衰减，加之受现代化、城镇化、工业化及外来文化的影响，布依族蓝靛染织的外在传承环境发生了很大变化，制作织布机的师傅相对较少，织造工具制作存续不乐观。但是蓝靛染织纺织品应用范围广泛，外部市场对相关制品的需求在持续增加。

思考：
贵州少数民族有多种染织技艺，蜡染、扎染、印染等技艺有什么区别与联系呢?

二、布依族蓝靛染织制作过程

（一）制靛

在夏秋两季，把收割下来的板蓝叶用清水泡在打靛池中，浸泡三日左右待蓝叶腐烂，色素溶于水中，捞出叶渣后将石灰倒入打靛池中，反复冲打让空气与液体融合，待翠绿的池水浮起蓝色的泡沫，静等两小时后蓝靛自然沉底，排出多余的水，就可以得到蓝靛泥。

（二）起染缸

染缸宜用杉木制作的木桶或者瓦缸。先将麻秆、稻草等烧成灰，在水中过滤出碱水，再将何首乌、虎杖等中药材熬煮出的药汁滤入缸中，将蓝靛、米酒混合搅拌成糊状，搅拌均匀飘起细微泡沫后，加入老缸中的底料，发酵10日染液变绿就可以染色了。

（三）纺纱

将棉花轧成棉条，从一端抽出线头，固定在纺锤上，右手持棉条，左手持纺车，用力均匀地抽出纱线纺在纺锤上即可。

（四）染线

将白色棉线或者丝线捆扎成束，浸泡入清水中使其充分吸收水分。拧干后抖散，再浸入加了米酒的热水中吸收酒水后拧干抖散，用布条挂好后放入染缸中染色。染色过程中要持续翻动，使线均匀上色，二十分钟后捞出拧干，待线由绿转蓝以后即可漂洗晾晒，染色次数越多，颜色越深。

（五）纺线

将染好的线套入线架后再置于木架上，整理后解开线头，将线的一端缠绕在线轴上，并将线轴固定在锭子上。左手持线，右手转动纺车，便可将线缠绕在线轴或者倒筒上。

（六）牵经

将倒筒固定在线架上，牵出一根经线，穿过竹制的支架，再穿过牵线架，需要将100根线全部穿好。牵线的人需要左手持线，右手逐根将线拾起整理放在左手指间，整理好以后将线头一起打结，固定在牵经架上，来回缠绕数次，牵完第一遍以后，需左手持一股线，右手持竹筒，每根线都要捡捞一次。捞完后用红绳捆扎，挂在牵经架的另一端。一尺宽的布约400根经线，牵四层后就可以得到400根经线。

（七）上扬头

系着红绳的一端是捞眼，用于逐根分开经线，将系着红绳的一端解下逐步拆解，另外一人协作整理。用系着红绳的一端穿过夹线板，另一端固定在扬头架上，用竹签将线依次挑入筘眼中并用竹棍固定。挑完后穿入捞棍，便可开始梳理经线，一人负责卷经线，另外三至四人梳理经线。梳理结束，末尾一端的人要合力把线拉直，以防松散。卷到最末尾的时候要耐心地将线从筘眼中取出，按小股打结。

（八）穿综穿筘

将扬头放置于织布机尾端，牵出线，换下两根光滑的捞棍，穿综需要二人协力完成，一人坐在一侧梳理出捞棍上的线，逐根递给坐在织布机一端取线的人，第一根线先穿过前排的综眼，第二根线则穿过后一排的综眼。穿完综以后将筘固定在卷布辊一端，筘眼和地面平行，利用筘刀把线穿入筘眼中。穿完后，将筘放入筘座，调整好高度，再将综和踏板连接、调试。

（九）织布

把线解开梳理拉直，固定在卷布辊上，将线轴放入梭子中，勾出线头，即可织布。织布的基本动作分解为"踩踏板—递梭—打筘"。来回重复，织布时注意控制力度和速度，三个动作协调为佳。

三、布依族蓝靛染织技艺中的学科知识

布依族蓝靛染织技艺属于传统技艺类非遗，主要涉及到染织材料、染织技艺、产品设计、染织成品文化含义、保护与传承等方面的内容，包含了多个学科的知识。蓝靛染的原料板蓝的植物类型、生长习性、蓝靛染原料的药效、板蓝产业的社会效益与生态效益等涉及到生物学科相关知识；板蓝制作成染料过程中的化学反应、物质组成的变化、化学对布依族人们生产生活的贡献涉及到化学学科相关知识；蓝靛染织的设计融入的几何元素、织布过程中所需的空间思维，以及染织产品中的几何结构则涉及到部分数学知识。

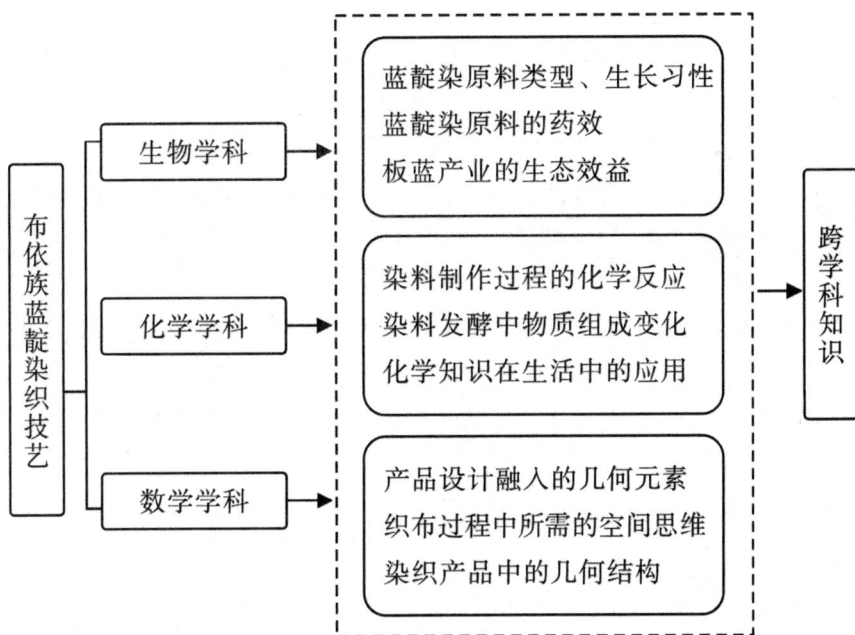

图3　布依族蓝靛染织技艺中主要的学科知识

四、基于布依族蓝靛染织技艺的跨学科教学设计

重拾布依情——都匀布依族蓝靛染织技艺

（一）授课年级

高二年级。

（二）课标解读

课标要求：结合实例，说明农业的区位因素（地理必修2）；结合实例，比较不同区域发展的异同，说明因地制宜对于区域发展的重要意义（地理选择性必修2）；运用资料，说明保护传统文化和特色景观应采取的对策（地理选修6）。

解读：本课题涉及到多条课标。首先，第一条课标要求结合具体案例，从自然和社会经济两方面分析某种农业发展的影响因素，可适当选取乡土案例，拉近学生与知识的距离；第二条课标要求选取具体区域，对其发展的产业进行分析，剖析其优劣势，从中感悟因地制宜的内涵与必要性；第三条课标要求运用相关资料，采取多种对策，说明在城乡建设中要保护当地自然和历史文化景观。因此，需要教师选取有特色的案例，结合课标要求进行授课。

（三）学情分析

在初中阶段，学生在学习中国地理板块时已经学习了我国的气候、地形、自然资源等知识，在中国的经济发展部分已经学习了农业的相关知识，此外，学生也具备了生物和化学等学科相关知识，对于本节课的学习有了一定的知识基础，虽然其对农业、传统文化、因地制宜等有一定认知，但并未进行深入的了解，学习层次还不够，因此，本节课选取乡土案例，结合课标，对这些关键词进行学习，培养学生"因地制宜""科学精神"和"文化自信"等思想。

（四）了解教学目标

A.通过布依族板蓝种植产业，能说出农业的含义和农业发展的影响因素。

B.说明都匀发展板蓝种植的优势，感悟因地制宜的重要性。

C.描述布依族蓝靛染织技艺的基本流程，能为这一非遗技艺的传承与发展提出建议，树立文化自信。

D.形成人地协调、因地制宜思想，体会绿水青山就是金山银山的理念。

（五）重点难点

重点：布依族蓝靛染织技艺的基本流程、都匀发展板蓝种植的区位条件、布依族蓝靛染织技艺的传承与保护。

难点：布依族蓝靛染织技艺的价值与文化内涵、布依族蓝靛染织产品的纹样内涵与设计。

（六）教法学法

讲授法、多媒体展示法、合作探究法、自学辅导法。

（七）教学准备

教师：查阅相关资料，并向相关学科的教师请教，储备好跨学科相关知识，根据搜集的相关资料制作多媒体课件。

学生：查阅布依族蓝靛染织技艺的基本流程、传承与保护的相关资料，做好课前预习。

（八）课时安排

1课时。

（九）教学过程

表1 教学过程

教学过程	教师行为	学生活动	设计意图（德育体现）	学科链接
新课引入	【视频】播放都匀布依族蓝靛染织技艺视频。 同学们，少数民族的服饰基本都是手工制作，刚才在视频中展示的是布依族的传统技艺——蓝靛染织技艺，可以看到布依族服饰大多呈蓝色，这主要和染料有关，那么布依族服饰是由什么染料制作而成呢？下面我们就其染料、制作流程进行学习。	认真观看视频，观察视频中呈现了什么内容，结合教师讲解，思考布依族服饰为何呈蓝色，是怎么制作而成的。 结合课前查找的相关资料，判断染料类型，制作工艺等。	利用视频引入新课，激发学生兴趣，引起学生注意，并且视频中的内容为布依族民族服饰，容易引发学生共鸣。 让学生从身边熟悉的事物展开学习，提高学习积极性。	辩证地看待传统文化，领会对中华优秀传统文化进行创造性转化、创新性发展的重要意义。（政治必修3）

续表

教学过程	教师行为	学生活动	设计意图（德育体现）	学科链接
新授课	【过渡】其实布依族服饰大多为蓝色，是因为布依族服饰制作采用传统的蓝靛染织技艺，而蓝靛染便是这一技艺的核心，蓝靛染的原料主要是板蓝。下面我们来了解都匀板蓝产业。 板蓝种植其实是第一产业，也就是我们所说的农业。请大家结合书本，说说农业是什么。	听老师讲解相关背景知识，结合学案，积极主动思考蓝靛染是什么技艺，其有何特色。	引发学生思考都匀板蓝种植与地理环境的密切关系，认识地理环境对农业生产的影响。	结合实例，说明农业的区位因素。（地理必修2）
	农业就是利用动植物的生长发育规律，通过人工培育来获得产品的产业。 【探究活动1】：都匀有许多板蓝种植基地，那么为什么这里适合种植板蓝呢? 请同学们根据所给材料，思考其原因。	学生1：农业包括种植业、林业、畜牧业、渔业、副业在内的五种产业形式。 学生2：农业是利用土地资源和其他自然资源，通过培育动植物产品，从而生产食品及工业原料的产业。 学生小组合作探究，结合生活实际与学案材料，展示讨论结果。	农业活动与生态环境密切相关。学习农业相关知识可以帮助个人更好地了解农业生产对生态环境的影响，以及如何在农业生产中实现生态保护与可持续发展。	识别主要植被，说明其与自然环境的关系。（地理必修1）

续表

教学过程	教师行为	学生活动	设计意图（德育体现）	学科链接
新授课	材料一：板蓝是爵床科多年生亚灌木植物，为半喜阴植物，生于海拔600~2100米的林下阴湿地，主要分布于华南、西南地区。适宜生长温度为15~30℃。春、秋两季植物生长旺盛，夏季是营养生长期。砂质壤土和壤土均适宜板蓝生长，土壤以弱酸性及中性为好，pH值为8的碱性土壤亦能生长。 材料二：黔南布依族苗族自治州首府都匀市总面积2274平方公里，布依族占总人口的67.08%。都匀市区海拔850米，土壤以黄壤为主，呈中性偏酸性，pH值在6.1~6.3，月平均气温降水图如下： **都匀月平均气温降水图** 图4 都匀市月平均气温降水图	1. 海拔合适，适合种植板蓝。 2. 土壤呈弱酸性，pH值适中。 3. 气温和降水符合板蓝的生长习性。 4. 当地少数民族，尤其是布依族人口占比大，对蓝靛的需求量大。	培养学生的读图能力，以及从材料中提取有用信息的能力，训练学生综合思维。	识别主要植被，说明其与自然环境的关系。（地理必修1） 举例说明，阳光、温度和水等非生物因素以及不同物种之间的相互作用都会影响生物的种群特征。（生物选择性必修2）

续表

教学过程	教师行为	学生活动	设计意图（德育体现）	学科链接
新授课	枫香染是以枫香树脂、牛油、蜂蜡按比例混合后制成仿染剂，再以毛笔、竹签等工具绘制在白布上，后经蓝靛染缸染色、清水煮沸脱脂后形成蓝底白花的装饰性极强的传统纺织品。 【提问】惠水和都匀距离较近，且都以布依族为主，为何两地在染织技艺上存在差别呢，主要原因是什么？ 根据各地原料的差异，就地取材，形成特色的染织技艺，这实质上是因地制宜思想的体现。 【过渡】下面我们来学习该技艺的具体步骤。请同学们继续观看视频，说说该非遗技艺的步骤有哪些。 主要流程有： 1.制靛。 2.起染缸。	学生了解蓝靛染和枫香染的不同，并结合材料说明原因。 主要是因为两个地区染料原料不同，惠水有许多枫香树，而都匀种植板蓝的历史悠久。 再次认真观看视频，学习蓝靛染织技艺的工艺流程。 思考每个步骤蕴含的知识，感悟布依族先民的智慧。 石灰可以使水软化、净化、消除浑浊、中和酸性、消除杂质等。	利用比较的方式，让学生了解不同染织技艺，同时，通过对比感悟因地制宜的思想。 让学生了解布依族蓝靛染织技艺的制作流程，感受传统文化的魅力。 利用化学学科的知识来解释染色原理，培养学生的科学思维。	结合实例，比较不同区域发展的异同，说明因地制宜对于区域发展的重要意义。（地理选择性必修2） 运用资料，说明保护传统文化和特色景观应采取的对策。（地理选修6）

续表

教学过程	教师行为	学生活动	设计意图 （德育体现）	学科链接
新授课	3. 纺线染色：将轧好的棉条纺成棉线，把捆成束的线均匀抖散后放入蓝靛染缸中，通过不同次数的染色，可呈现出不同明度的线。 4. 牵经上的织布机：利用牵经线整理出需要的长度，穿好综，将线一端固定在织布机前端的横杆上，就可以织布了，通过综和综板的组织结构不同，可以织出多种纹样的布料，织布的纬线亦可加入真丝线配合织花，制作传统头帕和裙片等。 【提问】布依族蓝靛染织技艺工艺复杂而细腻，蕴含着丰富的科学与文化价值，请同学们思考步骤一中加入石灰水的作用，草木灰的成分，以及蓝靛与碱液、米酒发生的反应。	把不溶于水的靛蓝在碱性环境下还原成可溶于水的靛白，然后对织物进行预染色，这时织物呈黄绿色，再暴露在空气中进行氧化显色，就可得到蓝色的染制品。 结合所学化学知识，以及学案提供的相关材料，在纸上写出蓝靛染过程中发生的反应。	从数学的角度来欣赏传统手工艺品，感受其中的线条美，培养学生的数学眼光与审美能力。 了解蓝靛染科学原理，有助于学生拓宽知识面，了解传统染色工艺与现代科学技术的结合。还可以提升科学素养，培养对科学技术的兴趣和好奇心，为未来的学习和生活打下基础。	运用资料，说明保护传统文化和特色景观应采取的对策。（地理选修6） 了解氧化还原反应的本质是电子的转移，知道常见的氧化剂和还原剂。（化学必修1）

续表

教学过程	教师行为	学生活动	设计意图（德育体现）	学科链接
新授课	图5　布依族蓝靛染织图案设计 【过渡】通过不同的工艺，可以染造不同颜色的丝线，不同的织法可以得到多种纹样，不同颜色不同纹样，代表着不同的性别和年龄。那么蓝靛染织产品的美观与实用体现在哪里？ 大格子做家居纺织品，白底子细蓝条纹的用来做夏装和里衣，深蓝色条纹通常做中年男性的服饰，浅蓝色条纹和小格子一般是做少年和青年男性的服饰，浅蓝色一般是做年轻女性的服饰。 在布依族人们心中，蓝靛染织布有着很高的地位，并将其运用于社会生活的方方面面，其常被作为礼物赠送。然而因制作周期长、人工成本高，部分地区的蓝靛染织技艺传承力量正在衰减，加之	不同线条相互交织，构成一种基于线条的美感，体现了线条元素的美。 结合学案提供的相关信息，思考不同的蓝靛染产品发挥的作用有何不同，回答教师的问题。	非遗产品往往承载着丰富的历史文化信息，了解它们的细微区别有助于学生更深入地理解传统文化的内涵和特色。 非遗产品的细微区别往往体现在材质、工艺、图案等多个方面，学生需要仔细观察才能发现。这一过程有助于培养学生的观察力。	运用资料，说明保护传统文化和特色景观应采取的对策。（地理选修6）

续表

教学过程	教师行为	学生活动	设计意图（德育体现）	学科链接
新授课	受现代化、城镇化、工业化及外来文化的影响，布依族蓝靛染织的传承面临困难。 【探究活动2】韦祥龙是都匀市布依族蓝靛染织非遗传承人，在都匀创立了"吾土吾生民艺工坊"，工坊成立之后，韦祥龙将第一产品系列瞄准了布依族的手织布。为了学习布依族蓝靛染织、枫香染、蜡染和扎染等传统工艺，韦祥龙跑了很多地方。"贵州省只要有布依族蓝染的地方我都去，不仅能直接学习，还能收集到很多布依族的传统服饰。"韦祥龙将布依族染、织、绣等传统工艺进行了融合创新，探索出了一条自己的非遗传承与文化设计之路。 图6 韦祥龙创办的门店 【提问】请同学们阅读以上材料，说说你对韦祥龙这种精神的看法，并说说从中获得的启示。	从非遗传承人韦祥龙的事迹，感悟非遗工匠的伟大精神，同时，说明韦祥龙为传承非遗技艺所作的贡献，并为布依族蓝靛染织技艺的传承出谋划策。 学生1：非遗传承，不仅仅是一种技艺的延续，更是一种文化和精神的传递。在深入了解和接触非遗的过程中，我深刻感受到了其背后所蕴含的深厚历史底蕴和独特魅力。 学生2：通过学习和了解这些技艺，我更加珍视自己的文化传统，也更加明白了传承的重要性。	了解非遗传承人的事迹对于弘扬传统文化与精神、激发学习与传承兴趣、培养尊重与感恩之心、增强文化自信与认同感，以及促进非遗保护与可持续发展等方面都具有重要意义。	运用资料，说明保护传统文化和特色景观应采取的对策。（地理选修6）

续表

教学过程	教师行为	学生活动	设计意图（德育体现）	学科链接
小结	这节课，我们主要学习了都匀板蓝种植的区位条件，布依族蓝靛染织技艺的流程、特点、传承与保护。通过本课的学习，相信同学们对于布依族文化有了更深的认识，希望大家今后能多去了解传统文化，做非遗传承者。			
练习与拓展	贵州是一个少数民族众多的省份，有着丰厚的民族文化资源，请同学们以小组为单位，课后收集一个家乡的非遗技艺，熟悉它的制作流程，下节课将请同学进行分享。			
板书设计	一、都匀板蓝种植的区位条件 二、布依族蓝靛染织技艺的流程 三、布依族蓝靛染织技艺的特点 四、布依族蓝靛染织技艺的传承			

（十）教学反思

本课以乡土案例为载体，授课效果良好，学生比较感兴趣，课堂氛围比较活跃，在今后的教学中，要更加深入地挖掘跨学科知识点，以便让学生实现跨学科学习。

■ 问题探究

"蓝染"的染色原理

蓝草可用来染青、蓝、碧,主要是由于蓝草植物中多含吲哚酚(indoxyl)类化合物,这类物质在植物组织中以糖苷的形式存在,如靛青苷,靛青苷又可水解为吲哚酚类,进一步可缩合为靛蓝(indigo)。此外还含有靛红素(indirubin)等成分。

蓝草在经过水浸泡后,水液中便含有游离的色素等成分,靛蓝即可附着在纤维布料上完成染色。在春秋时代之前,人们采用的即是这种直接染色法,在后来的生产实践中,工匠们几经波折,逐步摸索到用蓝草叶浸泡发酵后再加石灰处理形成蓝靛进行还原染色的方法。染色时,将蓝靛加石灰水配成染

图7 融合蓝染技艺的服饰

液加酒发酵,由靛蓝还原成靛白(隐色素),待靛白完全溶于碱性溶液从而给织物上色,最后经空气氧化恢复成不溶性的靛蓝而固着在织物上,从而形成鲜艳的蓝色。

蓝草既是药材又是染材,作为药物,药用历史悠久,至今仍是临床上常用的清热解毒药;作为染料,曾应用最广泛、最长久、最普遍。蓝染作为中国植物染色工艺的代表,应该被保护、传承,使这一优秀的文化遗产得到更好的发展。

任务清单:

1.通过野外考察,分析蓝染原料的特点,采集不同蓝染原料,归纳其异同点。

2.阅读蓝染的相关资料,学习该传统非遗技艺的基本流程,并自己尝试动手制作蓝染作品。

章末问题研究

地方课程与校本课程：非遗传承的金钥匙

地方课程与校本课程在育人方面展现出了独特的价值。地方课程紧密贴合地域特色，有助于学生深入了解本土文化，培养对家乡的认同感和归属感。同时，它还能拓宽学生的知识视野，增强其实践能力和社会责任感。校本课程则更加注重学生的个性化需求，通过多样化的课程内容，激发学生的学习兴趣和潜能，促进其全面发展。两者相辅相成，共同构成了丰富多样的课程体系，为学生的成长提供了多元化的营养，有助于培养出具有深厚文化底蕴和强烈社会责任感的新时代人才。

2023 年 5 月 17 日，教育部发布《关于加强中小学地方课程和校本课程建设与管理的意见》（教材〔2023〕2 号）指出"结合实际，充分挖掘当地自然、社会、人文、科技资源，构建主题内容、呈现形式和实施方式等各具特色的课程，发挥独特育人价值，使学生认识家乡，丰富体验，拓宽视野，增强综合素质。"非物质文化遗产作为特色文化，具有深厚的历史底蕴和独特的艺术魅力，是连接过去与未来的桥梁，对于弘扬中华民族优秀传统文化、推动文化创新具有重要意义。将非遗融入中小学教育体系，特别是地方课程和校本课程，具有重要意义。

非物质文化遗产融入地方课程与校本课程，对于教育和文化传承具有重要意义。这有助于学生更深入地了解和学习本土的非物质文化遗产，培养文化认同感和自豪感。同时，通过实践体验，学生能更直观地感受传统文化的魅力，激发学习兴趣。此外，这也为学校课程注入了新的活力，丰富了教学内容，促进了文化的传承与创新。因此，将非物质文化遗产融入地方课程与校本课程，是教育发展和文化传承的重要举措。

将非物质文化遗产融入地方课程与校本课程，可采取以下举措：邀请非遗传承人进校园授课，让学生亲身体验非遗技艺；开发非遗主题教材，系统介绍非遗知识与文化；组织非遗文化考察活动，让学生实地感受非遗魅力；开展非遗创意竞赛，鼓励学生将非遗元素融入现代设计；设立非遗工作坊，提供学生实践平台，传承与创新非遗文化。这些举措旨在深化学生对非遗的认识，培养文化自觉与自信。

资料分析

2021年8月12日中共中央办公厅、国务院办公厅印发《关于进一步加强非物质文化遗产保护工作的意见》中指出"将非物质文化遗产内容贯穿国民教育始终，构建非物质文化遗产课程体系和教材体系，出版非物质文化遗产通识教育读本。在中小学开设非物质文化遗产特色课程，鼓励建设国家级非物质文化遗产代表性项目特色中小学传承基地"。非遗文化进入地方课程与校本课程是落实这一文件要求的不二之选，具有必要性与可行性。

请查阅相关资料，将家乡所在县或市的非遗文化梳理出来，并根据非物质文化遗产的类别将其分门别类，制作一张非遗名录卡，并选取自身感兴趣的一种非遗，说一说你对这项非遗的认识，假如学校想利用此项非遗设计一堂校本课程，你希望它是怎样的，最后以"我心目中的非遗文化课程"为主题撰写一篇小论文。

传承

黔南非遗

共筑德育之路

第二章　实践育人

非遗德育实践育人
——非遗实践载民情·德育传承化于行

非物质文化遗产中有着丰富的实践教学内容，蕴含着深厚的德育文化内涵，以非物质文化遗产的传承与发展为核心，借助相关学科知识开展跨学科研学实践、劳动实践、综合实践等课程，实地挖掘发现非物质文化遗产中的德育元素，培育学生的非遗传承意识，增强学生的文化自信与民族自豪感，将非物质文化遗产背后传递的民族精神化为传承与学习的动力，实现非物质文化遗产的活态化传承与创新性发展。

本章我们重点探讨以下内容

● 刺绣活化石水族马尾绣的精妙体现了水族怎样的文化？

● 鲜花的咏调惠水《好花红》承载了布依族人民怎样的情感？

● 千年传承益肝草制作技艺背后布依族医药文化有着怎样的积淀？

● 花丝点珠水族银饰灵动与秀美体现了怎样的美学价值？

● 指尖飞旋的瑶族陀螺传统游艺背后传递了瑶族人民怎样的生活情趣？

第一节 马尾缠丝技·刺绣活化石——水族马尾绣

水族马尾绣是水族极具代表性的民族刺绣技艺，属于国家级传统美术类非物质文化遗产。以马尾作为主要原材料，是水族的文化瑰宝。在三都自治县传承上千年，有刺绣"活化石"的美誉。

图1 水族马尾绣

一、水族马尾绣

（一）简介

水族马尾绣是水族独有的民间传统工艺，分布在三都境内三洞、中和、廷牌、塘州、水龙等乡镇的水族村寨，被称为刺绣的"活化石"。水族妇女在长期的生产生活过程中，对自然界中的各种事物有着敏锐的观察力和审美能力，她们将自然万物和民俗事象经过想象加工后，反映在马尾绣工艺上，绣品上的花鸟虫鱼造型别致，颇富民族韵味和艺术效果。2016年11月4日，原国家质检总局批准对"三都水族马尾绣"实施地理标志产品保护。

（二）历史渊源

水族传统大节端节（相当于汉族的春节）要举行马术比赛，在这种习俗的影响下水族妇女发明了用马尾刺绣的艺术。在传统的节日里，男子赛马，女子身着马尾绣盛装参与节日活动，成了节日期间的一道风景。随着时代变迁，马尾绣艺术也在变化。解放前的背带色调主黄色，与封建社会以黄色为高贵相关联，解放后的背带色调主红色，与今天人们以红色为吉利

图2 黄色马尾绣背带

的观念相同。

二、水族马尾绣制作工艺

（一）制作工艺

1.制作工序

马尾绣的制作过程非常繁杂，具体可以分为两个部分：

第一个部分：创作。主要是马尾绣作品图案创作，用银色水笔直接画在相应作品上。

第二个部分：操作步骤。

第一步，制作马尾线。即用丝线（多数以白色为主）将二至三根马尾绕裹起来，做成马尾线；

第二步，固定框架图案。用一根大针将马尾线穿好，再用另一根稍小的针穿上同色丝线，然后一边用马尾线在布面上镶成各种图案，一边用穿有丝线的小针专门将图案固定在布面上；

第三步，"填心"。即用各色丝线（多以黑色、墨绿色和紫色为主）将固定好的图案空隙部分填满；

第四步，镶边。用橙色和墨绿色丝线在四周挑成"花椒颗"的镶边图案；

第五步，订"金钱"。在绣品上订上闪亮的小铜片以增加绣品亮度；

第六步，装订。由于马尾绣制作工序烦琐细致，并且每一步都是纯手工制作，人们为了方便操作，便将绣品分解成若干小片，待每一片都完工后，再用针线将它们按次序订在一起。六道工序完工后，一件完整的马尾绣工艺品就做成了。

2.刺绣工艺特点

马尾绣综合运用结绣、平针、乱针等多种刺绣工艺，凸显马尾绣工艺的特色。这种以丝线裹马尾制作图案的刺绣方法，有两个较为明显的好处：一是马尾质地较硬，图案不易变形；二是马尾不易腐败变质，经久耐用。另外，马尾上含有油脂成分，利于保养外围丝线光泽。

图3 马尾线

图4 马尾绣胸牌制作

（二）马尾绣制成品形式

马尾绣技艺烦琐、复杂，绣品具有浅浮雕感；图案造型抽象、夸张，又不失古朴、典雅，并具有固定的框架和模式。马尾绣作品题材主要涉及人们服饰及各类生活用品中的主体装饰，包括女性围腰的胸前绣片（也称为胸牌）、绣花鞋、绣花背包、童帽、背带、枕头和被面等。水族马尾绣主要作品有马尾绣的"歹结"背带、马尾绣背孩带和马尾绣绣花鞋等。

1.绣花鞋

马尾绣绣花鞋是一种翘尖布鞋，鞋尖呈尖形往上翻翘。其工艺十分复杂，堪称精美的艺术品。水族妇女多在庄重场合或走亲戚时才穿，配上豆浆印染的蓝布上衣、百褶裙和银胸饰，显得十分典雅华贵。

2."歹结"背带

马尾绣的"歹结"背带是水族地区公认的极品背带之一，要经过52道工序才能完成，水族人也常常把拥有马尾绣背带看作体面和富有。制作这样一件"歹结"背带要花一年左右的时间。

三、水族马尾绣传承价值

（一）传承价值

马尾绣工艺是中国织绣中非常特殊的刺绣工艺类别。全国仅有水族马尾绣背带等产品具有典型的、代表性的意义。

水族妇女不惜花费大量时间去精心制作

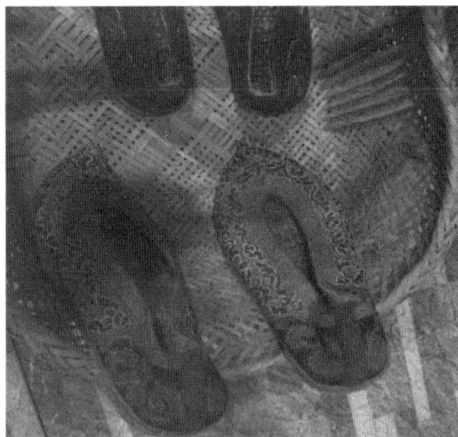

图5 马尾绣绣花鞋

一件背带、一双绣花鞋，反复体验与先祖的情感联系，这是对自己民族的历史和传统文化的高度珍惜和眷恋，也是对生命热忱的鼓舞，更是对美好幸福生活的祝愿。

（二）社会影响

2018年10月31日至11月4日，水族马尾绣作为广东省外的非遗项目参加粤港澳大湾区·泛珠三角（广东）非遗周暨佛山秋色巡游活动。

2019年3月12日，以"织言绣语"为主题的2019中国纺织非物质文化遗产展在中国国际家用纺织品及辅料（春夏）博览会上亮相，展览展示了水族马尾绣织布技术、马尾绣如何融入日常生活。

（三）保护措施

2018年全国两会胜利闭幕后，在贵州省发改委、省博物馆、省民族博物馆、省文化厅等积极协调下，9月在三都水族自治县"非遗一条街"动工建设"马尾绣传承保护展示中心"。

马尾绣传承保护展示中心，秉持"保护马尾绣绣品、传承马尾绣技法、展示马尾绣文化"的宗旨，共投资200多万元。中心为水族吊脚楼风格，面积共有800多平方米，集库房、展示厅和培训于一体，还将活态展示和现场技艺培训相融合。中心展示有历史传统马尾绣珍品，也有女包、笔记本等富有现代气息的马尾绣文化创意产品。

2019年11月，国家级非物质文化遗产代表性项目保护单位名单公布，三都水族自治县非物质文化遗产保护中心获得"水族马尾绣"项目保护单位资格。

图6 马尾绣"歹结"背带

思考：

为什么水族马尾绣会被称之为"刺绣活化石"？

四、非遗德育跨学科实践课程方案

马尾缠绕非遗情，创新传承育人才

（一）课程背景

1. 背景知识

马尾绣是水族极具代表性的刺绣工艺，也是水族的文化瑰宝。古老且具代表性的水族马尾绣是中国首批非物质文化遗产，其是以马尾作为主要原材料的民族刺绣技艺。

2.水族马尾绣综合实践课程与学科知识关系概述

水族马尾绣制作技艺属于国家级非物质文化遗产中传统美术类别，因此联系最为密切的学科为美术学科，其学科知识目标要求如下。

（1）美术学科

①义务教育艺术课标要求

能感知身边的美，认识美存在于我们周边，初步形成发现、感知、欣赏美的意识。能利用不同的工具、材料和媒介，体验传统工艺，学习制作工艺品，知道中国传统工艺是中华民族文化艺术的瑰宝，增强中华民族自豪感。（1~2年级）

能运用造型元素、形式原理和欣赏方法，欣赏、评述不同国家和地区的美术作品，领略世界美术的多样性和差异性，养成尊重、理解和包容的态度；能利用不同的工具和材料，制作或创作工艺品，体会传统工艺"守正创新"的内涵与意义。（3~5年级）

了解非物质文化遗产的含义，制作传统工艺品或文创产品，明白继承与发展文化遗产是我们的责任。（8~9年级）

②高中美术学科课标要求——核心素养5：文化理解

文化理解指从文化的角度观察和理解美术作品、美术现象和观念。通过本课程的学习，学生能逐渐形成从文化的角度观察和理解美术作品、美术现象和观念的习惯，了解美术与文化的关系；认识中华优秀传统美术的文化内涵及独特艺术魅力，坚守中华文化立场，坚定文化自信；尊重艺术家、设计师和手工艺者及其创造的成果和对人类文化的贡献。

（2）综合实践学科——设计制作类

设计制作指学生运用各种工具、工艺（包括信息技术）进行设计，并动手操作，将自己的创意、方案付诸现实，转化为物品或作品的过程，如动漫制作、编程、陶艺创作等，它注重提高学生的技术意识、工程思维、动手操作能力等。在活动过程中，鼓励学生手脑并用，灵活掌握、融会贯通各类知识和技巧，提高学生的技术操作水平、知识迁移水平，体验工匠精神等。

马尾绣图案搭配多样，意义不同，图案来源也比较丰富，抽象的几何纹饰的不同搭配形成了特殊的美感，具有美术价值意义。

（二）课程实施

1.课程实施学段

7~9年级。

2.课程实施机构与人员

（1）课程实施机构

综合实践学科教研组；美术学科教研组；水族马尾绣传承保护展示中心。

（2）课程教学人员安排

综合实践教师；美术学科教师；水族马尾绣传承人。

3.组织方式

美术学科教学、研学旅行实践、课堂设计制作与探究讨论综合实践。

4.课程实施方案设计

表 1　非遗德育跨学科综合实践课程内容

课时安排	地点	课程内容与任务	设计意图	学科链接
第一课时——美术教学	教室	1.走近水族马尾绣，了解水族马尾绣背后的历史渊源。 2.认识马尾绣服饰的典型图样纹饰，尝试绘制典型的马尾绣图案，体会马尾绣纹样背后的民族文化内涵；欣赏马尾绣制品的传统工艺之美。 3.了解典型的马尾绣制作的工艺特点以及刺绣与制作工序步骤。	通过了解水族马尾绣传统工艺之美，学会欣赏传统美、鉴赏民族美，增强学生的文化自信与民族自豪感，在教学中激发学生对水族马尾绣的传承与了解兴趣。	美术学科：了解非物质文化遗产的含义，制作传统工艺品或文创产品，认识继承与发展文化遗产是我们的责任。
第二课时——研学实践	水族马尾绣传承保护与展示中心	1.实地参观欣赏水族马尾绣制成品的民族之美，在观察中寻找水族马尾绣的典型纹饰图样，并分析其特点。 2.学习水族马尾绣绣线的制作工艺，记录马尾绣绣线的制作过程。 3.实地了解马尾绣刺绣的针法技巧，在非遗传承人的指导之下进行简单的马尾绣作品的制作。 4.与马尾绣非遗传承人进行交流，了解马尾绣的传承与发展现状，分析马尾绣传承与发展困境，以水族马尾绣传承为主题撰写调查报告、做手抄报、拍视频、设计宣传方案等。	现场体验和感受水族马尾绣非物质文化遗产；深刻体会与感悟水族人民在劳动实践中形成的民族智慧，感悟马尾绣制成品背后传递的民族精神，在课外研学实践中不断促进学生对水族马尾绣背后文化内涵的理解。使学生形成非遗传承的责任意识与担当精神。	综合实践学科：积极参加班团队活动、场馆体验、红色之旅等，亲历社会实践，加深有积极意义的价值体验。（价值认同）

续表

课时安排	地点	课程内容与任务	设计意图	学科链接
第三课时——综合实践	综合实践活动室	1. 分小组以马尾绣典型图样纹饰作为元素进行设计创作，形成以马尾绣纹饰图样为主题的创意美术作品。 2. 根据研学实践学习的马尾绣制作方式方法，在教师的指导下进行简单的马尾绣作品制作。 3. 课堂分享研学实践形成的实践成果以及本小组形成的以马尾绣为主题的创意工艺产品。 4. 课堂探究讨论小组研学发现，思考水族马尾绣传承与发展策略，形成基于非遗水族马尾绣创新型传承与创造性发展宣传推广方案。	通过综合实践课程进一步加深对水族马尾绣工艺的文化理解，并结合自身的创造创新意识，打造独特的水族马尾绣工艺品，在动手实践过程中锻炼学生的实践能力，在创意分享与问题探讨中落实培育学生的传承意识与问题解决能力。	综合实践学科：将一定的想法或创意付诸实践，通过设计、制作或装配等，制作和不断改进较为复杂的制品或用品，发展实践创新意识和审美意识，提高创意实现能力。（创意物化）

（三）课程实施效果评估

表 2　非遗德育跨学科综合实践课程评价表

课题						
年级班级			姓名			
评价目标	学生学习		学生学习评价标准	个人评价	组员互评	教师评价
价值认同（25分）	亲历以马尾绣技艺传承为中心的社会实践，加深非遗传承意义的价值体验。能主动分享马尾绣的制作体验和感受，与老师、同伴交流思想认识，形成民族认同感。通过参加非遗传承人的职业体验活动，形成传承民族非遗技艺的劳动观念和态度。		1. 学生能够自觉查阅马尾绣技艺的相关资料，并根据相关信息，认识其独特之处。 2. 可以说明传承马尾绣技艺的意义，并树立保护这一传统技艺的意识。			

续表

课题					
年级班级		姓名			
评价目标	学生学习	学生学习评价标准	个人评价	组员互评	教师评价
责任担当（25分）	探索分析马尾绣非遗技艺背后传递的文化内涵，传承水族人民就地利用材料发明创造的民族精神，根据当前马尾绣传承与发展面临的困境，思考助力马尾绣传承与发展的策略，形成做中华优秀传统文化传承者与宣传者的责任担当意识。	1. 学生积极参加马尾绣实践活动，表现出浓厚的兴趣和热情。 2. 在团队中积极承担责任，与队友协作完成任务，尊重队友意见，共同解决问题。 3. 能够认识到马尾绣作为非遗的价值，并愿意为其传承和发展作出贡献，能在研学中积极学习、了解马尾绣的历史、文化和制作工艺。			
问题解决（25分）	能关注到水族马尾绣制作技艺目前面临的传承困境与问题，深入思考水族马尾绣的传承路径，将问题转化为有价值的研究课题，学会运用科学方法开展研究。能主动运用所学知识理解与分析马尾绣制作技艺背后的文化内涵，并做出基于证据的解释，形成基本符合规范的研究报告或其他形式的研究成果。	1. 学生能够准确识别活动中遇到的困难，并主动寻求帮助和指导。 2. 对问题进行深入分析，找出问题的根源和解决方案。 3. 能够提出可行的方案，解决遇到的问题。			

续表

课题					
年级班级		姓名			
评价目标	学生学习	学生学习评价标准	个人评价	组员互评	教师评价
创意物化（25分）	运用马尾绣的制作技艺进行简单的马尾绣制品的制作，深入理解马尾绣背后的文化内涵，通过设计、制作或装配等，将一定的想法或创意付诸实践，形成基于学生创新实践的马尾绣制品，借助现代化的媒体与设备，思考设计马尾绣产品的宣传推广方案。	1. 学生能够在马尾绣的制作过程中融入自己的创意和想法，设计出独特的作品。 2. 能够尝试运用不同的材料、色彩和图案，丰富马尾绣的表现形式。 3. 完成的马尾绣作品美观大方，具有艺术性与实用性。			
个人自评总分（20%）		组员互评总分（20%）			
教师评分（60%）		教师评语			
综合评价总分		等级评定			

■ 问题探究

水族马尾绣图案与水族文化

马尾绣图案一般是水族的图腾，有着固定的框架和模式，整体效果古朴、抽象、典雅，表达了水族人民对幸福生活的向往和对美的追求。

鱼纹，鱼是水族人主要的图腾物之一。水族人将鱼视为水族的亲属、祖先和保护神，认为鱼具有超自然的生命力，可以给水族人民的生存带来希望。

图7 马尾绣鱼纹

蝴蝶纹，相传很早以前天上有九个太阳，晒得树枯河干，一位勤劳的水族妇女背着孩子去找水，火辣辣的太阳晒得母子俩几近晕死。这时，飞来一只蝴蝶，在母子俩头顶展翅遮住了太阳，母子俩因此得救。从此水族人民便在背带上绣上蝴蝶图案，象征着平安、吉祥。

水族马尾绣的图案布局很有特色，总体呈现出"对称和谐的美"。图案成双数对称分布；四角一般采用闪电雷纹或是花草来装饰。这些图案是对称的布局，每个角的图案在大小、题材和色彩上都有所不同，这样在对称的同时又有动感，起到平衡的效果。

图8 马尾绣蝴蝶纹

水族马尾绣和许多传统民间手工艺一样面临着市场变革、审美变迁、传统工艺难以传承等诸多困难与挑战。如何传承和活化马尾绣，是一个时代的大命题。

任务清单：

1.请根据水族马尾绣图案的特点，解读分析水族马尾绣图案组合背后的文化内涵。

2.结合综合实践课程，搜索相关资料整理形成以水族马尾绣为主题的非物质文化遗产档案。

第二节 鲜花的咏叹·歌调承民情——惠水《好花红》

布依族民歌（好花红调），是主要流传于贵州省惠水县的传统音乐，是国家级非物质文化遗产。在惠水县好花红乡一带布依族群众在清朝普及传唱，迄今已有200多年的历史。

图1 刺梨花

一、惠水好花红调简介

好花红调是布依族人叙唱情爱的歌曲，它发源于贵州省惠水县好花红乡一带的布依族山寨，至今已有两百余年历史。其简约明快、悠扬婉转的曲调和清新简练、寓意深远的歌词表现了布依族人民健康的生活情趣，同时成为布依族传统文化变迁的形象印证。

好花红调长期在布依族民众间流传，影响深远。目前，好花红调赖以生存、发展的社会基础发生了巨大变化，加上多数歌手相继离世，这种原生态的布依族山歌传承乏人、前景堪忧，亟待抢救保护。

神秘的贵州高原上，傲然生长着一种奇异的植物——刺梨花，野果"刺梨"和它清香淡雅的花朵在人们的歌声中被用以寄托思想情感，刺梨花也被歌咏传唱得越来越美。日居月诸，经时代的潮流推涌，歌声"好花红，好花生在刺梨蓬，哪朵向阳哪朵红"流传在黔山秀水间，形成了独具特色的布依族文化品牌。作为布依族民歌的经典代表的《好花红》，其歌词曲调婉转优美、情意绵绵，充分抒发了布依族人对美好生活的憧憬和追求。

二、惠水《好花红》歌词及其演唱形式

（一）惠水《好花红》歌词

歌词：好花红来好花红，好花生在刺梨蓬哎；好花生在刺梨树哎，哪朵向阳哪朵红哎。"好花红"中的"花"指的是刺梨花，刺梨花有三片花瓣，象征着布依族三个土语区紧密团结、牢不可破的精神；刺梨花生长在贵州很多地区，有着极其顽强的生命力，犹如歌词所唱的好花生在刺梨蓬，无论在多么恶劣的环境中它始终保持着挺拔的身影。哪朵向阳哪朵红，"红"象征着布依族人的精神面貌，开朗、热情。刺梨花的颜色一般为粉红色或者红色，"红"在现代汉语词典里解释为像鲜血的颜色，象征着喜庆等。对布依族人来说它象征着高贵、吉利，更象征着生命。第三段歌词"鲜"，"鲜"在现代汉语词典里解释很多，和花联系在一起更贴切的解释是鲜艳、鲜丽、鲜红、鲜美等。在《好花红》歌词中可以解释为刺梨花的色彩鲜艳、美丽，与第一段歌词"红"的意思相同。

图 2　惠水好花红村

（二）结构及演唱形式

《好花红》曲式结构为单乐段组成。这首歌曲为四声 e 羽调式，旋律骨干音为角音和羽音，始终贯穿整个曲调。旋律主要采用级进与

图 3　《好花红》歌调对唱

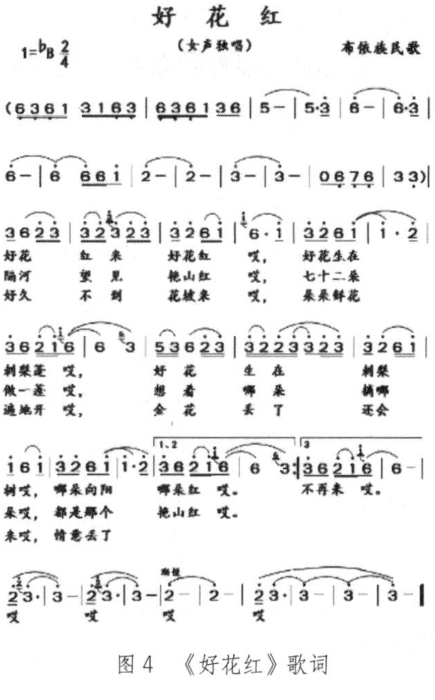

图 4　《好花红》歌词

跳进相结合的方式进行，级进为主，跳进为辅。

《好花红》旋律简洁，曲子由 la、do、re、mi、so 五音组成，在唱词上沿用了汉族山歌七字四句，曲调传承了具有布依族特点的歌调，其词调简约明快、悠扬委婉，表现了布依族人民的审美情趣，反映出布依族人民醇厚多情的性格特点及激越向上的精神风貌，形成了具有地域代表性山歌调，成为布依族曲调的代表。

三、惠水好花红调传承价值

图 5　好花红镇叶辛好花红书院

好花红调历史悠久，已成为一种文化品牌，被布依族及其他民族广泛认同，是中国民族民间音乐的优秀代表。好花红调的地域、文化、思想等基本特征，奠定了其在贵州布依族民歌中的重要地位，成为贵州布依族民歌的缩影。作为贵州布依族地区的优秀民间音乐文化，它既是古老布依族音乐的遗存，也是布依族传统文化变迁的实证，因而具有重要的学术价值、艺术价值。惠水县以好花红民歌文化打造当地布依族民族文化品牌以来，好花红民歌文化逐渐脱离单一的布依族音乐艺术文化范畴。2008 年，好花红调申报国家级非物质文化遗产成功后，好花红民歌文化成为惠水县布依族的民族文化铭牌，是惠水县布依族文化的象征与核心。

四、非遗德育跨学科实践课程方案

鲜花的咏调唱出布依族的热情

（一）课程背景

1.惠水《好花红》背景知识

好花红调是布依族人叙唱情爱的歌曲，清代时这一曲调即已在布依族民众间传唱，至今已有两百余年历史。在发展过程中，好花红调继承布依族民歌原有的曲调，同时吸纳了汉族山歌七字四句的样式，逐渐形成具有独特地域风格的惠水山歌调，与大调、小调、大歌、小歌等一道成为布依族曲调的代表。好花红调长期在布依族民众间流传，影响深远。

2.惠水《好花红》综合实践课程与跨学科知识关系概述

惠水《好花红》是一首属于布依族的传统民歌，其中蕴含着音乐、地理等学科的知识。

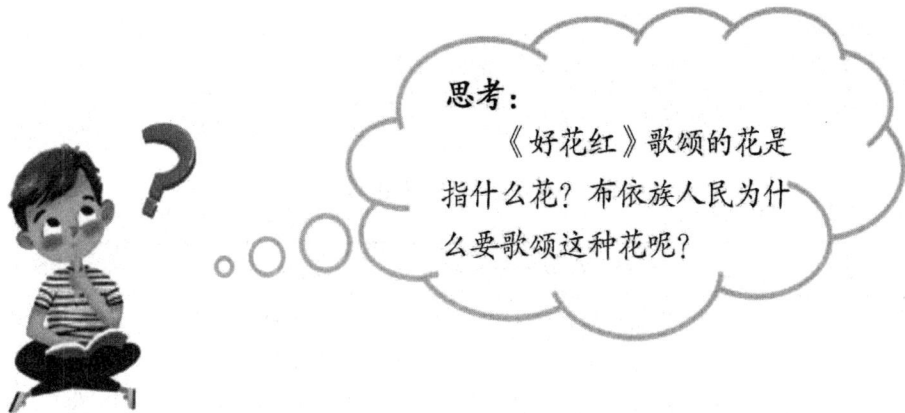

思考：

《好花红》歌颂的花是指什么花？布依族人民为什么要歌颂这种花呢？

（1）音乐学科

聆听丰富多彩的音乐，体验音乐的美，掌握欣赏音乐的基本方法，养成听赏音乐的习惯。

欣赏具有代表性的中外优秀音乐作品，感受、体验、了解音乐作品的音乐风格及文化特征，理解音乐表现要素在音乐情感和思想内涵表达中的作用。

感受、体验中国传统音乐和世界民族音乐的风格和文化特征，认识、理解民族音乐与社会生活、历史文化、民间习俗等的密切关系。

（2）地理学科

义务教育地理学科课标要求：认识中国——进行野外考察或运用相关资料，说明自然环境与地方文化景观之间的关系。

高中地理学科课标要求：结合实例，说明地域文化在城乡景观上的体现。

（3）综合实践学科——考察探究类

考察探究是学生基于自身兴趣，在教师的指导下，从自然、社会和学生自身生活中选择和确定研究主题，开展研究性学习，在观察、记录和思考中，主动获取知识，分析并解决问题的过程，如野外考察、社会调查、研学旅行等，它注重运用实地观察、访谈、实验等方法，获取材料，形成理性思维、批判质疑和勇于探究的精神。

（二）课程实施

1. 实施学段

7~9 年级、高一年级。

2. 实施机构与人员

（1）实施机构

综合实践活动教研组；音乐学科教研组；地理学科教研组；好花红村音乐小镇。

（2）实施人员

综合实践教师、音乐教师、地理教师、好花红音乐非遗传承人。

3.组织方式

音乐学科教学；研学旅行实践；考察探究类综合实践。

4.课程实施方案设计

表 1　非遗德育跨学科实践课程内容与任务

课时安排	地点	课程内容与任务	设计意图	学科链接
第一课时——音乐教学	教室	1.了解《好花红》歌曲的历史渊源。 2.欣赏品鉴《好花红》歌调，了解《好花红》歌曲歌词含义，在老师带领下学习简单的布依族民歌《好花红》调的歌唱方式。 3.在学习的过程中体会《好花红》歌调背后布依族人民的文化情趣。	在了解与欣赏《好花红》歌曲的过程中引导学生构思选题，鼓励学生提出感兴趣的问题，并及时捕捉活动中学生动态生成的问题，组织学生就问题展开讨论。根据学生提出的选题来制定实践活动方案，锻炼学生的交流合作能力。	音乐学科：感受、体验中国传统音乐和世界民族音乐的风格和文化特征，认识、理解民族音乐与社会生活、历史文化、民间习俗等的密切关系。
第二课时——研学实践	惠水好花红音乐小镇	1.实地记录好花红村的地理环境，探究好花红歌调的形成历史故事。 2.认识《好花红》中的"花"并用地理知识尝试解释其生长的自然地理背景。 3.向好花红歌调非遗传承人学习简单的好花红歌曲，并进行创作加工设计，在学习基础之上进行创作，形成一定成果。 4.尝试运用现代化媒体对好花红调进行加工创作，进行传播。 5.调查好花红歌调的传播影响范围，以及传承发展现状，提出好花红歌调的传承与发展之策。	在实地感受过程中了解《好花红》背后的历史渊源和布依族文化内涵，深刻感受好花红歌调中的布依族非遗文化内涵；感受传统音乐、传统文化的魅力。	地理学科：结合实例，说明地域文化在城乡景观上的体现。 综合实践学科：能对个人感兴趣的领域开展广泛的实践探索，提出具有一定新意和深度的问题，综合运用知识分析问题，用科学方法开展研究，增强解决实际问题的能力。（问题解决）

续表

课时安排	地点	课程内容与任务	设计意图	学科链接
第三课时——综合实践	综合实践活动室	1.各小组展示自己学习好花红歌调的音乐成果,并分享心得与感悟。 2.展示本小组借助现代媒体的创作成果以及形成的宣传效果。 3.汇报实地调研形成的针对惠水好花红歌调的传承现状调查报告,并为惠水好花红歌调的传承积极建言献策。	在表演中感受好花红歌调的魅力,锻炼学生运用现代化媒体传播的意识,培养学生传承与弘扬好花红歌调的意识。	综合实践学科:增强创意设计、动手操作、技术应用和物化能力。养成在实践操作中学习的习惯,提高综合解决问题的能力。(创意物化)

（三）课程实施效果评估

表2　非遗德育跨学科综合实践课程评价表

课题			
年级班级		姓名	
评价目标	学生学习	学生学习评价标准	个人评价 / 组员互评 / 教师评价
价值认同（25分）	在倾听完《好花红》歌曲后能主动分享体验和感受,与老师、同伴交流心得体会,体会少数民族歌调背后布依族人民创造的民族精神,形成民族文化认同感与民族自豪感。	1.在学习开始前积极查阅资料并与同伴交流,提取有效信息,提高知识储蓄量。 2.学生的听课状态良好,对非物质文化遗产具有较强的探索欲望。	

续表

课题					
年级班级		姓名			
评价目标	学生学习	学生学习评价标准	个人评价	组员互评	教师评价
责任担当（25分）	了解《好花红》歌曲传承与发展现状，参与《好花红》歌曲的传承与发展志愿服务活动，增强非遗传承意识观念；初步形成传承非物质文化遗产的意识。	1. 了解并尊重《好花红》的文化背景和历史意义，愿意为传承这一文化做出贡献。 2. 对音乐《好花红》学习活动保持积极的态度，认真参与到每一个训练环节中来。			
问题解决（25分）	能够在综合实践活动中发现《好花红》歌曲的传承困境问题，能主动运用所学知识搜集相关资料开展研究，并且寻找促进《好花红》歌曲可持续发展传承的途径。	1. 能够准确识别旋律掌握、节奏把握、歌词理解等问题。 2. 针对《好花红》的传承现状，可以结合自身专业知识，提出助力《好花红》传承的有效手段。			

续表

课题					
年级班级		姓名			
评价目标	学生学习	学生学习评价标准	个人评价	组员互评	教师评价
创意物化 （25分）	结合当前的现代技术媒体，以好花红歌调为基础进行创作，以互联网传播平台为媒介，创作好花红歌调衍生文化作品，以互联网平台作为传播媒介，进行宣传推广，发展实践创新意识和审美意识，提高创意实践能力。	1.可以将《好花红》改编成喜闻乐见的形式，通过独唱、合唱、乐器演奏展现自己的创意。 2.熟练掌握《好花红》音乐的演唱技巧，如发音、节奏、情感表达等。			
个人自评总分 （20%）		组员互评总分（20%）			
教师评分 （60%）		教师评语			
综合评价总分		等级评定			

■ 问题探究

好花红调音乐的艺术特征

布依族音乐的代表之作《好花红》，是布依族文化在历史发展中的优秀产物。布依族来源于越系民族，其语言、建筑等与古越人的语言文化特征相像。而布依族音乐也与越系民族有着千丝万缕的联系。在音乐形态上，他们既有着不同的特征，又相互紧密联系。作为布依族民歌的代表作，《好花红》同样也承袭了越系民族民歌的一些特征。在曲体形态方面，《好花红》延续了越系民歌的特点，形成了段落重叠的结构，旋律起伏较小，以级进为主，跳进为辅，其中偶尔使用到的大跳音程仅仅是起到一个装饰的作用，因此《好花红》和大多数越系民歌一样委婉细腻，特别是四音音列、五声音阶的运用，让他们在核腔性音调的基础上显得更加富于变化性。

越系作为一个庞大而完整的祖系，它的音乐形态可谓是多种多样，因此其演唱形式也随音乐形态的不同而有所改变，然而在这样一个庞大的族系中，民歌的演唱方法却是相同的。即：女歌手演唱歌曲，咬字清晰，发声有力，声音非常嘹亮；男歌手则因其音域受限而在演唱歌曲的高音处时使用假声，还偶尔用上一点咽音，使歌曲另具特色。布依族民歌《好花红》就是继承了这种传统的演唱方法，在求得统一的同时，又展现出了作为布依族民歌典范的独特风格，成为令世人瞩目的经典之作。

图6 《好花红》音乐曲律图

任务清单：

1. 好花红调音乐体现了越系民歌哪些方面的艺术特征？

2. 结合相关资料调查布依族好花红歌调体现的其他艺术特征与艺术价值，并综合本节实践课程内容探索好花红歌调的创新传承之策。

第三节 千年秘方·世代传承——布依族益肝草

图1 益肝草凉茶

布依族医药益肝草制作技艺源于贵州省黔南布依族苗族自治州贵定县，是国家级传统医药非物质文化遗产。"益肝草"是由当地的多味药材加工炮制而成。

一、布依族益肝草凉茶

（一）益肝草制作技艺简介

贵州省黔南布依族苗族自治州贵定县天然中药材丰富。益肝草就是将采摘的地耳草、蒲公英等药物经洗净、研磨、熬制，加入特配秘方做成，对防治肝病有很好的疗效。现贵定县益肝草已实现了从"传统秘方"向现代工艺生产的转变，生产线在 2012 年投产，年产益肝草 2 万吨。2014 年，由贵定县申报，益肝草制作技艺列入《第四批国家级非物质文化遗产代表性项目名录》。

图2 地耳草

同中医观点一样，布依族医学针对人身体失去阴阳平衡，主要是采用天然植物（草药）来调理治疗，使身体保持正气。

（二）历史渊源

布依族源于我国古代"百越"，是一个具有悠久历史的古老民族，在布依族世居地，人们对疾病很少有预防，只有在发病后才采取措施，甚至束手无策，只好请鬼师驱鬼免灾。鬼师大都掌握几种草药，除驱鬼免灾外还兼用一些草药治病，达到"神药两解"的效果。

布依族先民为了同疾病作斗争，对某些自然药物的治病效果和毒性作用予以注意，并加以利用。经过反复的实践，不断总结，逐渐形成了早期的药物疗法。

贵定益肝草凉茶产品最早出现于清末，当时贵定县民间消渴解毒的茶饮方式在黔中地区广为传播，传统的益肝草凉茶在布依族与苗族民间广泛传承。

由于采食植物，药师得以接触并了解某些植物对人体可能产生的影响。同时，为了同乙肝疾病作斗争，药师对地耳草、酸汤杆、克马叶等自然产物的治病效果予以注意并加以利用，综合中医"阴阳"理论学说，布依族药师赵氏祖先就研制出由地耳草、酸汤杆、黄栀子、克马叶等配置的"益肝草"。其中最有名的是布依族药师赵氏，历经一代一代的总结，大大推动了贵定益肝草凉茶的形成和发展。

二、布依族医药益肝草制作工艺

（一）益肝草药材生长自然环境

益肝草发源于贵州云雾山，海拔 1500 多米，山高多雨，雾气迷漫，气候湿润，人在潮湿的环境下就容易生病。然而这种环境对植物却非常有利。贵州省贵定县属亚热带季风湿热气候，温暖湿润的气候非常适宜草药生长和药材种植，使贵州成为我国四大中药材产地之一。素有"地道药材"之美誉，在全国统一普查的 363 个中药材重点品种中，贵州就有 326 种，占 89.80%，各地州市的中药材品种均在千种以上。

（二）技艺概述

益肝草是贵定布依族医师赵国霖继承和发扬布依族八代名医世家的祖传，历经艰难、亲自采集多种中草药依据中医理论，经长达 20 余年的临床研究，结合中医的"阴阳"学理论，经科学配方研制而成的医药产品。

1. 益肝草制作过程

采药前，要在野外举行祭祀仪式，祭拜祖师，由布依族寨老召集主持，以祈求除病消灾为目的。

祭祀仪式结束，即刻采药，将采摘的地耳草、酸汤杆、黄栀子、克马叶、蒲公英等鲜药洗净、晒干，用碓、擂钵研磨备用。

最后，用瓦罐熬制，加入特配秘方，20 分钟后即可完成。所有器具皆为木、石材质，不沾铁器，以保证药物的疗效，采取修制和水火共制方法配制而成。

2. 制作工具

相关器具有采药使用的锄头、刨子、镰刀、背篓，有加工药材的簸箕、筛子、碓、擂钵、甑子、土罐等。

3.益肝草主要药材及其功效

益肝草处方由地耳草、酸汤杆、黄栀子、克马叶等组成。

地耳草，又名"田基黄"，金丝桃科。一年生小草本，叶对生，卵形，基部抢茎，基出三脉，有微小黑色腺点。花黄色，腋生或顶生。蒴果，以全草入药，性平，味苦甘，清热解毒，利湿消肿，主治湿热黄疸等症；适用治急、慢性肝炎，早期肝硬化等。全草含有黄酮类、内酯、鞣质、蒽醌类、氨基酸等成分。

酸汤杆味苦性冷，属冷药，入热经，具有清热解毒、益肝健脾之功，故为君药。

黄栀子性冷，属冷药，入热经，具有清热解毒，利胆退黄之功。

克马叶味苦、入热经、利湿健脾，散瘀止痛，以此为辅药，诸药配伍，共奏清热解毒、清利湿热、益肝健脾、散瘀止痛之功效，从而达到阴阳平衡，修复干细胞再生。

三、布依族益肝草制作技艺传承价值

（一）历史价值

布依族只有本民族语言而没有本民族文字，祖辈相传、师徒相承的口述史起到了记忆的重要作用。布依族防治肝病益肝草秘方的传承，正是布依族先民在历史上顺应自然、防止疾病所积累的地方性知识，具有一定口述史的历史价值。

（二）科学价值

随着科学技术的进步和中医药理论与实践的发展，对"益肝草"秘方的新发现、新认识，正日益显示出其固有的科学价值。"益肝草"资源丰富，成本相对低廉，对于解决高速增长的医药卫生费用与国民经济承受能力的矛盾可发挥一定作用。采药前在野外举行祭祀仪式，以雄鸡血献祭和祭拜祖师等对民族学、民俗学的研究也有一定的价值。

（三）存续状况

"布依族防治肝病益肝草秘方"，经贵州特色制药有限责任公司发扬光大（2014年荣获第二批省级非物质文化遗产生产性保护示范基地），现不仅生产出了治疗肝病的民族成药"益肝解毒茶"，而且还开发出了具有保肝护肝作用的"益肝草"植物饮料，实现了"传统秘方"向现代工艺生产的转变。2014年列入《第四批国家级非物质文化遗产代表性项目名录》。

图3　益肝草凉茶现代化加工工艺

思考：
益肝草制作中用到的
药材主要有哪些？

四、非遗德育跨学科实践课程方案

识益肝草配制之材，探益肝草炮制之技

（一）课程背景

1. 布依族益肝草凉茶制作技艺背景知识

布依族益肝草制作技艺是黔南州贵定县的国家级非物质文化遗产，是布依族人民劳动实践的成果，药师对地耳草、酸汤杆、黄栀子、克马叶等自然产物的治病效果予以注意并加以利用，综合中医"阴阳"理论学说发展、完善，形成了著名的"益肝草"药方。

2. 布依族益肝草制作技艺综合实践活动与学科知识关系概述

益肝草制作技艺与地理、生物、劳动教育等学科有着密切的关系。

（1）地理学科

益肝草凉茶中的"益肝草"由当地的多味药材加工炮制而成，主要有地耳草、酸汤杆、黄栀子、克马叶等，药材的生长发育与贵定县的自然地理环境之间有着密切的联系，因此从地理学科出发，可以探究益肝草药材生长发育背后的自然地理环境要素，分析益肝草医药形成的自然地理原因。

（2）生物学科

益肝草秘方中的药材为植物，认识益肝草药材的植物习性、生长特点与培育特点，是生物学科学习有关知识的重要方式，也为开展益肝草凉茶药材的种植劳动实践活动奠定了学科基础。

（3）劳动教育——生产劳动

A. 初步体验简单的种植、养殖、手工制作等生产劳动，能规范地使用常用的劳动工具，了解常用材料的作用与特征，对劳动过程中遇到的问题具有好奇心和探究欲望。

B. 进一步体验种植、养殖、手工制作等生产劳动，能根据劳动任务选择合适的材料和工具、技术与方法，安全、规范、有效地开展劳动，初步养成持之以恒的劳动品质。

C.适当体验金工、木工、电子、陶艺、布艺等项目的劳动过程，体会其中蕴含的独特智慧和人类创造力。参与种植、养殖等生产劳动，体会运用所学知识分析和解决实际问题的过程。获得初步的职业体验，形成初步的职业意识和生涯规划意识。

（二）课程实施

1.实施学段

7~8年级。

2.实施机构与人员

（1）实施机构

综合实践教研组；地理学科教研组；生物学科教研组；劳动实践基地；苗姑娘集团益肝草凉茶加工厂。

（2）实施人员

综合实践教师；地理教师；生物教师；苗姑娘集团益肝草凉茶加工厂讲解员。

3.组织方式

地理＋生物跨学科教学；研学实践；综合实践。

4.课程实施方案设计

表1 非遗德育跨学科综合实践课程内容与任务

课时安排	地点	课程内容与任务	设计意图	学科链接
第一课时——地理＋生物跨学科教学	教室	1.认识制作益肝草的主要药材，了解药材的形态特征及其药用功效。 2.结合贵定县自然环境资料与益肝草主要药材的生长习性，在地理与生物学科教师的指导下分析适宜益肝草主要药材生长发育的核心地域范围及自然环境要素。 3.了解益肝草主要药材的采摘与前期预处理的方法。	通过生物学科与地理学科的跨学科教学活动，对益肝草的主要炮制药材进行充分的认识与了解，提升学生对周边地理环境的感知度，激发学生对中医药文化及中医药材的学习兴趣，增强学生对中医文化的传承热情。	地理学科：进行野外考察并利用图文资料，描述家乡典型的自然与人文地理事物和现象，归纳家乡地理环境的特点，举例说明其形成过程及原因。

续表

课时安排	地点	课程内容与任务	设计意图	学科链接
第二课时——研学实践＋劳动实践	苗姑娘有限公司益肝草凉茶加工厂	1.参观益肝草主要药材的种植基地，记录主要药材的种植方式方法，获取益肝草主要药材的种子。2.在益肝草药材种植基地中体验益肝草主要药材的采制技巧，在专业技师的指导下对益肝草主要药材进行预处理，并将预处理的步骤与心得体会进行记录。3.参观益肝草凉茶传统炮制工坊与现代机械化加工厂，记录益肝草凉茶的炮制工序，思考机械化凉茶加工对益肝草技艺传承的重要作用与影响。4.实地调研益肝草凉茶的市场销售情况，思考益肝草凉茶目前面临的困境与问题，思考益肝草凉茶提升市场竞争力的对策。	在实地研学中感受现代化的发展对中医药文化的继承与传播发展，并在课外研学劳动实践活动中体验简单的中医药材的种植、养护，药材的采摘等方式方法，体验中医药的传统炮制技艺过程，在实践体验基础上展开调查研究，激发学生的创新意识，为益肝草凉茶扩大文化影响力与提升益肝草凉茶的市场价值，搜索相关资料提出对策建议，培育学生的创新实践能力与问题发现能力。	地理学科：结合实例，说明地域文化在城乡景观上的体现。综合实践学科：能对个人感兴趣的领域开展广泛的实践探索，提出具有一定新意和深度的问题，综合运用知识分析问题，用科学方法开展研究，增强解决实际问题的能力。（问题解决）
第三课时——综合实践	综合实践活动室	1.各小组展示在前期学科教学与研学实践、劳动实践中所获取的有关益肝草凉茶的自然地理背景、种养、采制技艺过程记录。2.根据实地调查研究益肝草的传承与发展现状，课堂思考讨论并分享现代化机械设备对非遗传承的重要作用。3.参考前期学习与实践的资料进行益肝草凉茶品牌特色包装制作与创意宣传方案设计，分享包装设计制作理念与宣传方案具体实现方式。	通过前期的学习与实践，学生对益肝草制作技艺有了深入了解，认识到中医药文化的博大精深，在劳动实践中感悟少数民族的劳动创造、敢于尝试的精神，并激发学生对中医药文化的传承与发扬意识，培育学生的文化自信与文化自强心。	综合实践学科：增强创意设计、动手操作、技术应用和物化能力。形成在实践操作中学习的意识，提高综合解决问题的能力。（创意物化）

（三）课程实施效果评估

表2　非遗德育跨学科综合实践课程评价表

课题					
年级班级		姓名			
评价目标	学生学习	学生学习评价标准	个人评价	组员互评	教师评价
价值认同（25分）	参与益肝草凉茶主要药材的培育与制作的劳动实践活动，在劳动实践活动中形成积极的劳动观念和态度，在活动中感受中华民族医药的魅力，培育学生的文化自信。	1. 学生认识到益肝草制作技艺在健康养生、预防疾病等方面的实用价值，愿意将其视为传统医药瑰宝。 2. 了解益肝草的药理作用和功效，通过学习掌握正确的使用方法。			
责任担当（25分）	在了解布依族传统医药益肝草的技艺与相关知识过程中，培养学生对中国优秀传统文化中医药文化的兴趣，建立学生传承本土非物质文化遗产传统医药的责任意识与担当精神。	1. 认真负责地对待益肝草制作技艺的学习，愿意花时间去深入了解这一技艺。 2. 遵守学习纪律和规定，按时完成学习任务，积极参与实践操作。			
问题解决（25分）	思考布依族益肝草药材背后的自然地理知识，将非物质文化遗产传承与地理学科知识建立联系；了解布依族益肝草凉茶的炮制技艺，并结合相关知识为益肝草凉茶的传承与推广积极建言献策。	1. 学生可以准确识别原料选择、制作工艺、质量控制等方面的问题。 2. 可以独立完成益肝草的制作与质量控制。 3. 能够提出推广益肝草产品的措施。			

续表

课题					
年级班级		姓名			
评价目标	学生学习	学生学习评价标准	个人评价	组员互评	教师评价
创意物化 （25分）	探访益肝草凉茶制作工厂，在对益肝草及其制作技艺了解的基础上充分发挥创新意识，为益肝草凉茶设计独具民族特色与文化吸引力的包装，结合现代化的传播平台，宣传与推广布依族益肝草凉茶。	1.学生能够将现代科技和传统技艺相结合，探索新的制作方法和应用领域。 2.可以将所学的益肝草制作技艺转化为具体的物化成果，如益肝草茶饮品、保健品，以及个性化包装。			
个人自评总分 （20%）		组员互评总分（20%）			
教师评分 （60%）		教师评语			
综合评价总分		等级评定			

■ 问题探究

布依族传统医药文化

布依族聚居地区，大多地势复杂、山高谷深、交通不便，与外界交往甚少，布依族人民对自然界的认识，是从一草一木开始的，逐渐积累，最终在实践中形成医药知识。祖祖辈辈通过口传心授流传下来，加之与其他民族不断地融合、交往，并从中汲取优秀的医药文化，成为独具特色的布依族医药文化。

布依族民间药物资源丰富、种类繁多，常用药近200种。无论是在省城还是在县市赶场天设摊、肩挑卖草药的布依族人均不少。所出售的草药既有常见的如地星宿（天胡荽），头晕药（蓝布正），克马叶（车前草），大、小血藤，虎耳草，须须药（海金沙），岩白菜（牛耳朵），岩豇豆（石吊兰），八爪金等，也有少见的如三叶青、八角莲、竹节参、蛇莲、和气草（一种兰科植物）、一支箭等。传统的用药方式多用鲜药，很少炮制，只有外出行医或批量售药时才加工成饮片。药物用量无统一的标准，多凭经验取量。药性分寒、热、甘、苦、有毒或无毒。用药注重禁忌及某些食物禁忌。

布依族药物有自己的民族药名，根据药物的功效、类别、性状、药用部位、生境习性等特征命名。现今多数布依族医师对于同一种药物不仅能用本民族语称谓，还能用汉语命名，方便了民族之间的交流应用。

任务清单：

1.你能根据资料找到哪些布依族主要药物？形成了哪些有名的有关医药的谚语？

2.请课下搜集两种以上布依族医药药材的资料，了解布依族中医药文化内涵及其药用价值，形成布依族中医药文化资料库。

第四节 花丝点珠·盘龙团凤——水族银饰制作技艺

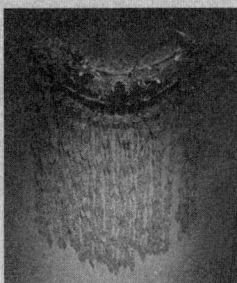

水族银饰制作技艺被列为贵州省省级非物质文化遗产项目名录。千百年来传承下来的银饰制品都是手工制作而成，有20多道独特的工艺工序。水族银饰制品，造型别致、种类繁多、纹样丰富，颇受外界游客欢迎。

图1 水族银压领

一、水族银饰

（一）水族银饰概述

水族主要聚居在贵州省黔南州三都水族自治县、荔波县、都匀市与黔东南州等地。在其发展的历史进程中，创造了具有本民族特色的服饰、饮食以及节日等独特的传统文化。银饰是水族传统服饰文化的重要内容。

水族银饰一般分为头饰、颈饰、手饰和腰饰。其制作工艺较为复杂，成品样式十分精美，是水族传统文化

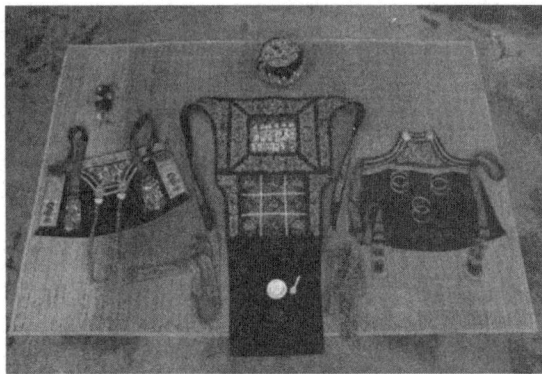

图2 水族银饰头饰、颈饰、手饰、腰饰

的典型代表，具有较高的生态文化价值。丰富多样的银饰文化表现了水族人民对美好生活的追求，同时呈现出水族社会生活的内容。

水族人民在日常生活中会少量佩戴银饰作为装饰，但逢重要节日活动，就会佩戴多种银饰，以示对节日活动的尊重与重视。银饰的佩戴有不同的讲究，穿戴

银饰已成为水族人民必不可少的礼仪环节，可见银饰在水族人民的心中占据着重要地位。

（二）水族银饰分类

1. 头饰

银头簪。这是水族女子传统头饰，头簪样式多以蝴蝶、花鸟为主，起到固定发髻和装扮的作用。

银角钗。银角钗形似牛角，左右对称。银角钗上的牛角形象源于水族稻作文化。在农耕时代，牛是人们重要的劳动助手，这就使得水族重视耕牛，将它踏踏实实、勤劳肯干的形象融入有关民族文化内容之中。水族女子出嫁时都会佩戴银角钗，象征勤劳、善良。

图3　水族头饰

银帽福。这是水族幼童的帽檐装饰。水族凡有幼儿的家庭，一般都会请工匠打造银帽福，样式多以罗汉、菩萨等形象为主，也有蝴蝶与鱼等图案，寓意消灾解难、保佑平安。银帽福打造完成后，家中长辈亲手将其缝制于帽顶，再将其赠予幼儿。

银梳。银梳可分为纯银梳、镶银木梳两大类，如带有银菩萨与银吊链的银花梳、带有银菩萨与链包的银木梳。银梳纹样以蝴蝶纹、金鱼纹、花朵纹及菩萨形象等为主，用于装饰、固定较大的发髻，使其不易松散，同时使得发饰更加立体美观。

2. 颈饰

银压领。这是佩戴在胸前的饰物。"银压领极具水族民族特色，它具有装饰面积大，制作精良等特点，其外观别致，佩戴后能使胸前的衣襟服帖，达到美观、实用兼备的效果。"银压领花纹主要以龙纹、鱼纹、蝴蝶纹为主。水族女子出嫁时佩戴银压领，完美衬托出水族女子高雅、美好的形态。

银项圈。大项圈重20余两，小项圈重2～3两。银项圈的佩戴场合不同，

图4　水族银项圈

类别与重量也不尽相同，多用于水族男女婚嫁场合。

银扣。这是水族女子服饰的扣饰，4～6颗不等的半球状的银扣用于水族女子上衣的衣襟口处，起到固定作用。

银吊饰。这是悬挂于水族女子颈部的装饰，常见的有双股或四股。其纹样多以蝴蝶纹、花朵纹为主。人们走动时，银吊饰发出清脆悦耳的声音，引人注目。

3. 手饰

银手镯。银手镯通常分为大、小两种类别，按形状可分为六轮镯、扭黄鳝头手镯、龙头手镯、滚珠手镯四种，装配以龙纹、凤纹、蝴蝶纹等图案。

银戒指。这是水族妇女传统手饰。其样式简单，分为宽戒面、环形面两种，以蝴蝶、花草等花纹装饰。

银手链。这是水族女子常戴手饰，一般用银环将圆形、瓜果形、花朵形等银牌相连接。银牌上通常刻有蝴蝶与瓜果等图案，美观、大方。

图 5 水族银饰之手饰

4. 腰饰

银吊包。这是水族女子的银荷包，分为牡丹纹银吊包、蝶牌银腰饰两种，造型小巧，方便实用，用于放置针线等随身小物品。

银围腰。这是水族女子服饰的装饰物，银围腰由绣片、银泡、银链与黑色土布一起缝制而成，通常缀以蝴蝶、花朵等图案，既简朴大方又美观实用。

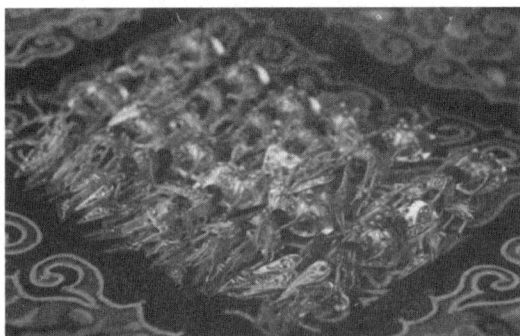

图 6 水族银围腰装饰

二、水族银饰制作技艺

（一）水族银饰制作工艺

考古学发现表明，战国时期我国就已经有了金、银器的制作工艺。

水族银匠至今仍旧采用纯手工制作

图 7 银器制作台

方式，制作过程共分为六大步骤：制作银胚、花丝工艺、錾刻工艺、炸珠工艺、焊药焊接和洗涤加工；制作工具主要有风箱、丝板、錾子等，部分工具由银匠根据实际需要而制作出来。通过一系列工序打造出来的银饰，形式多样，图案精美，具有水族特色。

（二）制作工艺流程

1. 制作银胚

首先将银料放置到坩埚中，再置于火上，待其熔化。埚内银料熔化成液体后，迅速将其倒入模具中冷却、定型。趁余热将其取出，反复捶打，根据需要制作成银条或薄银片。

2. 花丝工艺

这里需要用到之前准备的银条，将其作为底料。该制作过程主要有拉丝、搓丝、掐丝、焊接及剪坯，需要细致地打磨才能完成，充分体现工匠的高超技艺。

3. 錾刻工艺

錾刻是在制作圆形银片时所使用的工序。用锤子将錾子尖锐的一端对准银片，通过锤子的轻轻敲打，将纹样打制到银片上。这个过程只能进行一次，若失败，则不能进行第二次。因此，银匠为了顺利施工，一般都自制一套适用的錾刻工具。

4. 炸珠工艺

炸珠工艺一般用于制作银饰的圆点装饰。将等距的银片剪成小线段，均匀地放到木炭上，用火将其烧熔后，对其进行猛吹，以形成圆珠状；再逐一焊接到银饰上，以作为装饰，相当体现银匠的工艺制作技巧。

5. 焊药焊接

焊药是将零散的银部件焊接成为一个整体的关键元素。焊药多为银匠自制，焊药是按照合适比例的银和铜制作而成，可根据银匠自己的需要来调整。焊接时，将焊药夹在需要焊接的两件银器中间，待加热后，焊药会熔化流入两件银器的缝隙中，以填补空隙，最后冷却连接在一起。

6. 洗涤加工

先用硼砂将银饰上的氧化物清洗一遍，再将其放到准备好的木炭上烤，这是为了清除银片上的氧化物。烤到一定时间后，将其放入埚内煮沸的硼砂水中反复煮，最后将其捞出，用清水洗净，再用清水煮一遍。

三、水族银饰传承价值

水族作为中华民族大家庭中的一员，在历史发展进程中，不断创造、传承与发展自身民族文化。银饰作为水族代表性的民族特色手工艺术品，在水族社会生活中世代传承，承载着深厚的民族文化内涵，蕴含着丰富的文化价值。

（一）民族传统文化价值

水族银饰的纹样主要有三种，分别是鱼纹、龙纹、蝴蝶纹，其中使用最频繁的是蝴蝶纹与鱼纹。水族视蝴蝶、鱼为图腾。相传在远古时期，天上出现七个太阳，大地干裂，许多人因此被晒死，而水族的祖先正是因为蝴蝶成群结队为他们遮阴才幸免于难。为感激蝴蝶的恩情，水族祖先把蝴蝶奉为吉祥之物，并将其形象地刻在银饰或绣品上，随身携带，祈求庇护，蕴含了祖先崇拜与图腾崇拜方面的含义。

水族崇拜鱼。"鱼是水族的图腾，水族是鱼的传人。"水族认为，鱼能带来力量保护他们，因此存在崇拜鱼的习俗。

蝴蝶纹与鱼纹的出现不仅源于神话传说，实际上水族在古代社会生活中因地制宜，依靠自己的智慧，实施了鱼稻共生的生产方式。

可见，鱼对水族社会生活的方方面面都产生了影响。聪慧的水族人民将寓意平安吉祥的蝴蝶、鱼等图腾形象完美地复制到了另一个载体上——银饰，透视出他们的审美观、价值观和智慧。

在银饰打造时，水族将龙形纹与鱼形纹以及其他纹样穿插在一起，因此银饰样式多变，既丰富了龙的传统形象，同时也在水族银饰文化中体现出了中国的传统文化与民族文化的完美交融。正是因为这二者的完美利用与结合，使得他们保留了对银饰打造的传统工艺。精美的银饰在人们心中具有高雅、富贵的精神文化象征。

（二）民族历史文化价值

纯手工银饰承载的是水族的文化传统和独到的民族审美。不仅在日常生活中使用银饰，凡盛大节日也必有盛装银饰相伴。水族人认为，佩戴银饰不仅有装饰美化的功能，而且能够达到庇佑与祝福的目的。幼儿戴的银帽福寓意其能平安成长、新娘出嫁时所戴银角钗象征勤劳能干。银饰上大量的图腾花纹表达了水族祈求吉祥、美好的意愿，自古至今存在，说明水族传统文化的活态传承特点。

图 8　水族银饰新娘头冠

（三）自然生态文化价值

水族对植物纹的喜爱源于本民族的原始崇拜，水族的原始信仰呈现多元化特点。原始信仰表现了水族的万物有灵观念，使得人们在悠久的民族历史发展过程中形成了祭祀大自然的文化习俗，如祭大树、祭巨石、祭水井等，久而久之形成了对大自然的感激与敬畏之情，成就了一种自然生态文化价值。水族银饰所刻的纹样以植物纹、花朵纹为主，这与水族的居住环境有关。水族居住之地多处于高山密林间，最常见的便是花草树木，这样的环境是他们在这片土地上生存与发展的最重要的物质基础，使得水族在艺术创作的过程中自然取材于生活中常见的素材。

> 思考：
>
> 水族银饰工艺之美体现在哪些方面？我们应该怎样传承水族银饰的制作技艺？

四、非遗德育跨学科实践课程方案

赏水族银饰之美，传银饰制作之技

（一）课程背景

1. 水族银饰制作技艺背景知识

水族银饰的制作是水族传统工艺，颇具民族特色。百年来传承下来的银饰制品都通过手工制作而成，工艺复杂，包含铸炼、锤揲、錾刻、焊接、花丝、清洗、镀银等20多道独特的工艺工序，有银梳、银钗、银耳环、银项圈、银手镯、银压领、银吊包等饰品，造型别致、种类繁多、纹样丰富，颇受外界游客欢迎。

2. 水族银饰制作技艺与各学科之间的关系

水族银饰制作技艺与美术、历史、地理、劳动教育等学科之间有密切的联系。

（1）美术学科

水族银饰是水族人民审美意识的体现，其图案与样式是美术学科需要去鉴赏与学习的优秀传统文化之美与少数民族文化之美的重要体现。

（2）历史学科

水族银饰的历史发展渊源与水族人民的历史发展过程有着密切的联系，是水族文化历史的一部分，承载着水族人民创造的历史与魅力。

（3）地理学科

水族银饰图腾文化是水族人民对其所处自然地理环境理解的体现，其纹样形成的自然地理环境背景是地理学科研究的重要内容。

（4）综合实践与劳动教育学科

水族银饰的制作与设计是激发学生深刻理解水族人民创造的独特水族文化的重要教学资源，通过综合实践与劳动职业体验等培育学生的非遗传承意识与非遗传承价值观。

（二）课程实施

1. 实施学段

7~8年级／高一高二年级。

2. 实施机构与人员

（1）实施机构

综合实践活动教研组；美术学科教研组；历史学科教研组；地理学科教研组。

（2）实施人员

综合实践教师；美术、历史、地理学科教师；水族银饰非物质文化遗产传承人。

3. 组织方式

水族银饰跨学科教学；研学实践；综合实践。

4. 课程实施方案设计

表 1　非遗德育跨学科实践课程内容与任务

课时安排	地点	课程内容与任务	设计意图	学科链接
第一课时——美术＋历史＋地理跨学科教学	教室	1. 了解水族银饰的历史文化渊源，初步了解水族银饰的工艺过程及其特点，欣赏水族银饰工艺之美，思考水族银饰制作与水族文化之间的关系。 2. 认识水族银饰主要饰品及其工艺特点，通过水族银饰图案纹饰分析其形成背后的自然地理环境背景。 3. 认识水族银饰传承的独特价值，能够说出水族银饰的典型工艺特点、纹样以及工艺制品。	通过水族银饰的传承了解水族的文化与历史，并将水族银饰的形成与其背后的自然地理环境相联系，培育学生发现地理知识的区域认知能力，通过了解水族银饰的工艺特点与工艺品，提升学生欣赏民族美、鉴赏民族美的意识，提升学生的审美情趣。	地理学科：结合实例，说明地域文化在城乡景观上的体现。 美术学科：了解非物质文化遗产的含义，制作传统工艺品或文创产品，认识继承与发展非物质文化遗产是我们的责任。
第二课时——研学实践＋劳动实践	三都水族博物馆；水族银饰制作工坊	1. 在水族博物馆探究了解水族银饰与水族文化之间的关系，拍照记录典型的水族银饰制品，并运用自己的语言描述其图案纹样的特点体现了怎样的水族文化特色。 2. 在水族银饰制作工坊实地记录水族银饰的制作工艺流程，了解水族银饰工艺的独特之处。 3. 在非遗传承人的指导下开展简单的水族银饰制作，形成本小组的实践成果。 4. 访谈水族银饰非物质文化遗产传承人，了解当前水族银饰的传承现状，分析水族银饰的传承困境。	通过实地研学体验与实践，深刻体会水族文化与水族银饰之间的联系，感悟水族人民的民族智慧与劳动创造之美，提升学生的民族认同与民族理解，增强学生传承与发扬水族银饰非物质文化遗产制作技艺的热情；在实践调查访谈中培养学生获取信息、分析问题、解决问题的能力。	综合实践学科：能对个人感兴趣的领域开展广泛的实践探索，提出具有一定新意和深度的问题，综合运用知识分析问题，用科学方法开展研究，增强解决实际问题的能力。（问题解决）

续表

课时安排	地点	课程内容与任务	设计意图	学科链接
第三课时——综合实践	综合实践活动室	1.各小组展示制作的简单水族银饰，小组之间进行评选，确定出最喜欢的水族银饰。 2.各小组汇报分享跨学科学习与研学实践过程中的记录、心得体会与感受。 3.各小组汇报实地调研形成的针对水族银饰的传承现状调查报告，根据发现的问题展开研究讨论，促进水族银饰的进一步传承与发展。	在展示的过程中培养学生的综合素质，激发学生的创新意识，培育学生发现问题与解决问题的能力，让学生体会水族银饰传承的严峻性，培育学生传承非遗技艺的意识与担当。	综合实践学科：增强创意设计、动手操作、技术应用和物化能力。形成在实践操作中学习的意识，提高解决问题的能力。（创意物化）

（三）课程实施效果评估

表2　非遗德育跨学科实践课程评价表

课题				
年级班级		姓名		
评价目标	学生学习	学生学习评价标准	个人评价	组员互评	教师评价
价值认同（25分）	了解水族银饰的主要类型及其背后传递的文化内涵，加深对水族少数民族文化的理解与认识，在实地调查研究水族银饰的制作工艺过程中培育学生传承水族非物质文化遗产的意识。	1.学生可以认识到水族银饰不仅是装饰品，更是水族人民身份和地位的象征，承载着水族的历史文化。 2.能够理解水族银饰在审美上的独特性，如抽象的艺术风格、自然元素的运用等。			

续表

课题					
年级班级		姓名			
评价目标	学生学习	学生学习评价标准	个人评价	组员互评	教师评价
责任担当（25分）	在实地调查研究水族银饰制作工艺以及当前水族银饰非遗技艺面对传承困境的过程中，加强传承与宣传水族银饰的责任意识。	1. 学生积极参与水族银饰制作技艺的学习、实践和推广活动。 2. 关注水族银饰产业的可持续发展，分析其面临的困境与挑战。 3. 可以提出合理的解决方案，推动水族银饰产业转型升级。			
问题解决（25分）	在对水族银饰及其制作技艺有了一个深入的了解之后，分析当前水族银饰的传承发展困境，思考水族银饰传承与可持续发展的策略。	1. 能够运用所学知识和技能，创新性地解决水族银饰制作中的实际问题。 2. 可以提出有效的营销策略，提升水族银饰的市场竞争力和品牌影响力。			
创意物化（25分）	结合对水族文化的理解，在综合实践活动过程中发挥想象力开展创意水族银饰制作，并结合现代化媒体设备，对水族银饰品牌进行宣传，制作水族银饰的宣传方案。	1. 学生能够结合现代审美和市场需求，设计出具有水族特色的银饰产品。 2. 撰写出水族银饰的设计思路。 3. 设计并制作的水族银饰作品新颖独特。			

续表

课题					
年级班级		姓名			
评价目标	学生学习	学生学习评价标准	个人评价	组员互评	教师评价
个人自评总分（20%）		组员互评总分（20%）			
教师评分（60%）		教师评语			
综合评价总分		等级评定			

■ 问题探究

苗族银饰

苗族银饰作为一种文化现象在历史上曾被许多民族青睐，成为多元文化交流的载体之一。

苗族银饰以大为美的艺术特征是不言而喻的，苗族大银角几乎为佩戴者身高的一半便是令人信服的例证。苗族的图腾崇拜是银饰的重要造型。苗族图腾即与苗族有血缘关系的几种图像。在苗族古歌中，传唱是枫木生出了蝴蝶妈妈（即妹榜妹略），蝴蝶妈妈生下了十二个蛋，由鹊宇鸟孵化出苗族的祖先姜央和十二兄弟。

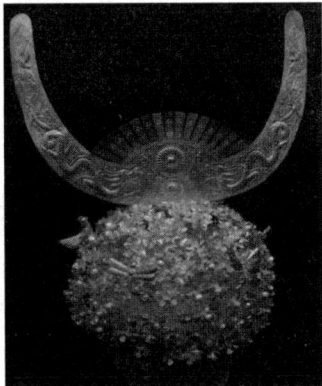

图 9　苗族银饰头饰

进入苗族社会的银饰决不单纯表现为某个民族专有的艺术形态，而是一个不折不扣的混合体。苗族银饰可分头饰、颈饰、胸饰、首饰、盛装饰和童帽饰等，都是由苗族银匠精心做成，据说已有千年历史。苗族银饰以其多样的品种、奇美的造型与精巧的工艺，既向人们呈现了一个瑰丽多彩的艺术世界，也展示出一个有着丰富内涵的精神世界。苗族银饰的种类较多，从头到脚，无处不饰。除头饰、胸颈饰、首饰、衣饰、背饰、腰坠饰外，个别地方还有脚饰。

苗族银饰的加工，以家庭作坊内的手工操作完成。银匠先把熔炼过的白银制成薄片、银条或银丝，利用压、寥、刻、镂等工艺制出精美纹样，然后再焊接或编织成型。

任务清单：

1. 请结合相关材料分析水族银饰与苗族银饰的异同点。

2. 请尝试分析苗族银饰的审美特征与工艺体现，体会苗族银饰之美，结合苗族银饰相关图片，形成以苗族银饰为主题的特色手抄报，并进行分享。

第五节　陀螺飞旋·梦想飞舞——瑶族民间竞技陀螺

图1　瑶族陀螺竞技

"瑶族民间陀螺竞技"是省级传统体育类非物质文化遗产。它是白裤瑶文化的重要载体，体现了瑶族人民豁达好动的个性和团队精神。该竞技活动具有凝聚作用，能够增强群众团结友爱、互相帮助的民族精神。同时，它也是一种独特的旅游资源，现已传承发展为一种民族节日——"陀螺节"。

一、瑶族陀螺

（一）瑶族民间陀螺竞技概述

瑶族民间陀螺竞技是黔南州荔波县境内白裤瑶民间自发组织形成的一种传统体育竞技，仅流传在荔波县瑶山瑶族乡的白裤瑶地区。这里至今仍保留着"刀耕火种"的原始耕作方式和远古遗风，保持着原始古朴的民族文化和浓郁多彩的民族风情。

（二）瑶族民间陀螺竞技历史渊源

白裤瑶早期从事狩猎，历经刀耕火种的氏族社会，距今大约有四百多年历史，据此推测与瑶民生活息息相关的瑶族民间

图2　瑶族陀螺

陀螺竞技的流传历史悠远，是一种古老的民间传统体育竞技活动。

瑶族村寨大都坐落在竹木林密、土地贫瘠的石山区，特定的人居环境和原始的生活方式使其形成了独特的娱乐方式。在漫长的历史岁月中，最原始的娱乐方式就

是以互击石头娱乐，发现石头易碎后，改用木头相击。后来把木头一头削尖，渐渐衍变为现在的陀螺，打陀螺也就成为了白裤瑶民众过节喜爱的体育活动。

二、瑶族民间陀螺制作与竞技形式

（一）瑶族陀螺制作

瑶族的陀螺分为高陀螺与扁陀螺，木质选用坚硬细腻的青钢木材料，用刀或斧削成上平下尖形状，中间抠出凹槽，用于放绳。

一般陀螺直径为 10~20 公分，高5~10 公分，上平底尖。上部为圆柱体，下部为锥体。用青麻搓成的绳子，长为 2~3 米，粗细与铅笔相同。陀螺用木质制成，木质越硬越好，先用斧子削成陀螺形状，然后用柴刀修理后即成。

图 3　高陀螺　　　　图 4　扁陀螺

（二）瑶族陀螺竞技形式

荔波县瑶山地区的白裤瑶每年春节都要举行隆重的"陀螺节"娱乐活动。赛前要举行祭祀陀螺神仪式，即将本队最后压阵的陀螺倒放在地上，让参赛队员轮流抽打，以祈比赛得胜。民间陀螺竞技比赛主要分为比准和比旋两种。

A. 比准：分为两组。一组把陀螺旋放在规定距离的地方约 3~5 米。另一组用陀螺击打，逐个击打结束后，互换。击中多的组为胜方。

B. 比旋：两人一组，分为多组。首先，两人同时旋放陀螺，比旋转的时间，最后倒下的为胜者；其次，由胜者与胜者对旋，采取淘汰制进行，持续时间最长者为最终胜利者。有些技艺高超的选手还可以使其在手上旋转，进行精彩表演。

三、瑶族民间陀螺竞技的传承价值

陀螺技艺是瑶族特有的一项民间传统体育技艺，这项技艺集智巧、勇力、竞争、团队精神和娱乐性于一体，体现了瑶族人民豁达好动的个性，是研究瑶山白裤瑶生活习俗和特定的人居环境的重要依据。国家已将其作为民运会的比赛项目。

随着经济社会的快速发展，城乡人民生活的日趋变化，市场经济浪潮的冲击，加之瑶族青年男女外出打工，原本春节期间瑶族人民最喜爱的陀螺竞技活动，现在已渐渐的淡化了。如今春节活动逐渐被一些现代的外来娱乐方式取代，打陀螺的人减少了，独特而珍贵的民间体育竞技——陀螺技艺面临着失传和消亡的威胁，抢救瑶族民间陀螺技艺已刻不容缓。

思考：

瑶族民间陀螺竞技体现了瑶族人民怎样的生活情趣？

四、非遗德育跨学科实践课程方案

陀螺飞旋传递瑶族人民对体育的热爱

（一）课程背景

1. 瑶族民间陀螺竞技背景

在荔波县瑶山瑶族乡，有一座展示白裤瑶民族文化的中国少数民族特色村寨——瑶山古寨。作为瑶族的一个支系，白裤瑶因独具特色、传承至今的歌舞、服饰、建筑、婚礼习俗、祭祀、生产生活等民族文化，被联合国教科文组织誉为"人类文明的活化石"。而人们耳熟能详的打陀螺就是瑶族的重要活动之一。从最早的狩猎生存手段演变为如今的健身运动，打陀螺已深深融入瑶族人民的日常生活。

2. 瑶族民间陀螺竞技与各学科之间的关系

瑶族民间陀螺竞技与体育、地理、劳动教育等学科之间有密切的联系。

（1）体育学科

掌握与运用体能和运动技能，提高运动能力，积极参与各种体育活动，感受体育活动的乐趣，学练和体验移动性技能。

（2）地理学科

结合实例，说明地域文化在城乡景观上的体现。

（3）劳动教育学科

适当体验金工、木工、电子、陶艺、布艺等项目的劳动过程，体会其中蕴含的独特智慧和人类创造力。

（4）综合实践学科——设计制作类

指学生运用各种工具、工艺（包括信息技术）进行设计，并动手操作，将自己的创意、方案付诸实践，转化为物品或作品的过程，如动漫制作、编程、陶艺创作等，它注重提高学生的技术意识、工程思维、动手操作能力等。在活动过程中，鼓励学生手脑并用、灵活掌握、融会贯通各类知识和技巧，提高学生的技术操作水平、知识迁移水平，体验工匠精神等。

（二）课程实施

1. 实施学段

7~8 年级／高一高二年级。

2. 实施机构与人员

（1）实施机构

综合实践活动教研组；美术学科教研组；体育学科教研组；地理学科教研组；瑶山古寨。

（2）实施人员

综合实践教师；美术、体育、地理学科教师；瑶族陀螺制作手艺与瑶族民间陀螺竞技传承人。

3. 组织方式

研学实践；非遗特色体育竞技课程；综合实践。

4. 课程实施方案设计

表 1 非遗德育跨学科综合实践课程内容与任务

课时安排	地点	课程内容与任务	设计意图	学科链接
第一课时——研学实践	瑶山古寨	1. 深入瑶山古寨感受瑶族陀螺文化，在瑶族陀螺制作工坊了解瑶族陀螺的制作工序，记录瑶族陀螺的制作过程。 2. 了解瑶族陀螺文化的自然地理与历史文化背景。探究瑶族陀螺民间竞技背后的文化底蕴。 3. 在瑶山古寨欣赏原汁原味的瑶族陀螺竞技比赛，了解瑶族陀螺民间竞技的比赛规则，学习简单的瑶族陀螺民间竞技活动方式。 4. 调查研究瑶山古寨瑶族民间陀螺文化传播影响范围，分析瑶族陀螺文化的传承困境与问题，思考瑶族民间竞技陀螺文化的传承策略。	借助研学旅行实践与劳动实践等方式，在瑶族生活聚居区域瑶山古寨感受最古朴的瑶族人民生活，体会瑶族人民的地域文化特色，激发学生对瑶族人民生活的探究学习欲望；在制作瑶族陀螺的过程中，锻炼学生的动手操作能力与创新创作能力，在欣赏瑶族陀螺竞技比赛中体会瑶族人民的生活情趣，增进学生对少数民族文化的认同与理解。	地理学科：结合实例，说明地域文化在城乡景观上的体现。 劳动教育学科：适当体验金工、木工、电子、陶艺、布艺等项目的劳动过程，体会其中蕴含的独特智慧和人类创造力。
第二课时——非遗特色体育竞技	学校操场	1. 体育教师讲解瑶族民间陀螺竞技活动规则基础知识与注意事项。 2. 利用研学实践课程制作的瑶族陀螺，分小组在体育教师的指导下开展瑶族陀螺竞技比赛，体会瑶族民间陀螺比赛背后的特色竞技精神。	通过非遗特色体育竞技活动，将非遗文化引入校园，培养学生的团队合作精神以及体育竞技精神，激发学生对瑶族陀螺体育活动的参与兴趣，培育学生的非遗陀螺文化传承意识与担当。	体育学科：掌握与运用运动技能，提高运动能力，积极参与各种体育游戏，感受体育活动的乐趣，学练和体验移动性技能。

续表

课时安排	地点	课程内容与任务	设计意图	学科链接
第三课时——综合实践	综合实践活动室	1.各小组展示在瑶山古寨制作的瑶族陀螺以及工具作品，分小组进行宣讲与评比，评出最佳陀螺王。 2.各小组汇报分享在瑶山古寨感受到的瑶族文化以及欣赏到的最原始的瑶族陀螺竞技的体会与心得，以及在研学活动过程中的记录。 3.汇报瑶族陀螺文化的传承现状调查报告，根据本小组发现的问题展开研究讨论，为瑶族陀螺体育文化发扬光大提出可行性的策略建议。	通过展示评比与汇报交流活动锻炼学生的口语交际与思考表达能力，激发学生的合作意识与责任意识；在进一步探究非遗传承困境与问题中培育学生的问题发现意识，并引导学生探究讨论、搜索相关资料，培育学生的问题解决能力与课题研究能力，引导学生重视和研究非遗传承和发展的困境与问题。	综合实践学科：能对个人感兴趣的领域开展广泛的实践探索，提出具有一定新意和深度的问题，综合运用知识分析问题，用科学方法开展研究，增强解决实际问题的能力。（问题解决）

（三）课程实施效果评估

表2　非遗德育跨学科实践课程评价表

课题					
年级班级		姓名			
评价目标	学生学习	学生学习评价标准	个人评价	组员互评	教师评价
价值认同（25分）	体验瑶族陀螺的制作过程，在制作过程中锻炼动手能力，培育学生劳动意志与劳动品质，在动手操作过程中激发学生的劳动创造意识；通过参与瑶族民间陀螺竞技体育比赛，增进对瑶族非遗陀螺文化的理解与兴趣，提升学生的民族认同与民族理解。	1.学生深刻认识到瑶族陀螺在瑶族文化中的地位和作用，及其所蕴含的民族精神。 2.通过参与瑶族陀螺竞技活动，体验到其中的乐趣，享受运动带来的快乐。 3.通过学习瑶族陀螺，增强对瑶族文化的认同感和自豪感。			

续表

课题					
年级班级		姓名			
评价目标	学生学习	学生学习评价标准	个人评价	组员互评	教师评价
责任担当（25分）	通过实地走进瑶山古寨，体验瑶族文化，感悟瑶族人民地域生活变迁史，激发学生保护与传承少数民族特色文化的责任意识与责任担当。	1. 学生具备传承瑶族陀螺竞技的责任感和使命感，并积极参与瑶族陀螺竞技的传承活动。 2. 能够说明瑶族陀螺在推广瑶族文化、增强民族团结方面的作用。			
问题解决（25分）	结合研学旅行等课程，深入探究瑶山古寨瑶族人民的生产生活，以瑶族民间陀螺竞技文化的传承与发展作为切入点，挖掘瑶族文化的传承与发展潜力，探寻助力瑶山古寨非遗特色文化传承的措施。	1. 学生能够积极寻求传承人帮助，向老艺人请教，提升自己的竞技水平。 2. 能够提出合理的解决方案和建议，为推动瑶族陀螺文化的传承与发展贡献力量。			
创意物化（25分）	借助多种形式的传播媒介，在体验瑶族民间陀螺竞技文化的基础上，以拍摄宣传片、纪录片、讲述瑶族陀螺民间故事的方式充分激发学生的创新创作热情，形成以瑶族民间陀螺为主题核心的创新产品。	1. 学生具备创新意识，能够开发新的陀螺款式，创造新的竞技玩法。 2. 为瑶族陀螺的传承建言献策，如设计具有瑶族特色的文化创意产品，推动其发扬光大。			

续表

课题					
年级班级		姓名			
评价目标	学生学习	学生学习评价标准	个人评价	组员互评	教师评价
个人自评总分（20%）		组员互评总分（20%）			
教师评分（60%）		教师评语			
综合评价总分		等级评定			

■ 问题探究

瑶族陀螺的诞生与发展

在征服自然改造自然的历史长河中，白裤瑶的许多生产生活方式，慢慢沉淀成为本民族独特的文化，陀螺就是其中之一。

远古时候，对于那些能跑能飞的野兽，白裤瑶狩猎者发现用石头打击会比使用木棍或者其他工具效果更好，只要瞄准额头、眼睛等要害部位，一块石头或者一颗石子就可以打下一只飞禽。因此，为了练就"一击中的""百步穿杨"的功夫，他们经常拿石头训练打击目标。

村里的孩童见大人玩石头如此顺溜，觉得很好玩，于是也跟着玩了起来。

石头由此从最初的狩猎工具演化成为白裤瑶孩童的玩具。石头也成为白裤瑶陀螺的雏形。这一时期，是白裤瑶陀螺发展的第一个阶段。

孩童玩耍，安全第一。整天拿着石头打来打去，肯定不安全。而且，石头的韧性有限，打不了几下就碎了。于是，白裤瑶先民们想到了木头，把木头锯成十公分高的一截，就这样既安全又耐用的木桩陀螺替代了石陀螺。他们发现木桩陀螺容易被击倒，而且趣味性单调，不利于孩童们的技能培训。于是，经过探索和实验，他们把木桩陀螺改成了旋转陀螺。现在人们看到的白裤瑶陀螺就是从那个时候改良而来的。

至此，白裤瑶陀螺完成了从石头到木桩再到旋转陀螺的演变。白裤瑶陀螺不管如何演变，都一直以一种不变的姿态，紧紧贴着地面，旋转着它们的身躯。

任务清单：

1.瑶族陀螺的诞生与发展体现了瑶族怎样的民族文化与民族精神？

2.瑶族民间竞技陀螺作为非物质文化遗产中的传统体育、游艺与杂技板块，请你搜索相关资料，从传统体育、游艺与杂技板块中寻找你感兴趣的一项，制作形成属于你的非遗传承档案。

章末问题研究

活态化传承，让非物质文化遗产历久弥新

我国自 2004 年 8 月加入联合国教科文组织《保护非物质文化遗产公约》以来，已经成为拥有代表作名录、急需保护名录和优秀实践名册最多的国家，"国家级非物质文化遗产传承人"名单上已达 1986 人。但 1986 位传承人中，235 人已经离世，剩下的传承人 50% 以上超过 70 周岁，老龄化严重。繁荣与危机，构成了中国非物质文化遗产传承的两面。

"中国非物质文化遗产传承人群研修研习培训计划"试点工作已经在上海大学、重庆文化艺术职业学院等 18 所院校陆续展开，涉及剪纸、刺绣、编织、漆器髹饰、瓷器烧制、金属锻制、唐卡绘制等数十项非遗项目。这在一定程度上能帮助非遗传承人群提高当代实践水平和传承能力，提高综合文化修养、审美能力，更好地将美带入作品、带进生活。

我们所说的"活态"传承，其实就是要让非遗"活"起来，从古老的岁月中苏醒，走进现代老百姓的生活，在普通人的生活中找到一方位置，这样才不会被边缘化，才能顺其自然、水到渠成。

然而，新时代背景下，坚守什么、创新什么，应该有清晰的认知。无论怎样创新，非遗技艺都应把握一个核心要素，即应该坚守手工技艺。在科技发达的今天，用计算机技术、机器人技术也可以做出很精致的作品，传承人一旦放弃传统的手工技艺，那么也就与一般的现代高科技产品没有本质的区别，丧失了手工技艺所特有的生命性。

充分认识非遗的价值，让其集经济价值、审美价值、实用价值于一体，真正突破壁垒、走出困境，并非一日之功。相信终有一天，我们的文化自觉、审美自觉会倒推非遗价值回归，让中华民族的文化魅力绽放原本的光彩。

资料分析

　　"非遗热"带来了全社会的关注与关心，都想以一己之力来帮助"非遗"的传承与发展，都"自以为是"的以自己的视角与专业，人为的强加于"非遗"、热心于"非遗"，使"非遗"的传承规律被各行各业肢解、误解，最终导致了民族非遗不能得到科学、合理的传承与发展，这是非常可悲的一件事情。"非遗热"之下，坚守的应该是什么？请你查阅相关资料，结合本章非遗德育实践课程学习内容探究思考，以非物质文化遗产的活态化传承为主题，探究"非遗热"之下，非物质文化遗产的活态化传承策略。

第三章 协同育人

非遗德育协同育人
——协调一致共育人·形成合力铸德魂

加强中小学德育工作，坚持协同育人，协同配合。发挥学校主导作用，引导家庭、社会增强育人责任意识，提高对学生道德发展、成长成人的重视程度和参与度，形成学校、家庭、社会协调一致的育人合力。本章以贵州省黔南布依族苗族自治州少数民族传统非遗技艺为例，以学校为主导，联合家庭、社会协调一致开展非遗传统技艺劳动实践活动，让学生在亲身体验、亲自动手的过程中逐渐树立正确的劳动价值观，发展劳动核心素养，在潜移默化中激发学生热爱家乡、热爱祖国的情感，感受家乡民族文化的魅力和中华文化的博大精深，形成继承和弘扬非物质文化遗产的意识，树立文化自信。

本章我们重点探讨以下问题
● 枫香染的制作技艺有哪几个步骤？
● 牙舟陶器的制作技艺具有哪些环节？
● 都匀毛尖茶的制作技艺有哪几个步骤？
● 水族九阡酒的价值与功效有哪些？
● 独山盐酸菜的制作技艺有哪些独特之处？

第一节　布依族"天染"·画布青花瓷——惠水枫香印染

惠水枫香染技艺属于国家级传统技艺非物质文化遗产，是一门古老且充满神秘色彩的印染技艺，起源于贵州省惠水县，传承者以布依族民众为主，至今已有一百五十余年的历史。

图1　枫香染图案

一、枫香印染概况

（一）枫香染

枫香染技艺被列为第二批国家级非物质文化遗产名录。惠水、长顺、都匀、平塘、贵定、龙里以及黔东南的麻江等县的布依族、苗族、瑶族都有制作枫香染的习惯。其中，惠水县和麻江县的枫香染手工技艺保存得较为完好。

1.历史传说

传说有一位留着长发温婉飘逸的布依族姑娘偶然把织机摆到一株百年枫香树下织布，枫香树油滴落在织成的白布上，姑娘将白布印染后，竟然出现了美丽的图案，"洗搓不去，入缸浸染，呈梅花状，蓝底白花，族人欣然，始有枫香染"。因此图乃"天意"玉成，于是，枫香印染也有"天染枫香"之说。

2.史料记载

据实物和文字记载，枫香染古称"庞典"，源于汉代或是更早，至清代达到顶峰，其间曾入贡十三次，公元1083年，宋神宗皇帝酷爱，御题"天染枫香"封之。

（二）枫香染工艺流程

1.工艺特征

（1）工艺材料特征

枫香染制作技艺的重要原料为枫香油，能分泌出枫香油的枫树木质为红色，秋季树叶发红。取枫香油的方法类似割橡胶，用刀斧在枫香树上砍出口子，枫香油便会流出，用容器接纳后，加水在火上熬制，用丝状棕皮滤掉渣滓，当枫香油漂在水面时取出，再将其冷却固化。枫香油还需要加入适量牛油作材料，其作用一是可以增加韧性；二是在染色后便于脱去油脂。牛油和枫香油按1∶1的比例调和，再将调和后的混合油脂固化，以备随时取用。

（2）色彩与图案特征

蓝色与白色是构成传统枫香染的灵魂要素，简单的靛蓝染料与枫香牛油的巧然结合，或蓝底白花或白底蓝花，加之自然产生的冰裂纹效果使枫香染的韵致同青花瓷有异曲同工之妙，浓淡天成，散发着人文与自然融合的素雅之风。

图2 枫香染成品

2．工艺流程

（1）绘制图案

将备好的枫香油在炭火上溶解，温度50~60度，温度过高染色后布面颜色会发黄，过低则枫香油容易凝结不易绘画。

（2）图案上色

图案画好后就可以染色了，枫香染的染色材料及工艺和蜡染基本一样，也是用蓝靛浸染，在惠水县小岩脚寨称为土靛。其加工方法是收割蓝叶后将其放入缸内或木桶及土坑均可，加适量冷水，隔两天翻动一次。

（3）染缸浸染

在色缸浸泡6~7天后，将蓝叶捞出，把石灰置于盆内，在缸内注入蓝靛水，待石灰溶化后倒入缸内，用竹竿搅动1~2小时，隔夜后靛泥凝结沉淀，舀去上面的水即成。大约5公斤蓝叶用1公斤石灰，可出干靛1公斤。干靛加水稀释后，将画好的布料慢慢浸入桶内反复浸染，每浸一次颜色就会相应加深，直至达到所需的颜色。通常分两次封染，可以得出一个浅蓝色。整个浸染过程，在小岩脚寨叫作"冷染"。枫香染色调以青、蓝、白为主。

（4）高温脱脂

染色完毕用沸水脱去油脂，传统方法是将含碱性的青冈木烧成灰加入沸水中，即可脱去附在布上的油脂，显出青底蓝、白花的图案，也有用洗衣粉脱脂的，可达到同样的效果。

（5）漂洗和晾晒

脱脂后用清水漂洗、晾干、碾平，整个制作过程就完成了。

二、确认主题

（一）主题

活动主题：习得枫香染技，树立文化自信

活动地点：惠水县小岩脚寨

活动形式：考察活动

活动对象：八年级学生

（二）依据

1. 坚持立德树人

以习近平新时代中国特色社会主义思想为指导，以《义务教育劳动课程标准（2022年版）》为实施依据，坚持德育为先，落实劳动教育。劳动教育不仅能强体增智，还能提高学生的思想道德修养和审美情趣，实现学生的全面发展。以枫香染的制作技艺为例，学生在动手的过程中培养了劳动能力和劳动品质，养成热爱劳动、自主自立、意志坚强的生活态度，形成尊重他人、乐于助人、善于合作、勇于创新等的良好品质。

2. 考察活动与学科知识相结合

以枫香染制作技艺考察活动为载体，以各学科知识为线索贯穿整个考察活动，提高学生在现实生活中运用理论知识解决问题的能力。需要学生结合大量地理学科知识对小岩脚自然地理环境、民族文化环境展开探究；对枫香染图案纹样的分析需要学生结合美学、数学几何对称等相关知识；靛蓝能够用于染色、枫香油脂能够作为防染剂，则可以利用化学、物理知识探究其背后原理；对中国传统染织品的发展历程进行梳理则需要结合相关历史知识等，达到学以致用的目的。

三、活动目的

（一）传承和保护非物质文化遗产

学习体验枫香染制作技艺，增强学生的爱国情感和民族自信，自觉继承和发展中华民族传统文化，大力弘扬中华民族传统美德，提高学生继承和保护非物质文化遗产的意识。

（二）培养劳动核心素养

学习体验枫香染制作技艺的过程中，学生能树立尊重劳动、热爱劳动、劳动最光荣的劳动观念。具备基本的枫香染制作基本知识和技能以及正确使用工具的劳动能力。养成认真负责、吃苦耐劳、团结合作、珍惜劳动成果的劳动品质和习惯。领会"劳动是一切幸福的源泉"的内涵和意义，以及精益求精、追求卓越的劳动精神。

（三）优化课程内容

课程内容的选择，在体现各学科发展的基础上，更要关注学生的发展和社会的需求，形成集基础性、时代性、学科性、生活性于一体的课程内容体系。将丰富的理论知识和鲜活的考察活动结合起来，使学生在做中学，获得和积累劳动经验，提高运用理论知识的能力，培养学生善于发现问题和解决问题的能力。

四、活动准备

（一）学校准备

A. 开展安全教育讲座，强调安全第一，提高学生的安全意识。

B. 与家长、枫香染研学基地相互协调配合，保障活动顺利开展。

C. 提前对路线进行踩点，尽可能排除一切影响学生人身财产安全和活动顺利开展的障碍和隐患。

D. 让学生提前学习枫香染和枫香染制作技艺理论知识，使学生具备一定的知识基础。

（二）家长准备

A. 营造良好的家庭氛围，动员鼓励子女积极参加活动。

B. 为子女准备外出的基本物品，比如雨伞、手电筒、身份证件等。

C. 与学校、枫香染传承基地随时保持联络，应对一切突发情况。

（三）活动基地准备

A. 为师生和工作人员提供车辆、餐食。

B. 提前准备好枫香染需要用到的材料和工具。

C. 准备好应对紧急突发情况的物品和药品。

五、活动内容

A. 清晰阐述枫香染传统工艺制作相关理论知识，厘清枫香染完整制作步骤。

B. 引导学生参与枫香染制作流程，增强学生的参与感和体验感。

C. 结合地理、物理、化学等学科知识分析枫香染在制作过程中所蕴含的理论知识，将理论知识与实践活动有机联系起来，达到实践育人目的。

六、活动过程

（一）枫香油脂的提取

在枫香树干合适的位置，用小斧头在树皮上斜砍出小口，切口不宜过深，避免伤及内部树干。砍好小口后等待枫香油脂流出，使用小木棍将其收集至碗中。

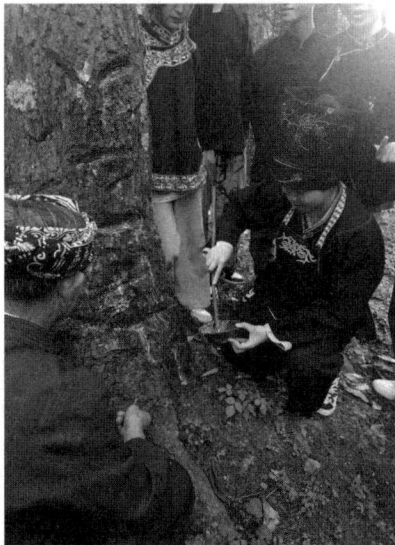

图 3　提取枫香油脂

（二）熬制枫香油脂

思考：

　　查阅枫香树的生长习性，从自然、人文的角度分析枫香树在当地大量存在的原因是什么？

　　将枫香树脂放到烧热的铁锅中，树脂完全溶解后，再按照树脂和牛油大致1∶1的比例，加入牛油进行枫香油熬制。

（三）采摘蓝靛

思考：为什么要加入牛油进行枫香油的熬制？

　　7月蓝靛成熟后，先采集蓝靛叶，留下蓝靛秆，有"疙瘩"的蓝靛秆还能够长出新的叶子，9~10月可采集蓝靛秆，一年收两到三季，采集后放在平地上晒蔫。

（四）制作染料

　　将采摘后的蓝靛叶放入水缸内，浸泡6~7天，每天翻动一次。等蓝靛的色素溶于水之后，就要将蓝靛叶捞出，加入一定比例的生石灰、酒、野树根等材料进行发酵，发酵完成后过滤杂质，剩余的蓝靛泥就是枫香染的染料。

思考：蓝靛色素溶于水的原理是什么？

（五）绘制纹样

A.结合图案大小，裁剪棉布至相应尺寸，用熨斗将其熨平整，便于描绘图样，之后上油也会更顺滑。

B.参照选定样图，使用铅笔、直尺等工具在画布上先打好草稿。

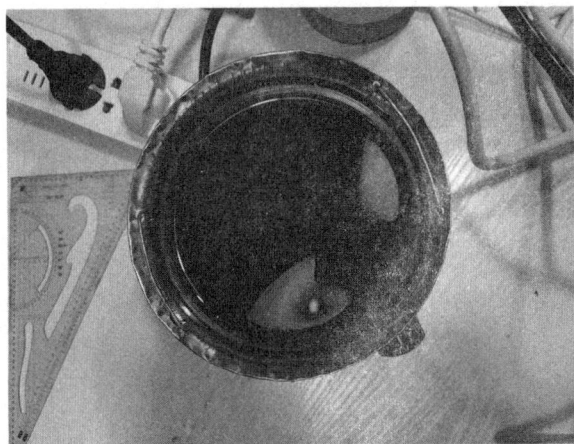
图4　枫香油

图5　枫香染色

C.枫香油加热至40~60℃，枫香油温度过高染色后布面颜色会发黄，过低则容易凝结不易绘画。用毛笔蘸取枫香油绘制纹样，注意毛笔蘸完枫香油后要在盆边上擦一擦，不让笔尖分散，并且防止油滴到布上，运笔的力度要均匀，速度宜慢，以匀速进行运笔。

（六）枫香染色

染布时布料贴着缸壁缓缓放入，一般将其放入染缸几分钟后，就要把布料拿出氧化约20分钟，之后不断重复这个过程直到染出想要的颜色。染第一遍的颜色是浅蓝色，随着染色次数的增加颜色慢慢变黑。一般浅蓝要染2~3遍，深蓝要染5~6遍，

思考：
　　枫香染氧化反应过程是如何发生的，请写出此过程的氧化过程方程式。

黑色的话要染 2 天左右。染好的布料摊晾在晾架上，加快染色氧化。由于时间限制，在此只让学生们上一次色，体验染色的过程。

（七）枫香染脱脂

惠水枫香染主要采用沸水脱脂法。首先将铁锅装水煮沸，将染好的布料放入铁锅中漂洗，然后用铁夹夹住布料在铁锅中反复搅动，直到将油全部煮开。油脂除去后就露出了美丽的白色花纹。

（八）成品裁剪与缝纫

用准备好的枫香染布料，设计制作手绢或香包。

缝纫者在针尾端的小眼中系上一根线，然后将针连带线完全穿过两片织物，从一面穿到另一面，然后再穿回原先一面。这样，针带动线进出织物，把它们缝合在一起。

七、活动效果检测

为了检测学生的学习成果，教师对学生掌握的枫香染知识进行提问，了解其掌握程度，并让其制作简单的枫香染作品，评价其实操能力，同时，对学习过程中学生的参与度进行说明，以提高其学习实效性。

图 6　成品制作

思考：
枫香染有哪些价值？
体现在哪些方面？

表 1　评价量表

评价维度	评价方式及占比			
	学生自评	学生互评	家长评价	教师评价
知识掌握程度（20分）				
技能应用能力（20分）				
观察能力（20分）				
活动参与度（20分）				
团队合作能力（20分）				
各项总分				

■ 问题探究

枫香油之图案绘制

布依族枫香染与蜡染的主要区别在于所用防染剂不同和绘制图案所用工具不同，蜡染用自制蜡刀蘸取蜂蜡绘制图案，布依族枫香染用毛笔蘸取枫香油绘制图案。

图7　枫香染图案

布依族枫香染在图案绘制过程中，一般是先按照服饰纺织品所用的大小（如袖口、衣摆等），裁出合适的尺寸，然后在这个特定的大小范围内，按照所需的效果来确定位置与造型，后选用所需型号的毛笔在布上起笔进行绘制。传统布依族所用的布为自织的棉布，幅宽较窄，通常制作床单的宽度需要两个幅宽拼接成一个。除了纺织机的原因外，这也许和枫香染的绘制有关，因为幅宽太宽，用枫香油画图案时胳膊伸不到中间，且太宽胳膊和手腕容易沾上枫香油（刚画好的枫香图案黏性大），会损害已画好的图案。

枫香油的黏性比蜂蜡要高，通常情况下其在绘制和浸染过程中不易断裂使成品出现冰裂现象，但冬季因为温度低，用枫香染绘制的图案易于凝固变硬，在浸染过程中就会同蜡染一般断裂呈现冰裂现象。受审美心理的影响冰裂在布依族居民看来通常意味着不完美，所以过去枫香染的制作往往集中在温暖的春夏季节，色彩稳固性强。受现代审美因素的影响，之前被认为"不完美"的冰裂被誉为"蜡染之魂"。针对枫香染相对不易冰裂的现象，若需要一定的冰裂效果，在绘制完成后会进行冰裂处理。

任务清单：

1.为什么蜡染用蜡刀绘制图案，而枫香染用毛笔绘制图案呢？

2.用毛笔绘制出的图案有何独特之处？

3.请查阅相关资料，说一说冰裂纹的处理方法有哪些？

第二节 文明美器·陶艺匠心——牙舟古陶制作技艺

牙舟陶器制作技艺是国家级传统技艺非物质文化遗产，起源于贵州省平塘县牙舟镇，牙舟陶是中国十大名陶之一，距今已有600多年历史。

图1 牙舟陶器成品

一、牙舟陶器的概况

（一）平塘牙舟陶器的简介

牙舟在黔南布依族苗族自治州平塘县境内，属该县的一个镇，牙舟陶器是贵州最早生产的一种土陶。牙舟陶造型古朴、敦厚，线条简洁明快，色调淡雅和谐，具有浓重的出土文物神韵。牙舟陶属自然龟裂的玻璃釉型工艺，主要分为餐具、用具和玩具三大类。牙舟陶在设计上选择蜡染、刺绣、桃花图案，以浮雕的手法体现，夸张而烦琐，很富于装饰性，凡鱼、兽、虫、鸟等玩具，均色彩自然，玲珑剔透。

（二）平塘牙舟陶制作工艺特征

1.技艺特征

牙舟陶器保持着原始古老的手工制作方式，风格以古朴敦厚著称。牙舟陶器的玻璃釉能自然流淌，在烧制过程中随着温度的变化而产生各种纹理（俗称窑变）。

2.产品特征

牙舟陶以黄、白、绿、紫、棕、褐色为基调色，以玻璃为基础釉，各色互相配合。其中，杯、盘、壶、虎、牛、狗、马等可供家庭摆设、装饰用，又称美术陶。牙舟陶产品多为生活用具及陈设品、动物玩具和祭祀器皿，造型自然古朴，色彩自然，玲珑剔透。这种陶器质地纯朴，色调优美古雅，不施釉而有光泽；由于有一定透气性，储存食物不易腐烂变质，伏天泡茶，几天不变味。牙舟陶是一种富有地方民族特色、价廉物美的产品。

（三）牙舟陶的工艺流程

1.采料

牙舟陶土蕴藏量大，以硅质岩屑云母土为主，瓷土矿中含较多硅石块，原矿化学成分硅高铝低，需经过淘洗。因瓷土中含铁量较高，氧化焰烧成瓷呈白黄色，适合烧制工艺陶和日用陶器。采料是指制陶艺人使用开采工具将陶料开采出来，并搬运到制陶工厂或制陶手工作坊的过程。

2.陶料加工

待开采的陶料在墙角充分氧化两个月后，就可以对其加工了。主要采用的方式有配料、练泥、淘浆。

（1）配料

传统古朴的牙舟陶是直接对陶泥加工，不需要加入任何配料。但现今为了满足客户对产品的需求或者是烧制艺术陶时，则需加入某些配料。配料与各家各户的秘制配方有关，其主要作用是增强陶泥的黏性和可塑性；或是在烧窑过程中，提高它的耐火度，防止外因造成的缺陷等。

（2）练泥

练泥的过程是指制陶艺人运用工具将陶泥敲碎、浸泡、揉搓，制成熟泥的过程。练泥是陶坯成型的关键。判断练泥是否练好的标准是陶泥的细腻程度，即：用手指捏陶泥，感觉没有细小的颗粒，这就说明练泥练好了，否则需继续练泥，直到练好为止。人们把练好的陶泥称为熟泥。

（3）淘浆

淘浆是指制陶艺人将陶泥敲碎后放入滤浆池中溶解、稀释，再对其过滤，形成细腻泥浆的过程。反复过滤的目的是使泥浆更细腻，增强泥浆的流动性，便于注浆成型。

3.成型

成型是指制陶艺人采用一定的技术方法，将加工好的陶泥制作成陶器半成品的过程。成型的方法有：手捏成型、手拉坯成型和注浆成型等。

A.手捏成型：手捏成型是指制陶艺人将练好的陶泥用手捏成各种小型的陶器或大型陶器附件的过程。

B.手拉坯成型：手拉坯成型是指制陶

图2 手拉坯成型

艺人将练好的陶泥放在陶车（拉坯车）上，利用陶车带动陶盘上的陶泥旋转，再通过双手使陶泥渐渐变为所需陶器的过程。

C.注浆成型：注浆成型是指制陶艺人将过滤好的陶浆注入模具中，待其水分稍干后，脱模而成陶体的过程。

4.修坯

修坯主要是指对陶坯修理、整理的过程。修坯所用的工具有竹签、木转盘、小钢锯刀、小喷雾器等，修坯根据器物的大小而使用相应的工具。

5.装饰

对坯体装饰有刻线、贴花等方式。修好坯后，就可以在其表面进行刻画。刻线就是用刻刀在其表面刻纹路，如花纹、波浪纹、水纹等。贴花是将事先剪好的图案贴在器物的表面，然后根据图案进行雕刻。

6.施釉

牙舟陶的釉料主要是釉土和玻璃粉末。在调制釉料的过程中，使用的工具有

图3 贴花

石碓、小勺、釉盆、釉桶等。釉的种类主要有土釉（化妆土）和玻璃釉两大类。釉料调制好就可以对陶器坯体施釉。施釉的主要方法有刷釉、浇釉、喷釉、浸釉等。

（1）刷釉

刷釉是指用擦布蘸上釉，再往陶器坯体表面来回刷的过程。这是一种比较传统的施釉方法。

（2）浇釉

浇釉是指用勺子舀釉往陶器坯体上浇的过程。先是在釉盆的正上方，左手拿坯体，右手拿起勺子舀釉往坯体上浇，向整个坯体浇釉浆。

（3）喷釉

喷釉是用喷枪往坯体上喷釉的过程。喷釉能够把釉料喷到细小的纹理里，这是其他施釉方法所达不到的。

（4）浸釉

浸釉是用细丝铁钩钩住坯体，然后放入釉盆中浸泡，待泡好后取出来的过程。

7.烧制成品

在烧制陶器坯体过程中，主要使用的是陶窑。牙舟的陶窑主要是传统的龙窑，龙窑烧制陶器具有成本较低、升温快、节约燃料等优点。但其烧制成品率不高，制约其今后的发展。

（1）装窑

装窑是制陶艺人把制作好的陶器半成品放入窑洞内的窑架匣钵里的过程。装窑是烧好窑的基础。装窑一般是根据火焰的流向（火力的方向）和陶体的形状、大小而确定其放置位置。体积大的、坯体厚的陶器放在窑的前部、上方，大小交叉放置，放置陶器的密度要适中，装好窑之后就可以正式烧窑了。

（2）烧窑

烧窑在整个制陶工序中最为关键，其成败决定了此次成品陶器的数量。烧窑必须是由有丰富的烧窑经验的制陶艺人来掌舵。它要求烧窑者必须随时掌握窑内温度，以及观看火焰颜色和火焰浓度来判定烧的是氧化焰还是还原焰。氧化焰指的是前面的火门放空气（氧气）进来多，木柴充分燃烧。烧窑一般是每洞孔烧1~1.5个小时，这样才能把陶器坯体烧透、烧好。每个洞孔依次按照同样的方式烧好之后就封窑。封窑的主要目的是防止冷空气进入窑内。

8. 出窑

出窑就是把所有烧制好的陶器存放到库房的过程。封窑24小时之后，就可以出窑了。出窑的过程与装窑的过程相反，先把小的陶器拿出来，然后再拿大的陶器。在这个过程中要特别小心谨慎，以防把烧制好的陶器打碎。出窑的工序完成后，整个牙舟陶的制作工艺就大功告成了。

二、确认主题

（一）主题

活动主题：体验牙舟陶器烧制技艺，感悟牙舟陶器非遗价值

活动地点：牙舟古陶文化园

活动形式：教师指导讲解加学生动手制作牙舟陶相配合的形式

活动对象：八年级学生

（二）依据

1. 坚持立德树人

牙舟陶是中华民族智慧的结晶，是传统技艺的瑰宝，在制作体验的过程中不仅能够增强学生的劳动观念、劳动精神，成为懂劳动、会劳动、爱劳动的时代新人，而且能激发学生的民族自豪感，促进非物质文化遗产保护和传承的意识和行为，挖掘牙舟陶传统工艺制作在中学生树德、增智、强体、育美等方面的育人价值。

2. 观察力和创造力的展示

陶艺是我们民族的瑰宝，历史悠久、技艺精湛、扬名寰宇，并且以物载道，蕴含着深厚宏博的中华文化精神，陶艺教育可以让学生直观地、生动地了解自己国家的灿烂文化。

在"牙舟陶传统工艺制作"劳动课程实施中,一方面,学生将自己观察到的制作技艺变成具体的成果,可以增强学生的自尊心和自豪感,提高学生的观察力,使学生的手、脑、心、眼协调配合,身心全面发展,提高学生对劳动的兴趣和劳动能力。另一方面,在制作过程中设置学科知识讨论活动,灵活融入物理、化学、美术等学科理论知识到劳动实践中,提升学生发现问题、解决问题的能力。

3. 坚持德育与劳动实践相结合

始终坚持育人为本、德育为先,坚持德育和劳动实践相结合,以牙舟陶器制作技艺为载体,学生在制作的过程中感受少数民族人民的智慧与勤劳,不仅能养成良好的习惯和品质,而且能培养热爱祖国、热爱家乡之情,增强学生的文化认同和文化自信。

三、活动目的

(一)培养学生劳动观念

在牙舟陶手工制作过程中,通过理论讲解和实践相结合的方式,使学生明白牙舟陶制作技艺的历史价值和发展趋势,感受牙舟陶的独特魅力,理解劳动对于个人生活、家庭幸福、社会进步、国家富强和人类发展的意义,树立劳动最光荣、劳动最高尚、劳动最伟大和劳动最美丽的观念。

(二)提高学生动手能力

活动过程中,组织学生动手使用工具完成作品创作,在过程中讲解牙舟陶制作的相关劳动知识,确保学生能够正确使用工具,培养学生动手操作能力和团队合作能力。

(三)形成劳动习惯和品质

活动过程中,引导学生完成牙舟陶碗、瓶等器具的制作,让学生能够有收获、有成就感、有幸福感,促进学生形成自愿劳动及珍惜劳动成果的良好品质。

(四)养成崇高的劳动精神

活动过程中,学生自主选择劳动形式和制作方式,使学生领会劳动教育的内涵和意义,了解传统工艺中的工匠精神,培育学生的创新思维,感知爱岗敬业、甘于奉献的劳模精神。

四、活动准备

(一)学校准备

A. 讲解布依族民俗文化、牙舟陶历史渊源、制作工艺等基本知识,或者发放知识手册等,使学生有一定的知识储备。

B. 组织一次活动前的动员大会,强调活动任务、活动目标、活动物品、活动路线等,特别要强调安全注意事项,把安全放在第一位。

C.提前到活动地点考察，对可能发生的一切危险和阻碍活动顺利开展的隐患进行排查，保障学生的安全和活动的顺利展开。

D.与家庭、社会进行合作，争取家庭和社会的支持，营造积极向上的良好活动氛围，建立健全活动机制，虚心听取家长和社会对本次活动的意见和建议。

（二）家庭准备

积极配合学校活动的开展，与学校、社会协商活动计划，动员子女以乐观的心态积极参加活动，为学生提供必要的活动物品如手电筒、雨伞、个人证件等。

（三）活动基地准备

积极与学校和家庭进行沟通交流，根据学生外出的天数安排好住宿、饮食，制定出时间安排表，根据外出的人数安排好车辆，准备好紧急突发情况所需的物品和保障学生生命健康的药品等。

五、活动内容

A.清晰阐述牙舟陶传统工艺制作相关理论知识，厘清牙舟陶完整制作步骤。

B.结合地理、物理、美术等学科知识讲解牙舟陶在制作过程中所蕴含的理论知识，帮助学生在劳动中学习。

C.及时观察每一个学生在劳动过程中的综合表现，做出全方位评价。

六、活动过程

（一）陶泥开采

A.工具：锄头，白胶泥，筛子。

B.开采方法：开采泥料的时间一般为冬末初春时节。牙舟陶土通常在地下三米左右，具有开采价值的陶土一般都要达到一米的厚度。在开采泥料的过程中，将表面的泥土挖开，以阶梯状的方式向下开采。

思考：
为什么要在冬末初春时节开采泥料？

（二）练泥与制作成品

1.体验练泥

A.工具：锤子、清水、木板、砍刀。

B.练泥方法：a.用锤子等工具把风干的陶泥捣碎，陶泥捣得越细越好；b.将陶泥放到练泥池中，加入适量清水，泡一天左右；c.取出泥巴，放到木板上，用砍刀从左到右、从右到左像剁肉末一样反复切碎；d.用手去捏陶泥，感觉到很细腻、没有颗粒的时候，就可以进行手捏和拉坯了。

2.手捏制作成品

A.工具：陶泥、报纸、木刀。

B.制作过程：a.选定所需要的陶泥大小，并设计所制作的初步成品样式；b.在桌面上铺上报纸，防止在制作过程中陶泥与桌面粘合；c.在桌面上将陶泥拍制成想要的厚度、宽度、长度；d.使用木刀修饰陶泥边缘，使其工整；e.根据设计捏做成品；f.选取部分陶泥制作小块装饰；g.将成品放置通风处风干。

图 4　陶泥开采

3.制作拉坯成品

A.工具：陶泥、转盘、竹制刮片和竹签。

B.制作过程：a.选取软度较为合适的陶泥，修剪为需要的大小；b.将陶泥放置转盘中心位置，启动转盘，观察陶泥是否偏离中心，并及时做出调整；c.手指用力放入陶泥中心，使其向下凹陷；d.在陶泥旋转的过程中，适当加水，使其保持湿润；e.使用竹签对陶泥修坯，调整为合适的形状；f.将陶泥成品脱坯，放置通风处风干。

图 5　制作拉坯成品

（三）淘浆与成品制作

淘浆的过程比较复杂，周期长。首先用锤子把陶泥敲碎，越碎越好，并剔除泥土中的杂物，然后把这些粉状陶泥放入专门的淘浆池。整个淘浆工序需耗时 30 天，淘浆工作完成，就可以注浆了。由于条件限制，学生只是了解淘浆的流程，取现成的浆来完成后续工作。

（1）工具：模具、橡皮筋。

（2）制作过程：

A.注浆：先清除黏在模具上的杂物，组装模具，用橡皮筋捆紧，然后从注浆口注浆（注浆前必须反复搅拌蓄浆池中的泥浆，使其均匀）；

B.脱模：在坯子稍干还未固化的时候，解开橡皮筋，把模具松开；

C.修坯：就是对刚出模的坯子进行修补；

D.烘干：修坯之后，经过风干或晒干，可以送烘房烘干。

（四）装饰与施釉

（1）工具：毛笔、墨水、陶罐。

（2）制作过程：

A.设计装饰图案，选取大小适合的毛笔；

B.在陶罐上绘制图案，及时调整图案分布使其美观；

C.对绘制好的图案进行施釉（施釉的方法有刷釉、浸釉、浇釉、喷釉、点釉五种）；

D.施釉完成后送入龙窑烧制。

（五）装窑、烧窑与出窑

（1）装窑：牙舟陶的烧制，用的都是龙窑。这种窑由土砖和泥土砌成，形似长龙，斜卧在30度的坡地上，上似龙头，有多个烟孔，下似龙尾，底端有一排进气孔。两侧有观火孔和添柴孔，供人进出的洞门一般设在左侧，装窑完成后封闭一大半，留下洞口便于添柴。

图6 淘浆过程

（2）烧窑：烧窑从龙尾的进气孔开始生火。龙尾的底洞不装坯子，专门用于预热（故称预热洞）。预热洞停止烧火，转移到第二个窑洞烧（从第二个窑洞起都装有坯子，称正洞）。此时，第二个窑洞的温度因为预热已经达到了500~600℃，在此基础上继续升温，可达1000℃以上。两小时后，第二个窑洞停止烧火，转移到第三个窑洞烧，温度又从500~600℃开始上升，依次类推。

图7 绘制图案

（3）出窑：每个正洞都烧完后，还要封窑24个小时，以使烧成的产品慢慢地冷却下来。陶器不能立即出窑，否则降温太快会发生破裂。出窑的顺序与装窑相反，按自上而下、由外到里的顺序搬出陶器。

七、活动效果检测

为了鼓励学生积极参与劳动活动，教师需要对学生的劳动成果进行客观评价，培养学生的劳动自信，使学生的劳动付出得到教师、家长和同学的认可，从而激发和调动学生的劳动积极性和劳动欲望，促进学生劳动素养的可持续发展。

图 8　牙舟古窑

思考：
　　政府如何借助非物质文化遗产——牙舟陶带动当地的区域经济发展？

表 1　评价量表

评价维度	评价方式及占比			
	学生自评	学生互评	家长评价	教师评价
劳动观念（20分）				
劳动意志（20分）				
劳动品质（20分）				
劳动乐趣（20分）				
劳动参与（20分）				
各项总分				

问题探究

牙舟陶的独特釉色

　　牙舟陶在釉色的应用与调制方面形成了自己的特色，主要以绿、蓝、褐、黄为基本的釉色，特别是绿釉用得极其普遍，逐渐发展成为贵州色彩的象征和代表。绿釉、蓝釉两种釉色表现在牙舟陶上，形成了与贵州山水、气候、色彩十分和谐、相互辉映的自然画面。而这样沉着的绿色和蓝色，既体现了贵州的乡土气息，又使牙舟陶散发出具有青铜器般出土文物的神韵色彩。

图9　牙舟陶茶具

　　贵州陶艺大师岳振的系列牙舟陶作品喜用蓝色和绿色釉，在《乡景陶瓶》作品中，岳振用国画的表现语言在陶瓶上刻画出贵州的山水和建筑，呈现出一幅优美的贵州田园风光。

　　青年陶艺师吴海也钟情于蓝色和绿色釉，其作品《黔之韵》用抽象而概括化的语言在陶瓶上展现出贵州独具特色的喀斯特地形面貌，并施以深沉的绿釉来表现神秘而有韵味的贵州山水。

　　牙舟陶在釉色的研制和使用上形成了独特的地域性文化特征，除了在色彩的设计上融入具有贵州元素的环境色，还产生了独特的冰裂和窑变效果。陶艺大师付培贵认为，冰裂效果是牙舟陶重要的艺术特色，有无开片即冰裂效果，是鉴定牙舟陶真伪的重要依据之一。

　　窑变也是牙舟陶釉色的主要特点，这是玻璃釉在烧制的过程中，因为温度的变化和坯体矿物质含量的差异，从而呈现出其他色彩。

任务清单：

1. 为什么说蓝色和绿色是贵州色彩的代名词？
2. 牙舟陶釉色的研制和使用体现了怎样的地域文化特征？
3. 请查阅资料，说说我国还有哪些著名的窑变釉器？

第三节　滋味甘醇·茶和天下——都匀毛尖茶制作技艺

图1　毛尖茶庄

都匀毛尖茶制作技艺是国家级传统技艺非物质文化遗产，其独特的制作工艺最大程度地发挥了都匀毛尖的芳香，保留了茶叶的营养价值。都匀毛尖是中国十大名茶之一。1956年，由毛泽东亲笔命名，又名"白毛尖""细毛尖""鱼钩茶""雀舌茶"，是贵州三大名茶之一。

一、都匀毛尖茶制作技艺

（一）产地环境

都匀毛尖主要产地在贵州省黔南州团山、哨脚、大槽一带，这里山谷起伏，海拔千米，峡谷溪流，林木苍郁，云雾笼罩，冬无严寒，夏无酷暑，四季宜人，年平均气温为16°C，年平均降水量在1400多毫米。都匀海拔高、日照少且土层深厚，土壤疏松湿润，土质呈酸性或微酸性，内含大量的铁质和磷酸盐，这些特殊的自然条件适宜茶树的

图2　都匀毛尖茶场

生长，形成了都匀毛尖的独特风格，属于贵州名优绿茶。

（二）工艺特色

1.采摘

毛尖茶清明前后开采，其采摘标准为一芽一叶初展，长度不超过2.0厘米，要求叶片细小短薄，嫩绿匀齐。嫩度和长度超标准的，受病虫害的和色紫的都不能用来制作毛尖茶。

2.工序

采回的芽叶必须经过精心拣剔，剔除不符要求的余叶、叶片及杂质等物。摊放1~2小时，待表面水分蒸发即可炒制。炒制工艺分杀青、揉捻、搓团提毫、干燥四道工序。毛尖茶炒制全凭一双技巧熟练的手。

图3 毛尖茶叶

（1）杀青

锅温120~140℃，投叶量500~700克，以抖为主，抖闷结合，采用双手翻炒的手势。做到抖得散，翻得匀，杀得透。当叶质转软，清香透露时，降低锅温进入揉捻工序。

（2）揉捻

揉时长、用力重是毛尖茶揉捻的特点，也是形成毛尖茶味浓的因素之一。锅温保持70℃左右，用单把揉的手法，将茶叶左右推揉成条，重力推揉，达到细胞破碎充分的目的，当达五成干时即转入搓团提毫工序。

（3）搓团提毫

锅温50~60℃，将茶叶握在掌中合掌旋搓，搓成茶团，抖散炒干，反复数次至七成干度，改用双手捧茶，压搓茶条，边搓边炒，搓炒结合，搓至白毫竖起，茶叶约八成至九成干时，降低锅温（50℃以下），将茶叶薄摊锅中炒至足干。炒干时做轻巧翻炒动作，使茶叶里外干度一致，增进香气。

（4）干燥

锅温控制在70~80℃，将茶叶均匀地摊开在锅中进行翻抖。通过翻抖使茶叶逐渐失去水分，变得干燥而酥脆，整个过程不超过5分钟，最终使茶叶中的水分含量低于6%，干燥后的茶叶外形更加紧结卷曲，色泽鲜绿，香气浓郁。

二、确认主题

（一）主题

活动主题：体验毛尖茶技艺 品茗茶香人生

活动地点：都匀螺蛳壳茶园基地

活动形式：研学

活动对象：七、八年级

（二）依据

1. 坚持立德树人

以习近平新时代中国特色社会主义思想为指导，以《义务教育劳动课程标准（2022年版）》为实施依据，注重挖掘劳动在树德、增智、强体、育美等方面的育人价值，把培养学生的劳动观念，劳动价值观贯穿全过程，促进学生的核心素养提升和全面发展，为学生的成长奠定坚实的思想基础。

2. 倡导"做中学，学中做"

学生在现实情境中亲身体验、亲手操作，经历完整的劳动过程更有利于激发学生的兴趣和创造性，提高学生对知识的探究欲望和理解记忆，而不是机械地死记硬背。运用理论知识不仅能检验真理，解决现实中的难题，更好地指导实践行动，而且能质疑导思，激发学生的创新思维，实现"做"与"学"的相辅相成。

3. 弘扬中华优秀传统文化

都匀毛尖茶制作技艺是中华民族智慧的结晶，凝聚了一代又一代人的汗水和努力，是弘扬中华优秀传统文化的重要载体。在体验毛尖茶的制作技艺的过程中教师引导学生了解毛尖茶制作技艺的历史渊源、发展脉络、精神内涵，有利于学生增强文化自觉和文化自信。

三、活动目的

（一）保护和传承非物质文化遗产

在体验毛尖茶制作技艺的过程中，能够使学生感受到中华文化的源远流长和博大精深，树立民族自豪感，同时也能了解到毛尖茶制作技艺的现状和遇到的发展难题，有利于激发学生保护和传承非物质文化遗产的意识和行动，增强学生的社会责任感。

（二）培养学生的劳动核心素养

学生在亲身体验、亲手操作的过程中能够树立正确的劳动价值观，形成尊重劳动、自觉劳动、热爱劳动的劳动观念。还能获得毛尖茶制作技艺的基本知识和技能，创造性地完成劳动，锻炼和他人合作的劳动能力以及养成吃苦耐劳、认真负责的劳动品质。学生还可以学习毛尖茶制作技艺非遗传承人爱岗敬业、甘于奉献的劳动精神。

（三）培养学生的综合思维

毛尖茶制作技艺蕴含了多门学科知识，是学科综合交叉的体现。教师要善于挖掘制作技艺中隐藏的学科知识，引导学生学以致用、活学活用，使学生在解决问题的过程中综合思维得到发展。

四、活动准备

（一）学校准备

A.出发前召开安全教育大会，强调安全注意事项。

B. 在出发前给学生发放都匀毛尖茶制作技艺的学习手册，并开展理论知识竞赛，检测学生的学习效果。

C. 提前制定好路线和地点，排除可能产生隐患和阻碍活动顺利开展的一切不利因素。

D. 积极与家长和活动基地协调交流，耐心听取意见和建议，完善活动过程。

（二）家长准备

A. 营造良好的家庭氛围，响应学校号召，积极动员子女以主动的心态参加活动。

B. 为子女准备好一些必备物品，比如雨伞、手电筒、身份证件、备用衣物等。

C. 与学校、活动基地随时保持联系，关注活动的动态，为活动提供保障。

（三）活动基地准备

A. 安排好接送师生的车辆和当天在基地的伙食。

B. 准备好毛尖茶制作技艺所需要的工具、原材料。

C. 准备好应对突发事件的物品和医药品等。

图 4　采摘茶叶

五、活动内容

A. 讲解都匀毛尖茶制作技艺的理论知识，引导学生厘清制作流程。

B. 保证每一个学生都能参与毛尖茶的制作，感受到劳动带来的成就感。

C. 挖掘蕴藏在毛尖茶制作技艺中的地理、物理、生物等学科知识，将理论与实践结合起来，培养学生的综合思维和实践能力。

六、活动过程

（一）采摘

采摘时要轻轻拨动叶子，避免用力过度造成叶子破碎或损伤。同时，要采用提

思考：

从土壤、海拔、降水、温度、光照等方面探究都匀毛尖茶的生长条件。

手采摘的方式，即手掌心向上，拇指和食指夹住嫩芽，向上轻提，茶叶折落掌心，采摘前要确保双手清洁，以免手上污垢或味道污染茶叶。

（二）杀青

1.标准

杀青时间约为 4~6 分钟，需不断翻炒，确保茶叶均匀受热。杀青适度的标准是茶叶颜色变暗、叶面无光泽、叶质变软、折而不断，青草色消失，茶香显露，同时，茶叶的含水量也要适中，以便后续的揉捻和干燥工序。

表 1 杀青要领

要求	原因
杀得透	既要彻底破坏鲜叶中氧化酶的活性，防止产生红茎红叶，又要基本消除鲜叶中的青草气，从而增进芳香，两者缺一不可。
杀得均	杀青时要均匀，不夹青张或黄熟叶，前后上下都要基本一致。
杀得适度	眼看茶的叶色由鲜绿变为暗绿，失去光泽，不生青，不焦边，不红茎红叶。用鼻嗅青草气也基本消失，略带清香，手捏叶质柔软，略带黏性。

思考：

计算杀青含水率，在保证茶叶品质的前提下，比较嫩叶、老叶的杀青含水率。嫩叶杀青含水率通常高于老叶，即嫩叶杀青减重率要多一些，杀青叶含水量要少一些。

2．计算公式

杀青含水率 =1- 鲜叶重量 ×（1- 鲜叶含水率）/ 杀青叶重量

（三）捻揉

杀青适度后，将锅温降至 65℃左右（手感茶叶烫手，无茶叶轻泡声）在锅中揉捻，用单手或双手沿锅边翻起茶叶置在双手中，温度未下来时要快要轻，揉 2 周即抛，解块抖散一次，手感觉茶叶已完全柔软，温度达到标准时揉转 3~4 周，解块抖散一次，促进水分发散，采取多抖少揉方法，如温度降得过低时只抖不揉，以免茶叶产生红茎红叶，揉至基本成条曲，不粘手，容易散开为适度，时间 15~20 分钟。

（四）搓团提毫

锅温降至 50~60℃时，双手握茶，使茶叶在手心沿同一方向翻转搓团。搓好一团后放置锅壁再另搓一团，搓完后再立即抖散，接着再搓，反复多次。茶团由大到小，锅温由高到低，手法由重到轻，直至白毫显露。

（五）都匀毛尖茶制作技艺的发展现状

A. 向毛尖茶制作技艺非遗传承人进行访谈，了解毛尖茶制作技艺的发展现状，非遗传承遇到的困难等。

B. 向当地的村民发放调查问卷，了解毛尖茶制作技艺在当地的传承情况。

C. 对螺蛳壳茶叶合作社、茶叶工厂进行访谈，调查茶产业的发展现状。

D. 分析总结都匀毛尖茶制作技艺传承遇到的困境、茶产业发展遇到的困境。

E. 为毛尖茶制作技艺的非遗传承提出对策，并写成小组报告在班级汇报展示。

图 5　捻揉

F. 从乡村振兴的角度，说说如何借助"毛尖茶＋"实现乡村振兴？并以小组报告的形式在班级汇报展示。

思考：

你如何理解"人生如茶，茶如人生"这句话？

七、活动效果监测

为了使活动开展更加规范，也更加有意义，有必要对学生进行评价，我们从五个维度评价学生的学习成效，从知识与技能两个角度了解其对毛尖茶制作传统工艺的了解，从情感上分析其对茶文化的热爱，从创新上检测其社会责任感，通过学生、同伴、家长、教师等多主体实现综合评估。

表2　活动评价量表

评价维度	评价方式及占比			
	学生自评	学生互评	家长评价	教师评价
知识掌握与理解（20分）				
技能提升与应用（20分）				
情感态度与价值观（20分）				
创新思维与实践能力（20分）				
综合评估与反馈（20分）				
各项总分				

■ 问题探究

"都匀毛尖茶" 茶园高效栽培技术

　　土壤是茶树赖以生存的基础，土壤结构和土壤肥力是茶叶高产优质的重要因素。茶地要求土层深厚，最好 1 m 左右，一般要求 0.5 m 以下且无硬盘石。选地要尽量连片、相对集中，每块茶园面积不少于 2.7hm²，数十公顷连片更好。根据都匀市条件要求新建茶园的海拔高度在 800~1200 m 为宜。海拔高度约 1000 m 的茶园生产的茶叶为高山茶，香味很浓。

　　根据清理出来的荒山、坡地地形坡向，确定茶行的走向。茶行必须是横坡等高线走向，依水平线放线确定第一行以后逐行向上开挖。同时根据茶地面积的大小，规划出道路干道宽 4 m、支道宽 2~3 m，路旁开沟，必须做到路路相通，沟沟相连。道路布置好后也就将茶地划分成若干小块了。茶行必须水平横坡消除地块界限，根据大弯顺势、小弯取直的原则放线开挖 30~50 m 留一步通道。

　　茶行采用双行条列式密植，即在茶沟（50cm）两边距边缘 10cm 处开 5~10cm 深的播种沟 2 行，播种沟间距离为 30cm，在两边的播种沟内按 30cm 窝距错窝播种，即为等腰三角形。每窝 8~12 粒尽量使种子集中成堆，铲茶沟两侧细土覆盖 5~10cm，使两侧沟坎上形成 10cm 宽的浅沟，盖种土块的直径不得大于 5cm。栽苗以秋末冬初和早春 2—3 月为宜。

　　茶园施肥要遵循平衡施肥的 4 个原则：一是有机肥和无机肥要平衡；二是氮磷钾三要素、大量元素与中微量元素要平衡；三是基肥和追肥平衡；四是根部施肥与叶面施肥要平衡。

任务清单：

1. 为什么新建茶园的海拔高度在 800~1200 m 最为适宜？

2. 茶行为什么必须是横坡等高线走向？

3. 请查阅相关资料，说说为什么茶园施肥要遵循平衡施肥的 4 个原则？

第四节　水族古酒·"九仙"糯香——水族九阡酒酿造技艺

水族九阡酒酿造技艺属于省级传统技艺非物质文化遗产。100%的纯糯米原料、100%的天然泉水酿造、100%的无添加剂、100%的水族传统工艺。九阡酒与茅台酒一样只能在九阡当地特有的土壤、空气和水质下进行酿制，这样酿造出来的九阡酒，醇香味美、沁人心肺，实为酒中珍品。

图1　九阡酒

一、三都水族九阡酒

（一）简介

1957年三都水族自治县副县长蒙世花赴京，用九阡酒代表少数民族向毛主席敬酒，毛主席品尝后连声称赞好香、好甜、好酒。九阡酒厂建于1952年，"九阡"商标是商务部认定的中华老字号品牌。九阡酒的酿造对周围环境，尤其是土壤、水质、空气环境要求极高。用月亮山泉水（月亮山生态区的水质为Ⅱ级可直接饮用水质）、纯糯米，经过蒸饭、拌曲、发酵来进行生产，不允许添加其他任何非生产过程中带来的物质，否则口感将大打折扣。

（二）酿造工艺

水族民俗每年五月五（端午）采药，六月六制曲，九月九烤酒。从端午到六月六，村村寨寨妇女全部出动，由懂药的老妇带领，上月亮山原始森林采集多种野生草药，最后集中起来，熬成药水，加入米团、面团、麦麸、糖壳等，捏成颗粒，制成酒曲。酒曲制好后，接下来的用料、工艺也特别讲究，必须用当地特产红糯、摘糯配以月亮山中的优质泉水，在九阡镇独特的气候环境中进行酿造，九阡酒的酿造工艺独立成一套标准，既不属于糯米酒，也不属于黄酒，而是"其他发酵酒"。

（三）历史传说

水族酿酒有2000多年历史，文字记载的有1700多年。特别是三都九阡地区的九阡酒，更以味美甘醇远近驰名。

在水族群众中流传着一个古老动人的故事。据传，很久很久以前，有九位贫穷的老婆婆来到水族聚居的地方乞讨。好客的水族群众热情地照料她们，拿出糯米饭、糯米粑供她们食用。她们感受到水族群众热情好客，就把酿酒技术传授给水族人民，化作九位仙女飘然而去。人们为了纪念这九位仙女，就把按照仙女传授的技术酿成的酒称为九仙酒，后来把水族聚居的地方叫做九仙镇，汉译为"九阡酒"和"九阡镇"。

二、确认主题

（一）主题

活动主题：体验九阡酒制作技艺，传承少数民族非遗文化

活动地点：九阡镇九阡酒酒坊

活动形式：研学旅行

活动对象：高一、高二学生

（二）依据

1. 坚持立德树人

以习近平新时代中国特色社会主义思想为指导，贯彻党的教育方针，遵循教育教学原则，落实立德树人的根本任务，发展素质教育。以开展劳动教育研学课程为实施路径，使学生树立正确的世界观、人生观、价值观。提高学生的社会责任感、创新精神和实践能力，努力把青少年培养成为有理想、有担当、肯奋斗的符合时代要求的时代新人。

2. 坚持德育和劳动教育相结合

教育和引导学生在劳动的过程中热爱祖国、认同中华文化、弘扬民族精神。并且在劳动的过程中逐渐领会"劳动创造美好生活"的意义，成为懂劳动、会劳动、爱劳动的时代新人。坚持德育和劳动教育相结合，对于培养学生的正确价值观、提高必备品格和关键能力具有十分重要的意义。

3. 提高学生的核心素养

以九阡酒酿造技艺为主题的劳动实践活动，具有综合性、实践性、学科性、时代性的特点，学生在劳动实践的过程中能提高社会责任感、创新精神和合作能力，形成适应社会发展的核心素养。

三、活动目的

（一）继承和弘扬非物质文化遗产

学校开展水族九阡酒酿造技艺劳动实践活动，是继承和弘扬非物质文化遗产的重要途径。学生以了解九阡酒酿造技艺为窗口，逐渐形成主动了解学习中华民族非遗文化，自觉保护非遗的意识，逐渐上升为保护和弘扬非物质文化遗产的行为，

做到知行合一。

（二）培养学生的劳动核心素养

劳动是创造物质财富和精神财富的过程，是人类基本的社会实践活动。让学生动手实践，能培养学生正确的劳动价值观和良好的劳动品质，形成适宜社会发展的劳动核心素养。

（三）丰富课程资源

开展跨学科式的主题教育实践活动，将各学科融合起来，既增强了课程的实践性，又丰富了课程资源，为今后的课程创新提供了一条设计思路，更好地聚焦学生的核心素养，发挥育人作用。

四、活动准备

（一）学校准备

A. 活动申报备案：确定活动主题和线路，并按活动流程管理进行申报备案。

B. 制定活动方案：与活动基地联合制定活动方案、安全预案、应急预案，制定活动手册。

C. 召开家长会：通过多种形式让家长了解活动的流程及重要意义。

D. 行前教育：组织师生开展安全培训和行为规范教育，引导学生做好行前准备。

（二）家长准备

A. 为孩子准备衣物、个人物品、学习用品、药品等相关物品。

B. 对孩子进行安全教育，让孩子了解可能遇到的安全问题及应对方式。

C. 与孩子沟通，让孩子以积极的心态参与活动。

（三）活动基地准备

A. 为活动实施准备好所需的教学资源和相应的配套设施。

B. 对活动场地进行安全排查，保障活动安全。

五、活动内容

A. 了解九阡酒的制作工艺，说明其独特之处。

B. 学生自己动手操作，自己参与到酿酒的各个环节。

C. 将所学学科知识与九阡酒的酿造结合，用理论联系实际，提升学科素养。

六、活动过程

（一）制曲

制作九阡酒的一百多味草药全部采自水族附近的山上，一般在端午后到谷熟前的这一段时间里采药。先将草药熬成药汤，再将米面、苞谷团、小米、米糠、红稗等搅匀撒上药粉，最后注入药汤调到适度，压实。然后将其捏成团摆在铺上稻草的簸箕上，铺满后再覆以一层稻草接着盖上布，放在角落里让其发酵后取出晾晒到干透。

（二）烤制

烤制九阡酒一般选在每年的三至四月间或打米过后，这个时候的气候适宜酒曲发酵。上好的九阡酒，皆选用当地产的圆头糯米，经筛选浸泡一天，放入甑中蒸熟，晾凉后取酒曲拌匀，放入缸中发酵3~4天，出酒酿后，先取出3~4斤酒酿备用即可上甑烤制。这时烤出的酒是清亮无色的，将原先备用的酒酿放入锅中小火熬制到起泡呈糖色加入酒内。

图2　酒曲的加工

（三）蒸糠

糠壳是酿酒中采用的优良填充剂，也是调整酸度、水分和淀粉含量的最佳材料，但糠壳中有果胶质（0.4%）和多缩戊糖（16.9%）等，在发酵和蒸煮过程中会生成甲醇和糠醛等物质。蒸糠可去除糠壳中异杂味及生糠味。所以，在酿酒工艺上规定蒸糠的时间不得低于30分钟，并且要提前蒸糠，拌料时必须使用熟（冷）糠。

图3　糯米的加工

（四）开窖

发酵期满的窖应去掉封泥，取糟蒸酒。粮糟窖的发酵期为70天；回沙（丢糟）窖的发酵期为15天。起糟时，应严格区分开面糟和母糟，将起出的面糟运至堆糟场，堆成圆堆，尽量拍光、拍紧，并撒上一层熟（冷）糠，窖池上搭盖塑料膜，减少酒分挥发损失。当起糟至有黄水时，停止起糟，并打黄水坑进行滴窖。滴窖时间为24小时，前12小时每2小时舀一次黄水，做到滴窖勤舀。黄水可入锅底串蒸。滴窖完毕后，继续起糟，整口窖池起完糟后，及时清扫窖池。打黄水坑、舀黄水及起底糟前，应将窖内二氧化碳排出。

（五）配料、拌和、润粮

配料前，必须根据母糟、黄水鉴定情况准确配料。上甑前1小时将粮粉倒入母糟（第一甑30分钟前）进行拌和润料；拌匀后堆成堆并立即拍光拍紧，撒上一层熟（冷）糠，减少挥发损失。上甑前5~10分钟将熟（冷）糠（按粮粉比的23%~27%）计量倒于粮糟堆上进行拌和（同粮粉拌和）。

（六）上甑

上甑前先检查底锅水是否清洁及底锅水量是否符合要求；检查活动甑是否安稳安平。若需要回蒸黄水、酒尾，则先将黄水、酒尾倒入锅底中。随即撒薄薄一层糠壳于甑底，再铺上 3~5 厘米厚的糟醅，才开启加热蒸汽，压力为 0.03~0.05 兆帕。继续探汽上甑，即将满甑时关小气阀，满甑后用木刮将甑内糟醅刮成中低边高（中间略低于 4~5 厘

图 4　九阡酒的储藏

米），刮后穿气盖盘（上甑至穿气盖盘时间大于 35 分钟），接上过汽弯管，注满甑沿和弯管两接头处管口的密封水。

（七）蒸馏摘酒

蒸馏时要掌握缓火（汽）流酒，大火（汽）蒸粮的原则。馏酒时，入甑的蒸汽压力小于或等于 0.03 兆帕，盖盘至出甑时间要求大于或等于 45 分钟，使粮粉达到内无生心，熟而不粘的标准。摘酒时，以感官品尝判断酒质，切实做到边尝边摘（流酒速度：2~2.5kg/ 分钟，流酒温：20~30℃）。先摘取酒头 0.5 千克，然后根据酒质情况量质摘酒，凡符合调味酒的摘为调味酒，符合优级酒的摘为优级酒，以此类推，将酒按级储藏。

思考：蒸馏摘酒的原理是什么？

（八）出甑、摊晾

出甑前先关汽阀，取下弯管，揭开甑盖，将糟醅运至晾糟床附近。随即进行以下操作：a. 收堆：将出甑的糟醅收堆。b. 打量水：量水的温度必须在 80℃以上；量水用量（水粮比）为 75%~90%；量水必须泼洒均匀，严禁打"竹筒水"。打量水完毕后经堆闷的糟醅用铁锨均匀地铺到晾糟床上，开启风扇，勤翻勤划 2~3 次，打散疙瘩，测温后摊晾糟结束。c. 撒曲、拌和：大曲用量（曲粮比）20%。撒曲时要做到低撒匀铺，减少飞扬的损失；将大曲粉均匀翻划入糟醅中。d. 收摊场：将拌匀后的糟醅运入窖池，将晾糟床及周围的糟醅清扫干净。

（九）入窖

糟醅入窖前先将窖池清扫干净，撒上 1~1.5 千克的曲粉。糟醅入窖后要踩窖，然后找五个测温点（四角和中间），插上温度计，检查后做好记录。入窖温度标准是：地温在 20℃以下时，为 16~20℃；地温为 20℃以上时，与地温持平。窖池按规定装满粮糟后必须踩紧拍光，放上竹篾，再做一甑红糟覆盖在粮糟上并踩紧拍光，将粮

糟封盖好。

（十）封窖管理

入窖后的糟要在密封隔气隔热条件下进行发酵，按要求应做好以下操作：a.封窖泥的质量：老窖泥应加新黄泥，做到干稀适度，粘性好，密度良好。用铁锨将封窖泥铲在窖池糟醅上压实拍光，厚度为12~15厘米，厚薄要均匀。b.窖池管理：封窖后15天必须每天清窖，15天后1~2天清窖一次，保持窖帽表面清洁，无杂物、避免裂口。窖帽上出现裂缝必须及时清理，避免透气、跑香、烂糟。

思考：

九阡酒在水族的诸多重要场合中均有体现，如传统节日、婚姻习俗等，体现了水族怎样的生活礼仪？

■ 问题探究

九阡酒历史文化传承与发展

　　水族九阡酒具有丰富的历史文化内涵，是可以大有作为的民族文化创意产品。其酿造工艺的传统、酒产品的独特，均可以作为九阡酒的亮点、重点，推广到更为广阔的市场中去。传统九阡酒的酿造仍以家庭秘制为主，需要在九阡酒市场化、大众化的基础上开拓高端客户市场，拓展国际化市场，从而进一步增强九阡酒的市场知名度。"九阡酒，营养健康养生好酒""九阡酒是水族传统美酒，同时是世界的美酒""九阡酒产于九阡，享誉全球"，类似这样的市场开发概念与对外宣传观念抑或广告词语应该进一步推广到水族聚居区以外的地区，尤其是市场挖掘潜力很大的地区，打造九阡酒品牌，逐步形成如贵州茅台酒、浙江绍兴黄酒等名酒。当水族九阡酒被其他民族的人民所普遍接受的时候，其广阔的国内外市场就无形中打开了。

　　民族民间文化传统来自于民间，鲜活地存在于民间社会之中。水族九阡酒的深厚历史文化底蕴根基在于历经沧桑的水族传统文化。在规模化、工厂化发展的时代潮流中，家庭酿造的传统性与现代技术的公司化酿制如何有机结合并保持九阡酒酿造传统，值得思考。随着现代化的发展进程，水族传统文化在整体上呈现逐渐消逝的迹

图5　九阡酒地下储藏

象。水族人对本民族语言文字的使用、对水书的认知与理解、对传统节日活动内容的展示以及关于婚姻、丧葬等礼仪文化的实际运用，在一定程度上表现出水族传统文化亟须保护、传承与发展的现状。

任务清单：

　　1.请查阅相关资料，说说九阡酒的历史文化内涵是什么？

　　2.除了上述关于九阡酒品牌形象塑造的措施之外，还有哪些措施可以继承和发展九阡酒历史文化？

　　3.请你对比一下家庭传统化酿酒工艺和公司现代化酿酒工艺，它们有何异同？

第五节 民族风味·别样"盐酸"——独山盐酸菜制作技艺

独山盐酸菜制作技艺属于省级传统技艺非物质文化遗产。独山盐酸菜，是贵州省独山县特产，中国国家地理标志产品。盐酸菜最初称作坛酸，后改称盐酸，是布依族、水族、苗族等民族久负盛名的食品。

图1 独山盐酸菜

一、独山盐酸菜

（一）产品简介

独山盐酸菜以独山本地生产的一种优质青菜为主要原料，经日晒、清洗、再晒、盐搓、入池盐渍，然后按比例加入蒜苗、蒜头、辣椒粉、冰糖、食盐和糯米甜酒，拌匀后分坛包装，密封贮存。独山盐酸菜香气扑鼻，色泽鲜艳，菜绿椒红蒜白，酸中有辣，辣中有甜，甜中有咸，清香脆嫩，风味独特。盐酸菜是独山人在长期与自然界和谐生存的过程中形成的，已成为独山人生活不可或缺的组成部分。

（二）产地环境

贵州独山地处云贵高原，平均海拔较周边地区高出 300~500 米，具有高原冷凉型气候特点，森林覆盖率 52%，年平均气温 15℃，冬无严寒，夏无酷暑，气候宜人，年降雨量 1429.9 毫米，无霜期 297 天，适宜青菜的生长。

（三）历史溯源

独山盐酸菜已有五百多年的历史。明朝徐霞客自广西南丹县六寨经独山麻尾、下司、上司，到尧梭（独山县郊地名）歇宿时，品尝盐酸菜（旧时称"坛酸"）后感觉美味可口，赞誉不绝，并在离开独山往北（贵阳、云南），去的时候还带走几坛。

二、确认主题

（一）主题

活动主题：学习体验盐酸菜制作技艺，树立正确的劳动价值观

活动地点：独山盐酸菜制作工厂

活动形式：研学旅行

活动对象：八年级学生

（二）依据

1. 坚持立德树人

以《义务教育劳动课程标准（2022年版）》和《中小学德育工作指南》为实施依据，为了加强理论知识与学生社会生活实践的联系，坚持因地制宜的原则，选择了体现中华优秀传统文化和工匠精神的劳动实践内容——独山盐酸菜制作技艺，以此激发学生热爱祖国、热爱家乡之情，树立正确价值观，为中国特色社会主义事业培养合格建设者和可靠接班人。

2. 劳动课程是实施劳动教育的重要途径

义务教育劳动课程以丰富开放的劳动项目为载体，重点是有目的、有计划地组织学生参加日常的生活劳动、生产劳动、服务性劳动，让学生动手实践，使学生树立正确的劳动价值观和养成良好的劳动品质。

3. 育人为本，德育为先

坚持教育与生产劳动、社会实践相结合，坚持学校教育与家庭教育、社会教育相结合，共同营造良好的教育环境，协同育人。以劳动实践为载体，坚持德育为先，大力弘扬社会主义核心价值观，以培养学生良好的思想品德和健全人格，促进学生形成良好的行为习惯。

三、活动目的

（一）重组教材内容，培育劳动观念

劳动教育是国民教育体系的重要组成部分，是学生成长的必要途径，具有树德、增智、强体、育美的综合育人价值。劳动教育在各科课程中比较分散，教师要结合教学需要，重新组合课程内容来培养学生的劳动观念。

（二）重视动手操作，锤炼劳动意志

在劳动教育中注重动手操作，有利于学生形成正确的劳动态度和劳动习惯，提升劳动过程中的愉悦感和责任感，锤炼在劳动过程中的意志和品格。许多劳动活动，不仅是对学生能力的锻炼，更是对学生意志的考验。

（三）丰富实践内容，培养劳动品质

丰富多彩的劳动实践活动是对课堂教学的有机补充，不仅有助于培养学生的组

织纪律和集体主义观念，还有助于促进学生的自我学习并深化劳动教育，培养学生良好的劳动品质和学科素养。

四、活动准备

（一）学校准备

A.出发前召开安全教育大会，强调安全注意事项。

B.在出发前给学生发放独山盐酸菜制作技艺的学习手册，并开展理论知识竞赛，检测学生的学习效果。

C.提前制定好路线和地点，排除可能产生安全隐患和阻碍活动顺利开展的一切不利因素。

D.积极与家长和活动基地协调交流，耐心听取意见和建议，完善活动过程。

（二）家长准备

A.营造良好的家庭氛围，响应学校号召积极动员子女以积极的心态参加活动。

B.为子女准备好一些必备物品，比如雨伞、手电筒、身份证件、备用衣物等。

C.与学校、活动基地随时保持联系，随时关注活动的动态，为活动提供保障。

（三）活动基地准备

A.安排好接送师生的车辆和当天在基地的伙食。

B.准备好独山盐酸菜所需要的工具、原材料。

C.准备好应对突发事件的物品和医药品等。

五、活动内容

A.讲解独山盐酸菜制作技艺的理论知识，引导学生厘清制作流程。

B.保证每一个学生都能亲手参与盐酸菜的制作，感受到劳动带来的成就感。

C.挖掘蕴藏在独山盐酸菜制作技艺中的地理、物理、生物等学科知识，将理论与实践结合起来，培养学生的综合思维和实践能力。

六、活动过程

盐酸菜产品品质的优劣，很大程度取决于半成品的品质，在产品的加工过程中，十分重视对半成品的腌渍、保藏。

（一）选菜

青菜以"清明"节前采收的为好，节后稍次。独山县当地所产的青菜，菜头、菜茎肥大粗壮而脆嫩，叶柄宽大肥厚，远非其他地区所能相比。其中"矮脚青"最好。

探究活动：请同学们探究当地能种植出"矮脚青"的有利条件。将全班分为气候组、地形组、水文组、土壤组。

气候组：收集当地气温、降水数据，判断气候类型，概括气候特征。

地形组：实地观察，并结合遥感影像分析当地地形地貌，概括其主要特征。

水文组：实地勘察当地河流，观察水体颜色，采集水样进行水质检测。

土壤组：采集土壤，观察土壤剖面，检测土壤酸碱性和化学元素，判断土壤类型。

（二）晒菜

菜采收后，选剔枯黄病变部分，就地摊晒，等到叶柄微软时摊晒另一面，待新翻一面菜柄微软后，将菜体竖立仰晒，使菜心充分柔软，同时折断菜薹，并把菜柄至菜头处折断，以促进菜体水分蒸发，中断其再生长，控制老化。

（三）洗菜

晒好的菜应及时洗涤，不能久堆或淋雨，以防发热黄化，使质地变松软，降低脆度。将菜上附着的虫子、虫卵及泥沙等污物洗去后，立即把菜挂在清洁的绳索或竹竿上，使菜体表面的水分迅速蒸发，恢复柔软状态。

（四）腌菜

青菜半成品的腌渍保藏，实际上是生物化学保藏法，即利用有益的乳酸发酵作用以及食盐的作用，使腌渍的半成品得到长期保存。

腌菜采用干腌法，一层菜一层盐，每层菜均摆放整齐，菜叶与菜头之间呈覆瓦状，便于以后翻菜。把容器腌装满后的最后一层菜，应压得特别紧实，并撒上一层盐，盖上盖子或铺上清洁的竹席。

（五）剔菜

把腌渍成熟后的半成品用小刀将菜叶从菜柄与菜头之间切下，把长短大致相近的菜叶及菜心分开整齐堆放，便于切菜。

（六）切菜与分级

首先切去菜叶的尖端部分，然后把菜叶与菜心、菜柄分别切成 3 厘米长的小段，分开堆放。剥去菜头及菜薹的外皮，切成块，按厘米长度切段堆放在一起。切好的菜如不马上用，也可按级分别装入坛压紧，以清洁的水封闭坛口保藏。

（七）盐酸菜产品的调配

先将手及有关容器、工具等洗净、消毒，把甜酒、辣椒粉、冰糖、白糖和食盐放在调配器内，充分调散搅拌均匀，然后把菜块和大蒜放在调配器内与甜酒等配料充分搅拌均匀，即可装坛。装坛不能太满，只能装到离坛口 16~20 厘米处，否则产品在后熟过程中会溢出来。

（八）产品的保藏

产品调配装坛后，用清洁的布把坛口擦洗干净，盖上坛盖。约隔两天坛内气泡出来较少时，就加水封闭坛口，以阻止空气进入坛内。坛口应经常保持清洁，约隔三天换一次水。

思考：
独山应该如何发展盐酸菜产业，赋能乡村振兴？

问题探究

我是家乡小主播，我为独山盐酸菜代言

为助力乡村振兴，实现第二个百年奋斗目标，越来越多的人通过"多媒体＋""直播＋"的方式宣传家乡，促进了家乡农产业的发展，提高了家乡特产的知名度，进而促进家乡经济的发展。当下，人们越来越偏爱以短视频直播这种喜闻乐见的大众文化形式了解世界，假如你是家乡的小主播，在直播时你会如何介绍当地土特产独山盐酸菜呢？

请写一篇直播带货盐酸菜的话术稿子，并以小主播的身份录一个五分钟以内的带货小视频。

方法指导：

1.可以根据盐酸菜的特点随机应变。着重介绍盐酸菜的味蕾丰富，吃上去又酸又甜又辣又咸，好吃不怕胖。

2.可以从盐酸菜的色泽、口感、营养价值、生长环境、历史渊源方面进行讲解。告诉顾客产品在哪里，几号链接可以购买，直播的话术要简单、直接。

3.在直播当中要清晰地告诉顾客，为什么需要买盐酸菜，也就是要讲明白购买的理由，这时候的话术就是介绍产品的卖点和使用方式。

4.讲清楚每款盐酸菜具体的价格，告诉顾客什么时候有优惠券、如何领取、如何使用最划算、到手价是多少等，激发他们的购买欲望。

任务清单：

1.写一篇直播带货盐酸菜的话术稿子，录五分钟以内的带货小视频。

2.除了直播带货还有什么措施能够促进当地非遗文化的传承与发展？

章末问题研究

"非遗+旅游"让传承更具有生命力

中共中央办公厅、国务院办公厅印发的《关于进一步加强非物质文化遗产保护工作的意见》提出，在有效保护前提下，推动非物质文化遗产与旅游融合发展、高质量发展。支持非物质文化遗产有机融入景区、度假区，建设非物质文化遗产特色景区。鼓励合理利用非物质文化遗产资源进行文艺创作和文创设计，提高品质和文化内涵。

多民族聚居的贵州，是活化的"非遗博物馆"。苗族飞歌、侗族大歌、布依族八音坐唱、锦鸡舞、蜡染、银饰等构成了"多彩贵州"的重要内涵。近年来，贵州大力推动非遗保护传承，振兴传统工艺，推出"吃、玩、赏、购"非遗体验游、研学游、村寨游等新业态，促进非遗活态传承与乡村振兴。

贵州有人类非物质文化遗产代表作名录2项、国家级非遗名录99项159处、省级非遗名录628项1025处，各市州政府陆续公布的市州级名录将近2000项，县级名录4500多项……

近年来，贵州深挖研学游、体验游空间，大力发展以"传统农耕文化+非遗+体验"为特色的乡村旅游路线，将传统村落打造为非遗研学体验点，推出苗疆非遗研学主题体验走廊、百里侗寨非遗主题体验走廊等精品旅游线路，以及欢度苗年节庆游、瑶族药浴康养游、都匀毛尖茶制作体验游、天龙屯堡人文游等非遗体验游，令非遗展现出巨大的魅力和活力。每到周末，多彩贵州风景眼文创园内，"非遗周末聚"活动就会精彩上演。自2016年起，贵州各项非遗项目陆续在这里展示表演，现已成为贵州非遗保护与传承展示的重要窗口，有效地促进了民族文化的活态传承和旅游业发展。"非遗周末聚"的精彩之处在于让游客深度感受非遗魅力，看一段舞、听一首歌、制作一件手工艺品，为游客留下难忘的非遗体验和记忆。

资料分析

　　多民族聚集的贵州，是活的"非遗博物馆"，以文促旅，以旅彰文，"非遗＋旅游"已成为文旅融合发展的重要一环，不仅丰富了旅游供给，也激活了数量巨大的非物质文化遗产资源，使非物质文化遗产通过旅游市场走进了千家万户。请你查阅相关资料，分析黔南州"非遗＋旅游"对当地的发展和人们的生产生活产生了怎样的影响？请你以"小论文"的形式写一份调查报告。

| |
| |
| |
| |
| |
| |
| |
| |

传承

黔南非遗　共筑德育之路

第四章　文化育人

非遗进校园·文化润心声
——非遗德育文化育人

　　国家昌盛必须坚持文化自信，文化是一个民族的血脉，作为一种珍贵的精神力量，不断地推动着社会的发展。新课改背景下，落实学生德育素养培育需要社会、学校及家庭多方协作才能更好地促进学生的个性与全面发展。基于此，文化进校园营造浓厚的民族文化氛围以达到文化育人效果；同时，坚持寓教于境、寓教于景、寓教于情、寓教于美，点滴积累，久久为功，最终达成濡染、熏陶之效。

　　本章我们重点探讨以下问题

● 水族剪纸传统技艺如何进校园？

● 独山花灯元素的校园文化建设方法有哪些？

● 瑶族猴鼓舞如何与学生课程发展有效融合？

● 水族双歌如何融入校园文化建设？

● 长顺马路屯堡地戏进校园的路径有哪些？

第一节 静谧水族·古老技艺——黔南水族剪纸文化

水族剪纸是国家级传统技艺类非物质文化遗产，是中国最具特色的民间艺术之一。传承千年剪纸艺术是我们义不容辞的责任，学校更是传承民间文化遗产的主阵地，让非遗文化走进美丽校园，让水族剪纸文化净化学生心灵。

图1 水族剪纸

一、水族剪纸概况

1. 水族剪纸

水族剪纸深受水族群众喜爱，几乎每个妇女都会剪纸。水族剪纸在文化特征上具有鲜明的民族特色，剪纸中选择的动植物图案，首先看它们是否能赐福于人，或具有吉祥美满的寓意；剪纸题材主要有喜鹊、鹰、锦鸡等；造型方式有单独地展示某种动植物形象或动物与植物相配合展示，无论哪种展示方式，其中的动植物都被描绘得栩栩如生、亲切可爱。

在制作技艺上，水族剪纸艺人使用的工具都为剪刀，没有刻刀的传统，在剪裁手法上，水族人民擅用单剪、混合剪、对称剪等多样化的剪裁手法。在剪纸类型上，水族剪纸主要有三种：祭祀型、实用型、装饰型。

水族剪纸文化底蕴丰富，它体现了劳动人民对生活的美好期盼。水族人民以无比丰富的想象力和强烈的浪漫主义将大自然各种美的物象与人的审美意念融为一

图2 水族剪纸——磨

体，创造了一片妙趣横生、动人而又奇特的艺术天地，水族剪纸文化对于学生来说是弥足珍贵的精神文化。

2.水族剪纸艺术第一人——韦帮粉

水族"金剪刀"韦帮粉，生于1954年，从7岁起就在母亲的熏陶下学刺绣；8岁时自己就能独立在背带、围腰上完成绣花的整个工艺过程；13岁那年，韦帮粉到乡场张罗起了生意，卖了7角钱，高兴得好几天睡不着觉。

经过多年的反复揣摩、用心苦练，加上绣花的扎实功底，韦帮粉的剪纸技术不断提高。当地的斗牛场景，鸡、狗嬉闹以及门神的风采等，在她灵巧的手上变得栩栩如生。

1985年，韦帮粉大胆走出山门，每逢星期天都到都匀城里摆摊，在街头根据顾客的要求现剪现卖，一元钱一张，很受欢迎。

图3 水族剪纸——织布

1995年，韦帮粉索性在都匀城里找了一固定地点专门从事现场剪纸出售。进入20世纪90年代后，韦帮粉的剪纸技艺得到了都匀市文化部门的重视。她屡次被邀请参加各种赛事和展览会。

1989年，她的剪纸作品参加了首届全国剪纸展览，受到观众和专家好评。

1991年，在中国民间文艺家协会、中国剪纸学会联合举办的"首届中华民族民间剪纸大赛"上，韦帮粉的作品《水族背带花图案》获得三等奖。同年，她的作品在"黔南妇女剪纸艺术比赛"中被评为一等奖。

1992年，韦帮粉的剪纸作品《神话人物》被选入"中华民族民间艺术展"，并送往瑞典展出；她的两件作品被天津市艺术博物馆珍藏。

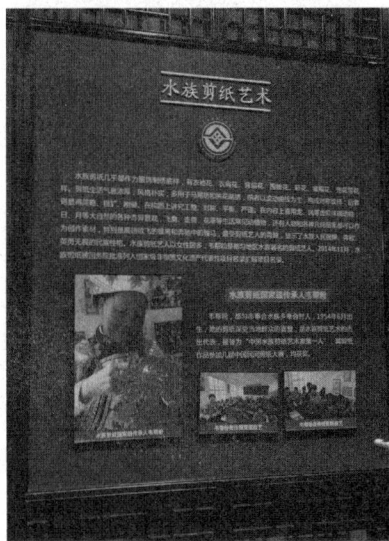

图4 水族剪纸艺术传承人——韦帮粉

1995年，她应邀赴广州参加中华百绝博览会，现场献艺，现剪现售，受到中外客人称赞。

2002年，韦帮粉在都匀城内的石板街租了一间门面，开设"韦帮粉剪纸艺苑"，专门从事民族民间剪纸艺术的研究和出售她的剪纸作品。

2004 年 10 月，韦帮粉荣获由中国工艺美术学会民间工艺美术专业委员会、湖南省民间文艺家协会等单位联合主办的"2004 年全国剪纸邀请赛"特等奖，进入全国"十把金剪刀"之列。

二、三都民族中学非遗文化建设

（一）三都民族中学简介

三都民族中学位于黔南布依族苗族自治州三都水族自治县，其所在的区域具有浓厚的水族文化印记，居住着大量的水族人民，这里拥有传统舞蹈、传统音乐、传统技艺等多项国家级、省级等非物质文化遗产，分布着丰富且历史久远的民族民间文化，为学校提供了充实的民族文化教学资源，营造出独特的水族民间文化氛围，为落实学生素养提供了更广阔且更具特色的平台。

学校秉承"厚德笃行，博学善思"的校训，形成了"诚信友善阳光健康"的校风、"因材施教大爱无疆"的教风、"乐学善思追求真理"的学风，始终铭记"传承民族文化，塑造时代新人"的办学目标，坚守"为学生成长奠基，为教师发展铺路"的办学宗旨。学校不断深化教育教学改革，大力实施"文化立校、教学强校、科研兴校、名师扬校"的战略方针，重点突出民族文化特色，彰显特色教育魅力，让校园成为学生学习成长、张扬个性、发展特长的乐园，成为教师实现人生价值的精神家园。

图 5　三都民族中学

（二）三都民族中学校园文化建设现状

1. 文化元素展现形式较为单一

走进三都民族中学，映入眼帘的就是画有少数民族服饰的墙壁，以及一些与学校规章制度相关的标语与宣传栏，但是，三都民族中学整体上缺乏民族特色氛围，没有重点突出本地民族文化特色。校园内展现的民族文化特色种类较

图 6　展示剪纸技艺的民族文化长廊

为单一。

2. 可利用的空间并没有完全利用

三都民族中学占地面积 88666.67 平方米，校舍建筑面积 57600 平方米，绿化面积 13080 平方米，有很多空余的墙面，校园外的人行道旁的墙壁并没有充分利用起来；校园内，较多的知识宣传栏张贴的都是安全、学校规章制度、考试等相关内容。这些内容是校园文化必不可少的部分，但是没有必要将学校的宣传栏都用于这些方面，首先是校园文化育人的内容较窄，其次，没有体现校园的办学特色，重点突出本民族的文化特色。

3. 体现民族文化工作流于形式

学校外面的墙壁上都是少数民族文化，比如服饰，歌舞的动作等，但是，这些壁画没有体现民族文化与学生的学科知识的联系，平常人看到这样的画面理解起来很吃力，对学生来说更是缺少吸引力。这样的校园文化建设育人效果是不显著的，很难充分发挥民族文化中育人价值的文化价值，通过校园文化建设的文化育人形式过于表面。

图 7　校园文化展示墙

图 8　民族文化专栏设计

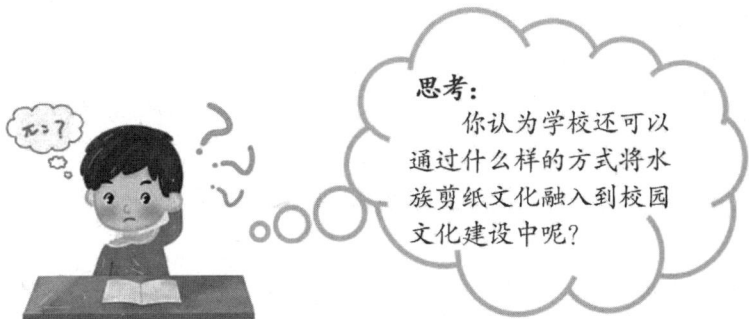

思考：
你认为学校还可以通过什么样的方式将水族剪纸文化融入到校园文化建设中呢？

三、水族剪纸进校园的实施优化

（一）指导思想

以培养人文精神和提高综合素质为宗旨，构建文明、健康、平安、和谐的校园文化体系，为学生的发展、教师的发展和学校的发展创造优良的人文环境，使学校成为师生身心愉悦的成长乐园，充分展示学校个性魅力和办学特色。

教育部印发的《中小学德育工作指南》明确指出"文化育人"作为德育培育的实施途径和要求，《中国教育改革和发展纲要》中明确提出了中小学校"办出各自特色"的要求。学校特色主要表现为特色项目建设，而学校特色项目的常态化和精细化建设又是学校特色和特色学校建设的有力保证。因此，将水族剪纸文化融入校园文化建设势在必行。

（二）建设依据

1.国家文件

《国家"十一五"时期文化发展规划纲要》中指出，要"重视中华民族传统文化教育和传统经典、技艺的传承。在有条件的中小学开设书法、绘画、传统工艺等课程，中小学各学科课程都要结合学科特点融入中华民族传统文化内容"。

2.学校办学理念：传承民族文化，塑造时代新人

此理念包含了两个基本内涵，旨在培养有民族情怀和时代素养的人。"民族情怀"指传承民族文化，培育民族情感，树立民族精神，使学生具有民族魂、中华情，成为根植于民族土壤的"有根的一代"；"时代素养"指培养现代文明素质和科学素养，使学生具有实践能力和创新精神，成为与时俱进的时代新人。

在学校的发展上，其定位是创建"一所以传承民族文化为特色、以弘扬民族精神为己任、以促进学生全面发展为目标的学校"，三都民族中学的办学目标或形象定位是：建有民族文化的校园，塑有思想的教师，育有特长的学生，办有特色的学校。

3.良好的社会氛围

三都民族中学坐落于黔南州三都县，这里水族人民居多，户户有巧手，过年家家有贴窗花的习俗，有着良好的群众剪纸文化基础，是文化育人的好帮手。

（三）建设目标

A.全员参加，开展各种校园文明创建活动，加深学生对非物质文化遗产的了解与重视。

B.丰富校园的民族文化课程内容，增加校园文化育人的途径。

C.引进专业的水族剪纸技艺人，提升教师的文化素养。

D.建设丰富多彩的育人内容，格调健康向上，既充满生机活力又促进教师、学生共同发展的校园民族特色文化。

（四）建设思路

素质教育的核心是培养学生的创新能力，促进学生全面协调发展，剪纸这一民间艺术恰恰为师生搭建了创造和动手操作的平台——处处是创造之地，天天是创造之时，人人是创造之才。

因此，校园民族文化建设整体框架拟定为：让剪纸文化时时充满校园，让校园处处洋溢剪纸的文化气息。活动实施过程包括：基础挖掘、高雅追求、制度保障、活动实施。

（五）主要内容

A. 优化校园环境。

B. 充分利用板报、橱窗、走廊、墙壁、地面等进行文化建设。

C. 创建校报、校刊进行宣传教育，设计体现剪纸文化特色的校服。

D. 鼓励并引导建设班级文化。

E. 营造文化氛围。

（六）实施策略

1.优化校园环境

校园中有很多井盖，学校组织美术绘图兴趣小组，结合水族剪纸文化特色的内容在井盖上绘制水族剪纸图案，达到"以美育人"的效果。

2.营造校园民族文化氛围

（1）充分利用校园网、橱窗、板报和文化长廊等宣传阵地

大力宣传和弘扬水族剪纸文化，分板块从水族剪纸文化的历史渊源、剪纸技艺流程、剪纸工具等方面进行宣传介绍；同时"红领巾广播站"每周准时开播，打造"剪纸文化润我心""民族精神代代传"的主题栏目，对中华优秀传统文化的内容进行宣传和介绍，在校园内营造学习中华优秀传统文化的良好氛围，达到"以文化人"的效果。

（2）标语与作品

张贴有关水族剪纸的宣传标语；同时开展"剪纸每周展"活动，收集学生的优秀剪纸作品并根据学生作品图案寓意分类进行板块展示，制作成一幅幅壁挂，点缀教室、走廊，既美化环境，又达到鼓舞学生、启迪学生的目的。

（3）文化主题活动

开展"以纸为友，以纸会友"课外活动，营造"剪纸文化校园"育人环境。

每周举办一次以剪纸为主题的课外活动，开设剪纸手工技艺兴趣课；门窗贴水族剪纸图案，开展"生生一本剪纸作品集、班班一个剪纸园地、剪纸文化网站、剪纸作品陈列室"系列校园剪纸活动。

整个校园散发着浓浓的剪纸文化气息，潜移默化地影响学生、教育学生，真正达到了"润物细无声"的育人效果；同时，凝练学校办学理念，加强校风教风学风建设，形成引导全校师生共同进步的精神力量。

（4）充分利用板报、橱窗、走廊、墙壁、地面等进行文化建设

校园文化建设育人目的可以多方面多途径实现。比如，每个班级以"水族剪纸"为主题举办一期板报比赛活动；校园文化展示橱窗里展示传承技艺人的剪纸作品，征集学生的剪纸作品，教学楼的走廊设计绘制水族剪纸的技艺流程图；可悬挂关于水族剪纸文化的发展历史图和格言，展示学生自己创作的作品或进行主题创作。

3.创建校报、校刊进行宣传教育

鼓励并引导建设班级文化。以"水族剪纸"为主题，鼓励学生自主设计班名、班训、班歌、班徽、班级口号等，增强班级凝聚力，突出民族文化特色，彰显民族文化中蕴含的育人价值。还可以设计体现剪纸文化特色的校服。

4.综合实践活动促发展

（1）活动开发

开设《剪纸伴我成长》校本教材，开展综合实践活动——剪纸手工课，并编制《剪纸伴我成长——综合实践记录》。活动主旨为以校本课程为载体，以综合实践活动为媒介，把校本课程和综合实践活动有机结合，促进学校特色的深入持续发展。

（2）《剪纸伴我成长——综合实践活动记录》内容：

A.序《校长寄语》；

B.剪纸活动主题；

C.剪纸活动计划；

D.剪纸实践活动；

E.剪纸活动成果；

F.剪纸活动评价；

G.师生优秀作品展；

H.剪纸知识小链接。

（3）措施保障

A.纳入教学计划，按课时安排授课；B.开展各种培训、讲座，提高全体教师业

图9 实践体验活动

务素质；C. 开展"1+1"活动。班主任与科任教师组合成综合实践指导教师团队；D. 形成学—仿—创的推进策略；E. 成立"彩之韵"剪纸小组；F. 学期末各年级推荐最佳综合实践活动小组进行表彰；G. 搭建平台参加各种活动。

5. 德育平台育新人

（1）开展主题剪纸（名人系列主题剪纸等）活动

主要包括教师在学生资料的搜集、交流过程中适时引导、归纳、总结、教育，以剪纸为主线，渗透德育内容，提高学生思想道德素质。

（2）与活动相结合

如窗花展：每年新年前，各年级为了增加节日的喜庆，都会用窗花装扮自己的教室。结合教师职业道德教育，我们提出了"让每一位学生享受阳光"活动，让每一位学生参与其中，给每一位学生展示的机会，把学生的窗花贴在窗上，让学生享受"爱的阳光"。

四、成果展示

（一）校园文化墙

打造一片"会说话"的校园墙。将不同类型的剪纸作品粘贴在文化墙上；在校园文化墙上绘制水族人民剪纸时的模样；对剪纸技艺流程进行图画展示等。

（二）校史陈列馆

设置专门板块对水族剪纸文化的历史、剪纸技艺等进行生动形象的展示。

（三）学生作品

将学生的剪纸作品收集起来，张贴在文化宣传栏上，让学生感到自豪与骄傲，从而加深学生对剪纸文化的了解与热爱。

■ 问题探究

"巧手剪出快乐，指尖传承艺术"趣味剪纸活动

水族剪纸是一种用剪刀或刻刀在纸上剪刻花纹，用于装点生活或配合其他民俗活动的民间艺术。其传承赓续的视觉形象和造型格式，蕴含了丰富的文化历史信息，表达了广大民众的社会认知、道德观念、实践经验、生活理想和审美情趣，具有认知、教化、表意、抒情、娱乐、交往等多重社会价值。以"剪一幅剪纸

图10　校园剪纸文化专栏

作品"为活动主题，旨在培养学生的手工艺术技能，提升动手实践能力；传承中华传统剪纸文化，培养学生对传统艺术的兴趣；通过合作与创新，培养学生的团队协作精神和创造力。整个活动流程可分为：

1. 知识导入。介绍剪纸的历史和文化，强调剪纸在中国传统文化中的地位；展示不同地区的剪纸风格，激发学生对多样文化的兴趣。

2. 基础技能讲解与示范。教授基本的剪纸技巧，如折叠、剪裁等；提供不同难度的剪纸图案，进行示范，确保学生理解基本步骤。

3. 创意设计。学生分组，每组提供一些主题，如自然风光、动物、节庆等；鼓励学生在给定主题下进行创意设计，给他们提供展示个性的机会。

4. 制作实践。学生根据自己的设计理念，动手制作剪纸作品；辅导老师给予技术支持和指导。

5. 作品展示与分享。学生展示自己的剪纸作品，分享设计灵感和制作心得；其他同学和老师进行评价和互动，营造积极的学习氛围。

任务清单：

1. 参与基础技能讲解，学生需要注意听讲并亲自实践基本的剪纸技巧。

2. 学生自由发挥剪纸主题，动手制作一幅自己的剪纸作品。

第二节　民间艺术·载歌载舞——布依族独山花灯

图1　独山花灯

独山花灯被列为国家级传统戏剧类非物质文化遗产项目，它以别具一格的灯戏、丰富多彩的音乐舞蹈及浓郁的乡土特色赢得人们的喜爱和关注，以鲜明的地域民族文化特色、优美的音乐曲调、婉转动听的唱腔，在独山城乡广泛流传。

一、独山花灯概况

独山花灯历史悠久，民族文化渊源深厚，是贵州南路花灯的代表，使独山享有"中国民间艺术之乡"和"花灯之乡"的美誉。独山花灯从表演形式上分"地灯"和"台灯"两种。

独山花灯是黔南民间文化的精髓，借助独山作为贵州南大门的地理优势，几百年来独山花灯以海纳百川的胸怀，广泛地吸取周边各省地方戏、名剧、说唱艺术的精华，

图2　独山花灯演出剪影

不断改进和发展。"独山地区花灯艺术的形成，是汉民族艺术形成的输入与本民族特有的艺术样式，融合在一起，具有浓郁的民族风格和地方特色。"独山花灯以灯戏兼容的独特风格、鲜明的地域民族文化特色、优美的音乐曲调闻名于世。

思考题：

你的学校有与独山花灯相关的活动吗？你有参与吗？

二、独山高级中学非遗文化进校园建设

（一）学校简介

独山高级中学将独山花灯作为校园文化建设的主打民族文化，是独山县将独山花灯戏文化彰显得比较完善的学校。学校主要是以开展兴趣班、校园墙壁绘画与图片展示、楼道墙壁绘画、专门的校本教材与课程结构、专业的教师等形式打造校园文化，营造浓郁花灯氛围，坚持传承国家级非物质文化遗产——独山花灯戏。

1.为传承和弘扬民族民间文化，独山高级中学将独山花灯引进校园

近年来，文化建设大工程在各地兴起，这给地方文化带来了新的发展机会，独山县也不例外。独山花灯以独特的形式掀起了文化传承的高潮，现在独山县处处都在宣传花灯文化，各种造型的花灯装饰、各式各样的花灯文化活动，特别是"花灯进校园"活动深入人心。

学校到处可见花灯操、花灯合唱、花灯歌舞等。据了解，学校有其自编的花灯操，动作来源于花灯舞蹈动作，伴奏音乐由花灯曲调改编而成，学生在跳操时手执扇帕，每天的课间20分钟都要先跳花灯操。教师与民间艺人对花灯操进行了创新编排，有预备节、扩胸运动、全身运动、伸展运动、踢腿运动、整理运动等。花灯合唱是花灯进校园的一种独特的教学手段，合唱也是学校乃至班级常有的一个团

图3 独山高级中学学生表演展示

体活动,它既可以加强学生之间的交流,也有利于维护学校和班级的团结,同时展现出校园活动的多样性。有老师将传统花灯曲调改编成多声部合唱,表演时加入指挥和钢琴伴奏,如《干哥干妹踏青来》《踩新台》《灯乡欢歌》等。

花灯歌舞在学校教学中深受学生的青睐,我们也对独山县其他学校涉及独山花灯戏文化情况进行了解,在所调查的学校中就有3所组建有花灯歌舞队,它是一个校级的团体活动,称为"花灯歌舞社团"。花灯歌舞的整个舞蹈编排倾向于现代舞蹈,表演时不像传统花灯那样边唱边跳,现在的花灯歌舞都是放音乐伴奏的。"花灯进校园"不只是一种教学行为,还是一种文化传承方式和宣传方式。花灯承载了当地人民的很多历史故事,涉及到了他们方方面面的生活习惯,是人们研究历史文化的重要资源。

图4　独山花灯授课教室

2."花灯进校园"让学校课程建设多元化、个性化

独山高级中学还开发了独山花灯的校本教材,从花灯戏种类、动作分解、音乐等方面进行编排,从美育角度来看,它既可以愉悦学生,还可以增强学生的文化自信,让学生体验花灯魅力所在,从中得到审美体验;从人才培养角度来看,虽然花灯教学不是为了让学生掌握好专业的花灯要领,但是系统的学习可以加深学生对花灯的了解,扩宽学生的知识面;从文化传承角度来看,花灯不只是一种地方戏,它也是一种地方文化,是非物质文化遗产的瑰宝,它还是一个文化信号,向学生传递着历史、习惯、风俗等,辅助了地方文化的传承;从音乐角度来看,音乐一直都被各民族视为自身民族最宝贵的文化财富,一个民族的音乐蕴藏着的情感和精神,往往是这个民族的灵魂和思想,是这个民族智慧的发源地。花灯音乐也是独山县人民智慧的结晶,从音乐出发深刻剖析整个民族的灵魂和思想,增强对地方文化内涵的了解。

图5　独山花灯主题活动

（二）"花灯进校园"的校园建设思考

1.独山花灯文化深层意义较为缺乏

独山花灯进校园依托当地传承人或相关专业教师的指导，需要长时间的尝试和积累。通过活动的形式将独山花灯文化引入校园，学生很难了解独山花灯文化的深层含义，只是认为这是一种唱歌跳舞的活动，对其真正蕴含的教育价值无法较好地体现。

2.校园独山花灯文化元素较片面

对独山县的若干中小学校进行实地调查，发现学校内关于独山花灯戏的文化元素较少，平常也很少开展独山花灯相关的活动，只有在布依族或者汉族的大型节日时学校才会组织学生开展独山花灯相关的文体活动，例如花灯戏、花灯舞等形式的活动；同时各个学校的校园里很少或者几乎没有关于独山花灯介绍的图画和文字。

3.民族文化与学科知识衔接较弱

独山县目前有些学校编排了与独山花灯相关的地方教材，但是，这些教材只介绍了独山花灯的历史渊源、种类等方面，将独山花灯仅仅作为这一类文化进行宣传，并没有将其与学生所学的学科知识进行整合。独山花灯文化的保护和传承如果没有成熟的教学模式和方法，进校园就只能是对其技艺、工艺进行介绍，导致学生对非物质文化遗产只有较为浅显的认识。

4.校园独山花灯民族文化氛围不够浓厚

独山花灯作为国家级非物质文化遗产，是我们宝贵的精神文化，学校是传统文化传承的主阵地，我们必须利用学校这一优越的校园环境，为学生营造浓厚的民族文化氛围，在自己民族文化中学习现代科学文化基础知识与基础技能。

三、独山花灯进校园的实施优化

独山花灯文化传承离不开学校教育，把独山花灯文化传承教育纳入学校正规教育和融入校园文化建设中，可以在广大青少年学生心中埋下爱国、爱家乡的种子。

（一）指导思想

以"先进文化"为导向，以"艺术资源"为载体，以"提升学校艺术教育水平、发展学生人文素养"为目标，坚持"育人为本"的原则，充分利用独山县学校和社会的优势资源，以"戏剧艺术走进校园"活动为引领，根据学校实际，深入开展"花灯进校园活动"。让学生能够近距离享受民族民间艺术的魅力，感受经典，学会欣赏，懂得艺术，热爱国粹。

（二）建设依据

1.具有独特文化

独山花灯被列为传统戏剧类的国家级非物质文化遗产项目名录，属于独山县宝贵的精神财富，我们要通过校园这个平台充分展现民族的文化自信。

2.独山花灯文化迫切需要积极传承

独山县将花灯文化融入校园文化建设中，并在各届校园文化艺术节大力开展经典民族文化传承保护活动，打造了充满浓郁地域色彩的育人环境，增强了广大师生的民族情怀和花灯文化自信，为促进独山花灯文化繁荣发展探索出了一条新路。

3.学生兴趣

"以美育人，以文化人"需要根据学生的认知规律与身心发展规律，并结合学生的兴趣。经过调查，学生对独山花灯有着浓厚的兴趣。

图6　校园文化育人理念

（三）建设目标

A.全面发展，创建学校特色，使校园文化成为学校发展的灵魂，打造"传统文化教育"特色品牌。

B.根据学校实际和学生的年龄特点，将传统文化教育融入到教育的各个环节中，用传统文化的精髓熏陶学生，使学生成为博志、博学者，促进学生个性与全面发展。

（四）建设思路

1.打造校园新面貌

校园是学生紧密接触的地方，教材是学生获取知识经验的工具，打造独山花灯文化进校园主题的校园建设项目。

2.学科融合新理念

以跨学科教学理念为指引，将独山花灯戏文化融入音乐、体育、美术、语文等学科，进而对学校的校园环境进行建设。

3.文化育人新途径

通过校园环境、课堂教学、德育活动、特长活动等培育学生的核心素养。

（五）主要内容

A.独山花灯民族文化呈现在校园环境中。

B.独山花灯民族文化引入到课堂教学中。

C.独山花灯民族文化渗透在德育活动中。

D.独山花灯民族文化延伸到特长活动中。

（六）实施策略

1. 营造校园独山花灯文化氛围

第一，独山花灯与体育学科相结合。《普通高中体育与健康课程标准（2017年版 2020 年修订）》中指出：高中体育要重视学生对学习内容的选择，要以学生的发展为中心，将本民族项目引入学校，促进学生运动爱好和专长的形成，有利于学生终身体育锻炼意识的养成。在特定的人文地理环境、民族生活习惯、民族语言等因素影响下，通过兼容外来民间歌舞、戏曲等艺术形式，在长期的互相融合、积累、实践和发展过程

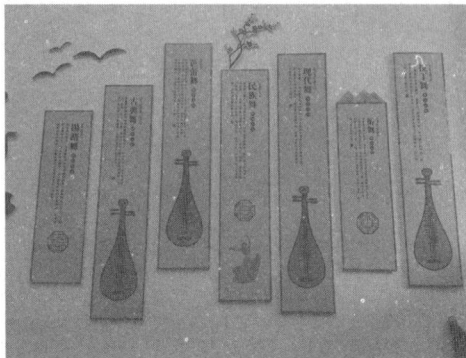

图 7　独山花灯与多门课程相结合

中，组成以花灯舞蹈、花灯音乐、花灯戏剧和花灯说唱为主要内容，以体操的形式进行编排的具有民族文化特色的民族体育文化活动。学校将花灯操作为早操、课间操、体育课教学内容等来让学生学习，进而使学校充满浓厚的地域文化特色。

第二，独山花灯戏与音乐课程相结合。学校的课间音乐、上下课铃声，可以运用适宜的花灯歌。我国教育部制定的《义务教育艺术课程标准（2022年版）》提出："地方和学校应结合当地人文地理环境和民族文化传统，开发具有地区、民族和学校特色的音乐课程资源。要善于将本地区民族民间音乐（尤其是非物质文化遗产中的音乐项目）运用到音乐课程中来，使学生从小受到民族音乐文化熏陶，树立传承民族音乐文化的意

图 8　独山花灯专业教师队伍

识。"通过课标的引导，我们可以将音乐的内容转变为与本民族相关的独山花灯文化，一方面开启了独山花灯的传承通道，另一方面丰富了校园文化建设，培养了学生对乡土文化的热爱，唤醒了学生的文化自觉和文化自信。

第三，开设专门的花灯课程。各中小学因地制宜，结合当地民族文化特色，丰富学生的课后生活，每周开设一节相关的花灯兴趣课。各班利用每周一节的花灯课，让学生学习独山花灯的基础知识及扇帕基本组合，并结合美术课程知识，如莲花扇、圆卷花扇、翻花扇、招扇、扛扇等几种基本花灯扇帕组合，学生学习积极性很高，同时培养学生的审美意识。

第四，举办独山花灯主题活动。学校以学期为时间单位，每学期举办一场大型的独山花灯活动，从校级、县级到市州级这样的顺序选拔优秀的独山花灯队伍，增强校园文化氛围感。

2.充分利用板报、橱窗、走廊、墙壁、地面等进行文化建设

A.充分运用学校可供宣传的地方，教师带领学生一起绘制独山花灯的动作示意图。

B.在各中小学校体育场的墙壁上，可以绘制独山花灯的动作示意图，既丰富学校的民族文化宣传内容，同时也落实学生的核心素养，促进学生的全面发展。

3.积极建设网络文化，开发网络德育资源

A.学校可以借助一些现代技术手段，把花灯精华提炼出来编排成 VR 虚拟文件，一招一式犹如身临其境，让兴趣班的学生在没有传承人的情况下自主学习，提高学习效果。

B.将花灯小戏编排在手机 App 中，扩大宣传面。这里的关键是创作，不脱离花灯原汁原味的创作，与现代信息技术相结合。

图 9　多途径展示独山花灯文化

4.注重本土独山花灯文化与学校学科教育的融合

义务教育阶段学校、普通高中要分别按照《义务教育艺术课程标准（2022 年版）》《普通高中音乐课程标准（2017 年版 2022 年修订）》的要求，开足有关戏曲文化的课程内容，完成教学任务；各中小学校要按照咸阳市教育局《关于普通高中新增地方课程课时学分安排的通知》的要求，在地方课程中开设好"独山花灯戏戏曲"和"电影艺术与欣赏"等课程。把本土的民间舞蹈、民歌花灯等非遗项目与学校体育、音乐及美术课程相结合，使其成为学生们喜爱的课外活动、文艺节目或特长爱好。

图 10　开发校本课程

5.鼓励师生共同助力独山花灯戏的传承

A.应鼓励学校师生结合民俗节日和风俗活动，通过送戏下乡、采风和现场观摩性教学等形式，主动拜师，学习原始、质朴的歌舞。

B.应结合现代教育，加强独山花灯非遗传承人的培养，在中小学校开设独山花

灯戏特长班，在普及的基础上再进行重点培养。

四、成果展示

（一）校园文化墙

通过手绘、文字等形式展示独山花灯的基础知识与扇帕基本组合，将独山花灯扇帕的类型进行悬挂展示，将学生制作的扇帕进行板块展示。

（二）体育场等地的围墙

A. 充分运用体育场等学生上课的地方对独山花灯文化进行展示。

B. 学生与教师在墙上共同绘制独山花灯改编的花灯舞、健身操等动作示意图。

（三）学生

A. 通过音乐课唱独山花灯音乐曲调。

B. 通过体育课展示独山花灯编排的相关舞蹈。

C. 通过美术课绘制独山花灯戏的扇帕、花灯舞的动作示意图等。

（四）多媒体技术

将学校打造的具有民族特色文化的独山花灯相关的延伸作品制作为音频、视频，上传至网络平台，打造成优秀案例，在当地甚至外地进行宣传。

■ 问题探究

"个个会拿花灯扇，个个会跳花灯戏"趣味活动

1. 故事情节

《财门调》的故事通常设定在一个乡村或小镇，主要讲述了一个平凡家庭的生活琐事和人情世故。故事中的主人公可能是一位农民、商人或其他村民，他们的生活常常与财富和命运的波折相关。

2. 表演形式

（1）花灯制作与装饰

在表演中，会使用精心制作的花灯来装点舞台。这些花灯通常以纸或其他材料制成，色彩斑斓，形状各异，寓意着各种各样的祝愿和寄托。

（2）舞蹈动作

舞蹈动作是整个表演的核心。演员们会穿着传统的服饰，表演富有节奏感的舞蹈，配合手中的花灯扇，以形成独特的舞台效果。舞蹈动作多以轻盈、活泼、富有表情的方式展现，呈现出欢快的氛围。

（3）对白和唱腔

表演中通常伴随着对白和唱腔，这些对白和唱腔贯穿整个故事情节，加深了观众对故事的理解和共鸣。

图 11 花灯戏舞具

（4）情节发展

故事情节随着角色的发展和冲突的升级而逐渐展开，通过角色的表演和互动，反映出生活中的喜怒哀乐，引发观众思考和共鸣。

3. 意义与特色

《财门调》花灯戏以其生动活泼、贴近生活、弘扬传统文化的特色而备受欢迎。它不仅是一种娱乐形式，更是一种传承和弘扬地方文化的方式，通过色彩斑斓的花灯、欢快的舞蹈和生动的故事，向观众展示了丰富多彩的贵州南路民间文化。

任务清单：

1. 学习《财门调》的基本内容与舞蹈动作。
2. 制作花灯扇，提升手工艺术技能。
3. 小组合作，表演《财门调》。

第三节 神秘瑶族·踏歌起舞——荔波瑶族猴鼓舞

瑶族猴鼓舞属于传统舞蹈类，2008年经国务院批准列入第二批国家级非物质文化遗产名录。古老而神秘的瑶族人民至今仍保持着原始古朴的民族习俗和浓郁多彩的民族风情。

图1 瑶山古寨

一、瑶族猴鼓舞概况

1.瑶山古寨

瑶山古寨位于美丽的世界自然遗产地——荔波，是中国最后一个持枪部落，有些地方仍保留着"刀耕火种"的原始耕作方式和粗犷的民族遗风，白裤瑶也被人类学家称为"东方印第安人"，昔日因贫瘠而闻名的瑶山，避居蛮荒之地的瑶族，承关怀而巨变，经历了4次迁徙终于形成了一个古老民族文化与现代文明交相辉映的白裤瑶聚居村落。

2.瑶族猴鼓舞

"瑶族猴鼓舞"瑶语称"玖格朗"，是流行于瑶山白裤瑶人中的一种舞蹈。"猴鼓舞"在丧葬祭祀的场合中表演，构成了它特定的舞蹈形式。

每种运动项目发展都具有一定的历史性，瑶族猴鼓舞是在发展过程中不断地创造和丰富起来的，是由最初的祭祀活动一直发展到现在的表演性文艺会演项目，是不断地满足人们的精神和物质需要而创造的具有文化价值的精神财富，也终将会随着社会发展和生活质量的提升，继续创新、发展。

二、瑶山民族小学非遗文化进校园建设

1.瑶山民族小学简介

荔波县瑶山民族小学是一所寄宿制小学，学校以"传承精髓，厚德育人"为办学理念，着力挖掘和传承民族文化特色，以"四瑶文化"，即瑶（歌）语、瑶族刺绣、猴鼓舞、陀螺为办学特色，精心打造人文校园、书香校园、活泼校园、质量校园、和谐校园、特色校园。荔波县瑶山民族小学是一所民族文化十分浓厚的学校，坚持以校园为主平台，以学生为主载体，以民族文化为主要素传承民族文化的理念。

图 2　瑶山民族小学

2.瑶山民族小学校园文化建设

瑶山小学开设了"瑶族猴鼓舞"课程，教师精选内容，精心排练。利用节假日，抓住各种迎宾活动，大力宣传瑶族舞蹈，宣传瑶族优秀传统文化，获得了省、州领导的好评，多次为荔波县赢得了荣誉。

首先，走进校园映入眼帘的是校园文化墙上丰富多彩的彩绘，彩绘内容主要是瑶族陀螺以及注解，校园操场上有瑶族人民的雕塑，操场的墙壁上绘制有瑶族猴鼓舞的表

图 3　实训教室

演动作等，营造出非常浓厚的瑶族文化氛围；其次，学校有很多瑶族风格的建筑，如瑶族禾仓等。还有专门的铜鼓舞展示馆，这里面主要展示的是瑶族铜鼓舞所需要的器材还有瑶族文化展览教室、瑶迹之窗，主要展示的是瑶族服饰、瑶族民族文化历史等；最后，学校还设置专门的兴趣班，学生的大课间活动是跳瑶族猴鼓舞，场面非常壮观。

3.荔波县中小学瑶族猴鼓舞融入校园的现状

（1）瑶族猴鼓舞多为单独的民族文化

瑶族猴鼓舞，历史悠久，舞蹈技艺较丰富。老一辈的瑶族人民对其比较了解且具有深厚的情感，当代青少年对瑶族猴鼓舞不太感兴趣，其中的原因之一是猴鼓舞需要很大的力度才能完美地展现一系列的动作且动作有一定的危险性，导致瑶族猴鼓舞文化的传承出现了一定的危机。学校里涉及的瑶族猴鼓舞文化的部分主要是将

猴鼓舞的一套动作用于学生课间活动，并没有设置单独的课程，文化传承方式较为单一。

（2）瑶族猴鼓舞文化多在小学、幼儿园宣传

荔波县各中小学校园里关于猴鼓舞文化的氛围不够浓厚，只有课间操和学校开展大型活动时才会见到，设有猴鼓舞的学校多为小学和幼儿园。

（3）瑶族猴鼓舞器材较少

由于学校并没有对瑶族猴鼓舞文化进行深入挖掘与宣传，而且服饰相对较少，猴鼓舞器材比较笨重，不利于随时搬拿，对服饰也有特殊要求，因此学校关于猴鼓舞器材和服饰的东西较少。

（4）猴鼓舞与学生课程内容结合较少

荔波县各中小学着重研究猴鼓舞本身的动作、音乐等，并没有正式地将猴鼓舞融入学生的课程教学中，也没有对其进行德育等教育教学资源的挖掘，这也是瑶族猴鼓舞在文化传承方面出现危机的重要原因之一。

思考：
你的学校有哪些关于猴鼓舞文化的活动呢？

4.荔波瑶族猴鼓舞融入校园文化建设的思考

（1）因地制宜、因校制宜

荔波县各中小学依据学校办学理念，结合文明校园创建活动，因地制宜地开展校园文化建设，使校园秩序良好、环境优美，校园文化积极向上、格调高雅，提高校园文明水平，让校园处处成为育人场所。

（2）学科融合、课程融合

将瑶族猴鼓舞文化与学生的学科课程知识相联系，例如音乐、体育、美术等。

（3）利用校园基础设施

充分利用板报、橱窗、走廊、墙壁、地面等校园基础设施宣传瑶族猴鼓舞。

（4）开展综合实践活动

借助学校主阵地，开展猴鼓舞相关的综合实践活动，营造浓厚的瑶族猴鼓舞文化氛围。

三、瑶族猴鼓舞进校园的实施优化

（一）指导思想

1. 民族文化精神诉求

瑶族猴鼓舞是根植于瑶族生产、劳作和节庆娱乐之中，有丰富多彩的历史及多元化特点，是瑶族文化缩影与精神诉求。

2. 国家政策重视文化

国家非常重视非物质文化遗产的保护，2008 年 6 月，瑶族猴鼓舞被列入国家级非物质文化遗产名录，这样珍贵的民族文化理应是落实学生核心素养的重要教学资源，将民族文化融入当地的校园文化建设中，借助本地民族文化资源达到文化育人的效果，加强落实素质教育理念。

（二）建设依据

1. 文化重要性

瑶族猴鼓舞是瑶族人民热爱生活的体现，蕴含着丰富的民族思想理念，表现出瑶族人民的民族自豪感，这也是当前素质教育所提倡的要培养学生热爱家乡、热爱民族情感的教育理念。

2. 文化资源优势

荔波瑶族猴鼓舞是荔波的一大特色，文化底蕴更加深厚，荔波当地应当将文化真正转化为育人的校园资源。

（三）建设思路

瑶族猴鼓舞为国家级非物质文化遗产，是中国人民宝贵的精神文化遗产，我们有责任将其保护与传承下去。学校作为传承文化的主阵地，应结合当地实际情况，将民族民间文化融入校园建设中，能达到让文化优质传承的目的。校园文化建设，主要是利用学校已有的宣传资源（墙壁、班级、课堂教学等形式）进行建设，然后将建设结果进行展示并推广。

（四）建设目标

A. 紧跟素质教育理念，促进学生全面发展，通过校园文化建设培育学生核心素养，达到强身健体、传承民族文化的目的。

B. 民族文化进校园活动在丰富学生课堂内容的同时，对培养学生自强、勇敢、奋斗、团结、诚信和包容的意识有着积极的促进作用，也能间接地培养学生的社会主义核心价值观，让他们在课堂上接受不一样的思想政治教育，树立民族自信和文化自信。

C. 非遗文化进校园能促进民族团结，增强文化自信。

（五）主要内容

A. 瑶族猴鼓舞民族文化呈现在校园环境中。

B. 瑶族猴鼓舞民族文化引入到课堂教学中。

C. 瑶族猴鼓舞民族文化纳入到德育活动中。

D. 瑶族猴鼓舞民族文化延伸到特长活动中。

（六）实施策略

1. 瑶族猴鼓舞民族文化呈现在校园环境中

（1）要充分利用板报、橱窗、走廊、墙壁、地面等进行文化建设

荔波瑶族猴鼓舞文化在荔波具有重要地位。各学校应根据当地实际情况将学校的校园墙壁综合运用起来。将猴鼓舞的动作要领进行分解，教师带领学生将动作要领按照步骤绘制在校园内墙上，培养学生的实际动手能力与创新精神。校园文化橱窗，可以展示瑶族猴鼓舞的表演图片以及相关的瑶族服饰。

（2）课间操

根据学校面向的学生群体以及当地实际情况，请当地的传承人与音乐、舞蹈等教师共同探讨并开发出适宜学生的猴鼓舞舞蹈动作，作为学生的课外活动项目、课间操等校园活动。

2. 瑶族猴鼓舞民族文化延伸到特长活动中

（1）游戏中享受猴鼓舞的乐趣

巧妙设计故事情境，以游戏情节增添舞蹈情趣。在民间舞蹈教学活动中，教师要提炼本地民间舞蹈元素，根据舞蹈的文化背景，设计相应的故事脉络和有趣的游戏情节，让每一个舞蹈作品都有游戏情节，让每一个舞蹈动作都从故事中来，每一个动作间都有联系，这样学生不仅容易记住动作，还能对舞蹈作品有更深的理解，呈现出来的舞蹈也更富有意境和趣味性。

图 4　校内猴鼓舞器材

（2）在猴鼓舞的系列教学中，可以结合改编过的音乐，向学生讲述音乐中的故事并让学生进行模仿舞蹈。比如《千猴戏鼓》，给学生设置了一个猴王和猴子无意

间发现鼓然后尝试打鼓的故事,猴王和猴子的多种尝试变成了学生舞蹈中不同节奏、不同舞步的鼓的打法。

3.瑶族猴鼓舞民族文化引入到课堂教学中

第一,瑶族猴鼓舞与体育课程相结合。《普通高中体育与健康课程标准(2017年版2022年修订)》中指出:高中体育要重视学生对学习内容的选择,要以学生的发展为中心,将本民族项目引入学校,促进学生运动爱好和专长的形成,有利于学生终身体育锻炼意识的养成。在这一课标的引导下,学校可以将瑶族猴鼓舞融入学校体育学科教学中,将瑶族猴鼓舞作为体育课程教学。结合猴鼓舞的动作将猴鼓舞编排成具有趣味性的舞蹈,结合学生体育课程的舞蹈操作为学校早操、课间操、体育课教学内容,进而让学校充满浓厚的地域文化特色。

图5　猴鼓舞课间操

第二,瑶族猴鼓舞与音乐课程相结合。将本地区民族民间音乐(尤其是非物质文化遗产中的音乐项目)运用到音乐课程中来,使学生从小受到民族音乐文化熏陶,树立传承民族音乐文化的意识。通过课标的引导,加上瑶族猴鼓舞是一种舞蹈,舞蹈本身配着相应的音乐,我们可以将音乐的内容融入到与本民族相关的瑶族猴鼓舞上。

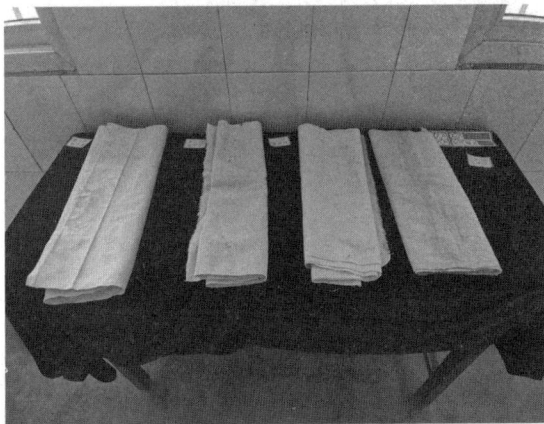

图6　开设猴鼓舞服饰制作课

第三,开设专门课程。各中小学校要按照要求,在地方课程中开设好"瑶族猴鼓舞,舞出好生活"和"舞蹈艺术与欣赏"等课程。把本土的民

图7　专门的猴鼓舞器具

间舞蹈、民间音乐等非遗项目与学校体育、音乐及美术课程相结合，使其成为学生们喜爱的课外活动、文艺节目或特长爱好。

4.瑶族猴鼓舞民族文化纳入到德育活动中

（1）积极建设网络文化，开发网络德育资源

图8 手工作品展示

民间艺人和社团的专业演员是这一文化瑰宝中的瑰宝，他们的消失就意味着这一文化艺术的消失，传承人的精力和能力是有限的，学校要借助一些现代技术手段，把瑶族猴鼓舞的珍贵动作提炼出来编排成 VR 虚拟文件，一招一式犹如身临其境，让兴趣班的学生在没有传承人的情况下自主学习，提高学习效果。

（2）文化课堂

班级是校园的重要组成部分，非遗舞蹈进校园，学校组织每个班级定期办主题黑板报，以"瑶族猴鼓舞"等为主题，以猴鼓舞的动作要领、历史文化知识等作为内容来设计班级板报，进行展示并评出等级，激发学生的学习积极性。每两周开展一次以"瑶族猴鼓舞，舞出好生活"为主题的活动表演。

（3）主题讲座

邀请瑶族文化专家或族长来学校进行主题讲座，分享瑶族猴鼓舞的历史、传承、意义等方面的知识。

（4）手工制作

组织学生进行与瑶族猴鼓舞相关的手工制作，比如制作瑶族传统服饰、舞具等，增强学生对瑶族文化的实际参与感。

（5）德育主题班会

在德育主题班会中引入瑶族猴鼓舞的相关主题，通过讨论、分享和互动，引导学生思考瑶族文化对于道德和价值观的影响。

四、成果展示

（一）舞蹈形式

学生课间操，学校特长活动的猴鼓舞展示。

（二）校园文化墙

教师与学生共同合作将瑶族猴鼓舞的舞蹈动作进行分解，通过手绘、文字等形式展示猴鼓舞基本的动作与猴鼓舞器材与服饰；充分运用运动场、教学楼走廊等地

方，以文字、图画、实物等形式对瑶族猴鼓舞文化进行展示。学生与教师在墙上共同绘制改编的猴鼓舞、健身操等动作示意图。

（三）学生活动

瑶族猴鼓舞文化与音乐、体育和美术等学科结合，这样可以让学生学完本门课之后，对所学的猴鼓舞的舞蹈动作、猴鼓舞音乐以及猴鼓舞相关的图画进行展示，各级各类学校经常性开展校园、校际非遗舞蹈表演活动。在各县校集中展演的基础上，全市隔年举办一次中小学校非遗舞蹈展演活动，不断推出新人新作繁荣校园非遗舞蹈艺术，要将优秀人才纳入"艺术小人才""艺术特长生"选拔范围，全面展示全市学校舞蹈教育教学成果。

（四）多媒体技术

将学校打造的具有民族特色文化的荔波瑶族猴鼓舞相关的延伸作品以音频、视频等形式上传至网络平台，打造成优秀案例，在当地甚至外地进行宣传。

问题探究

"瑶族猴鼓舞道具手工制作"课堂

瑶族猴鼓舞在文化传承中扮演着重要的角色,传达着瑶族人民对自然神灵的敬畏、对美好生活的向往以及对社区和谐的祝愿。舞蹈中的鼓声和猴子的形象也具有驱邪避祸的象征意义。瑶族猴鼓舞作为传统文化的一部分,一直以口传心授的方式传承下来。然而,随着社会变迁,瑶族猴鼓舞也需要与一些现代元素融合,以适应当代社会的需求。

以"制作瑶族猴鼓舞道具"为探究主题,分为如下流程:

1. 教师介绍瑶族猴鼓舞的起源、传统意义以及在瑶族文化中的地位。

2. 欣赏视频和图片。播放瑶族猴鼓舞的图片和视频,展示其独特的舞蹈动作和服饰,让学生对瑶族猴鼓舞有直观的认识。

3. 选定手工项目。学生根据兴趣选择手工制作项目,如制作瑶族传统服饰、猴鼓舞面具等。

4. 准备材料。准备面料、剪刀、颜料、面具壳等制作材料。

5. 分组制作。

6. 展示与分享。每个小组完成制作后,进行展示和分享,并分享制作心得。

任务清单:

1. 了解瑶族猴鼓舞的基本道具。

2. 制作瑶族猴鼓舞的简单服饰、面具、小型舞具等,提升手工艺术技能。

3. 以适当的方式展示自己所做的道具。

第四节　水族曲艺·天籁之声——三都水族双歌

水族双歌，水语称为"旭早"，是省级传统音乐类非物质文化遗产。水族"旭早"是一枝独特的奇葩，它根植于水族人民的生产和生活中，其内容反映了水族人的历史文化，是研究水族历史和文化的一个重要部分。

图1　水族双歌

一、水族双歌概况

水族双歌是水族文学园地里一种别具特色的民间说唱文学，它以言语象征符号记述了水族人民的生活情景、思想感情和性格特征。

水族双歌一般短小，二人对唱一轮或两轮，不仅在"说白"里有较为明白的暗示，并且在"吟唱"中也有隐隐的透露。

水族双歌是两名歌手对唱的民歌，它朴实清新，音韵和谐，节奏鲜明，内涵丰富，启迪人智，耐人寻味，感情充沛，动人心弦，给人以美。

图2　水族双歌文化

二、案例背景介绍

（一）三都水族双歌传承保护现状

水族双歌也称作"旭早"，水族人民在长期的共同生活中，情感真挚纯美，友谊笃诚深厚，相亲相爱，和睦和谐，诗人歌手所感很深，有真切体味，有丰富的美的积淀。

1. 传承情况堪忧

学唱"旭早"的方式都是口传心授，大多孩子学唱简单的双歌都是奶奶或者外婆农闲时随意教唱，并非刻意地传承，完全为了娱乐；近年来政府也有意识让"旭早"进课堂，但也并不是专门开设一门课，而是水族文化进课堂的一个章节。

思考：
你所了解的双歌文化是怎样的呢？当前的双歌文化传承最大的问题是什么呢？

三都县非物质文化遗产中心主任潘瑶口述："旭早"至今（2015年6月）暂时没有国家级、省级非物质文化遗产传承人，只有县级传承人5人，而且县级传承人没有经费配套支撑，只给了一个写有县级传承人的牌子和一个证书。目前三都县所属的水族聚居地区，一个村只有几个歌师唱"旭早"，学唱"旭早"的孩子极少，传承人培养情况不乐观。

通过走访调查发现，现在水族村寨中，会唱"旭早"的大多是50岁以上的老年人，40岁以上的中年人对"旭早"相关文化略知一些，会唱几句，35岁以下的中青年人中会唱的很少，10岁以下的孩子会唱的仅仅为县级传承人的家人，或者是爷爷、奶奶辈在日常生活中随意教孩子们哼唱，可见"旭早"的普及面是非常窄的，如不加以保护和传承，这种独特而优秀的民族文化将随着社会发展而逐步走向消亡。

2. 保护现状

水族双歌是水族人民非常有特点的一种曲艺形式，过去长期处于原生态的发展状态，仅为一些专业人士所了解。贵州省三都水族自治县是全国唯一的水族自治县，颇受政府、媒体、大众关注，对于这份濒危文化的传承和保护，政府也有意识地对"旭早"加以开发、利用、保护。

（二）水族双歌融入校园文化建设现状

1. 校园内很少涉及水族双歌文化

水族是一个具有悠久历史文化传统的民族，更是一个充满歌声的民族，歌谣是水族文化的重要内容，而双歌在水族歌谣中算得上是别具特色的瑰宝。然而，让人感到遗憾的是，以三都县的各中小学为例，学校里并没有水族双歌相关的介绍，同时学术界对水族双歌的研究也少之又少，这显然与水族双歌在民族文学中的重要价值是极不相称的。

2. 水族双歌音乐教材的缺乏

以三都县各中小学为例，学校里关于水族双歌的资料匮乏，并且学校里没有多少与水族双歌相关的活动。

3. 校园文化建设较为滞后

校园是文化传承的主阵地，学生是文化传承的新血液，但是现实当中学校并没有将水族双歌作为重点宣传的文化对象，甚至没有相关的文化知识在校园中呈现，我们只有在大型的节日时才会看到水族人民以演唱的形式展示水族双歌。

三、水族双歌进校园的实施优化

（一）指导思想

A. 坚持面向人人的理念，积极推进各地各校开展包括民族音乐在内的美育实践活动。

B. 坚持整体推进与典型引领相结合，以项目推动为抓手，以点带面，因地因校制宜，努力形成"一校一品""一校多品"的生动局面，努力让学生在校期间至少参加一项美育实践活动，培养一两项艺术爱好。

（二）建设依据

1. 水族双歌文化地位

水族双歌是水族人民珍贵的文化遗产，是水族人民文化中传统音乐的重要部分，具有重要价值。

2. 学校办学理念

民族地区学校办学，民族特色是民族地区学校打造的方向，水族双歌属于水族人民的精神文化，更是民族地区办学的重要校园文化建设资源。

3. 教育背景

当前国家主打的素质教育以及鼓励地方学校的教学要结合当地资源展开教学工作，挖掘民族文化更是意义重大。

（三）建设目标

A. 将水族双歌文化以多种形式呈现在校园中，营造浓厚的民族特色校园氛围。

B. 培养一批热爱水族双歌且会表演水族双歌的示范性人才。

C. 将民族文化的传承工作有机融合到学校教育教学工作中，培育学生热爱民族、尊重民族的意识，培养民族技艺特长全面发展的学生。

（四）建设思路

A. 对水族双歌文化的基本知识进行了解，对种类、唱法、音乐等进行分析，以明确双歌文化是否能够有效融入校园中。

B. 根据水族双歌文化的基本内容进行分类建设，从校园、学生、教学及网络平台等方面将水族双歌融入校园中，营造浓厚的民族特色氛围，建设具有民族特色的民族文化校园，充分展现文化及地域的差异性与独特性，为学生的发展奠定坚实的思想基础。

（五）主要内容

A. 打造水族双歌文化校园橱窗，绘制水族双歌特色板报。

B. 充分利用校园文化墙，墙壁绘画等。

C. 师生学唱水族双歌，学会不同类型水族双歌的唱法并理解其含义。

D. 学校定期开展水族双歌歌唱会比赛。

E. 将水族双歌与学生学科课程内容进行有机融合，形成地方特色课程，丰富课程教学资源库。

（六）实施策略

1. 充分利用板报、橱窗、走廊、墙壁等进行文化建设

（1）让板报与橱窗"会说话"

橱窗。学校教师对水族双歌的类别、含义及特点等方面进行深度挖掘，融合学校办学理念、建设宗旨等因素，将水族双歌的历史文化、深层含义及类型等方面的资料放在橱窗里展示。

板报。学校开展以水族双歌为主题的板报设计大赛，学生以小组为单位进行报名参赛，展示学生参赛结果，将学生所设计的水族双歌主题板报作品收集起来，形成作品册，放置校园内的文化展示橱窗；以班级为单位，每两个星期各班级设计本班的黑板报，将水族双歌列为学校布置班级黑板报主题内容之一。

（2）让走廊与墙壁"会唱歌"

水族双歌作为一种民间说唱文学，特别受到水族人民的喜爱，不仅内容十分丰富，题材多样，而且它是以一套规则的语音符号和便于记忆的媒介形式，在水族发展历史中代代承继，使水族文化得以记录和传递，并将该民族文化的内涵深刻地印在双歌的字里行间。学校校园文化育人方面的建设可以将水族双歌的语音符号进行解读，以图画的形式绘制在校园可利用的墙壁上，并在图画旁附上音符的解释与哼唱技巧。

2.开展主题文化活动

（1）班歌、校歌的呈现

水族双歌主要分为三大类，分别为情歌类、颂歌类及讽喻类。学校根据水族双歌的种类编制属于本校特色的双歌，结合学校的办学理念与学校的办学层次等要素，制作本校的校歌；每个班级的班歌以水族双歌为导向，学校每周都选取一个班级展示本班的班歌。

（2）课外趣味活动

校园内开展以水族双歌为主题的趣味活动，课后服务的时间也可以用来唱双歌。水族双歌的内容主要是歌颂祖国、三都、中和、水族；同时，水族双歌班以兴趣社团的方式开课，学生自愿报名参加，社团里包含不同年级的学生，由熟练水族语言和水族音乐的教师授课，教师通过选择合适的歌曲，规划课堂目标，让学生掌握唱水族双歌的要点，同时更深入理解水族歌曲的魅力。

3.融入校园课程资源库建设

（1）水族双歌文化与地理、政治学科的融合

一方面，水族双歌具有和谐而丰富的韵律、节奏，体现了水族双歌内在的生命韵律，是水族先民在长期的生活体验中表露出来的对自然大地、万物生命的天然亲近以及深刻理解；另一方面，从内容来看，生命问题是人类最古老的话题。人类精神发展的核心，可以说人类生命观念的发展是最为重要的一环；水族人民从来不向大自然索取过多，对自然的需求很有限。他们对自然界从来不是毫无节制地攫取，而是出于一种敬意来感激大自然，这种依赖于森林和自然的生活方式，使他们更懂得珍惜自然的重要意义。原始水族先民正是在这种观念的指导下生活、劳动和繁衍，并通过双歌把这种宝贵的伦理思想代代相传下来，其中很多都值得今人吸取和效仿。将水族双歌与学生课本知识相结合，构成地方特色课程与地方特色校本教材。

（2）水族双歌文化与音乐、体育等学科的融合

水族双歌与音乐课程相结合。我国教育部制定的《义务教育艺术课程标准（2022年版）》提出："地方和学校应结合当地人文地理环境和民族文化传统，开发具有地区、民族和学校特色的音乐课程资源。要善于将本地区民族民间音乐（尤其是非物质文化遗产中的音乐项目）运用到音乐课程中来，使学生从小受到民族音乐文化熏陶，树立传承民族音乐文化的意识。"通过课标的引导，加上水族双歌本就是音乐类且地方特色文化，音乐可以融入学生课堂教学中，学校可以将音乐的内容转变为与本民族相关的歌曲，一方面开启了水族双歌的传承通道，另一方面丰富了校园文化建设，培养学生对乡土文化的热爱，唤醒学生的文化自觉和文化自信。

四、成果展示

（一）校园文化墙

校园文化墙上单独规划一块宣传与展览水族双歌相关文化的区域，展示水族双歌的音符；以及水族双歌的历史文化知识与发展过程的介绍；还包括水族人民歌唱水族双歌时的画面，将其绘制在教学楼的走廊、校园内墙上等地方。

（二）班级展示

学生制作的主题板报；班级班歌展示。

（三）学生作品类

学校组织学生创作的歌曲；水族双歌大合唱的展演与视频；美术课展示的学习成果（学生绘制的音符等）。

（四）多媒体技术

将学校打造的具有水族民族特色文化的三都水族双歌相关的延伸作品制作为音频、视频等，上传至网络平台，打造成优秀案例，在当地甚至外地进行宣传。

■ 问题探究

探寻水族双歌的传统之美

　　水族双歌是一种富有传统文化特色的表演艺术，其曲调之美表现在多个方面：水族双歌采用特定的音阶和音调，通常较为悠扬、清亮，给人以清新、宜人的感觉。这些音阶和音调反映了水族文化中对自然和生活的独特感悟，形成了独具特色的旋律；

图3　曲谱

曲调中融入了丰富的音乐元素，包括各种传统乐器的运用，如簧片、竹笛、马头琴等；水族双歌通常伴随着歌词，歌词内容表达了水族人对自然、家园和生活的热爱之情，让人感受到水族文化的深沉和情感的真挚；水族双歌的曲调往往具有复杂而独特的旋律结构，通过不同音符的组合和编排，呈现出层次分明、丰富多变的音乐表达，这使得听众在欣赏时能够感受到音乐的深度和内涵；与舞蹈的协调配合：水族双歌通常伴随着舞蹈表演，曲调的美妙与舞姿的协调配合，形成了一种综合性的艺术表达。通过与舞蹈的结合，更加生动地展现了水族文化的魅力。水族双歌的曲调之美体现在其独特的音阶、音调，丰富的音乐元素，深刻的情感表达，复杂的旋律结构以及与舞蹈的协调配合，共同构成了一幅富有艺术感染力的音乐画卷。开展以"探寻水族双歌的曲调特点与音乐元素"为主题的探究活动。

任务清单：

1. 了解水族双歌的曲调特点和音乐元素。
2. 学习水族双歌的基本旋律与节奏。
3. 小组合作，共同演练和表演《丰收谣》。

第五节 戏曲之"花"·常开校园——长顺县马路屯堡地戏

屯堡地戏，被列为省级传统戏剧类非物质文化遗产项目名录，又叫屯堡傩戏、跳神，被称为"戏剧史上的活化石"。

图1 马路屯堡地戏

一、屯堡地戏简介

（一）地戏历史沿革

在长顺先民客居贵州的历史中，一项世代沿袭的古老风俗，成为六百年风雨变迁中一道独特的风景，即屯堡地戏，是屯堡先民初到贵州时，因陋就简，以村寨空地为舞台，形成的一种戏曲演出形式。

地戏是由原始傩舞演变而来，集演戏、祭祀、娱乐、操练于一体的一种古老剧种，该剧种因以平地为戏台围场演出，故称之为"地戏"，俗称"跳神、跳地戏"等。地戏源于军事，后来渐渐演变为娱己娱神的一种活动。时至今日，地戏已有六百多年的历史，所呈现的形式也不断演变。

（二）长顺县地戏概况

长顺县布依族马路屯堡地戏属于传统戏剧类省级非物质文化遗产，长顺县马路乡共有14支地戏队，基本上一个村有一台戏，且一般由村里德高望重的老人组织。表演形式有唱有舞，一般需要两三个人配合。地戏表演成员分为文将、武将、女将，一个地戏表演组基本上6~7人。表演成员大多是年长的老人，全部为男性，且每个寨子都有自己规定的表演剧目。

二、屯堡地戏文化进校园概况

（一）长顺县广顺第二小学

长顺县广顺第二小学建设成为了长顺县第一所乡村学校少年宫项目学校，开设了电子琴、乒乓球、竖笛、舞龙、腰鼓、经典诵读、英语沙龙等十余个兴趣小组，开设了五彩课程。学校建设了动物园、植物园、农耕园等教学乐园，受到社会各界及家长的广泛好评。

学校紧跟新课改要求打造校园文化，以素质教育为育人方向，培养德智体美劳全面发展的社会需求的人才。校园内设有劳动教育基地，该基地有动物、植物，都是学生可以亲身参与其中的活动；学校还设有专门的兴趣活动课程教室，教室内展示着学生的作品，有剪纸、书法、服饰、地戏面具以及刺绣等成品。整个校园文化氛围浓

图2 屯堡地戏面具展示图

厚，但屯堡地戏文化氛围非常薄弱，校园文化墙、宣传栏等地方没有关于屯堡地戏的内容，校园内涉及地戏文化的只有学生制作的地戏面具。

（二）长顺县马路中心校

长顺县马路中心校目前共有 43 名教师，715 名学生，学生以屯堡人为主，少数民族学生占比约 30%。走进学校，迎面而来的满是墙绘的教学楼与操场，但这些墙绘主要是一些成语故事，并没有关于屯堡地戏的。

（三）长顺马路屯堡地戏进校园

1.校园屯堡文化元素较少

实地走访长顺县马路中心校、长顺县广顺第二小学以及长顺中学等学校，了解到学校内几乎没有屯堡地戏的相关课程与活动，有关屯堡地戏的相关介绍也很少。

2.屯堡文化爱好者较少

长顺县大多数的人是不会跳屯堡地戏的，而会跳地戏的人大多是小学生以及村寨里的老人，如何使地戏重现往日繁荣的景象已成为当地文化发展的一大问题。当地老人认为，地戏发展要回归地戏本身，还要对其进行继承性发展。回归地戏本身就是要让地戏完整呈现出来，认为地戏都要经过"开箱、参庙、扫开场、跳神、扫收场、封箱"等过程，不能像现在直接过渡到"跳神"，同时地戏的发展也要让其融入当地经济与社会发展中去。

3.屯堡文化传承途径较少

屯堡地戏作为传统戏曲之一，被列入省级非物质文化遗产名录，曾受到国内外专家的关注，是研究戏剧宗教、民俗、美学、历史的活材料。十几年过去，经济发展，时代潮流变迁，人们思想观念发生变化，使屯堡地戏的保护、传承面临困境，发展愈加艰难。这不仅需要改变传承人对地戏的认知，还需要传承人与各中小学校园文化建设进行结合，寻找新的发展机遇改变传承环境，让地戏得以传承发展。

三、屯堡地戏进校园实施优化

（一）指导思想

以"传承经典，共享文化"精神为指导思想，以"弘扬民族文化，传承文化经典"为主题，大力开展"戏曲文化进校园"活动，让学生受到传统经典戏曲文化熏陶，激发学生对传统文化的喜爱，从而实现中华传统戏曲文化的全面推广和普及。

（二）建设依据

1.戏剧文化的价值

戏剧是中华民族文化的重要组成部分，它涉及面具制作、服饰、动作及所依托的历史故事等，这些都与学生在学校学习的课堂知识息息相关。因此，这是培育学生德育素养，落实学生核心素养的重要文化资源。

2.办学理念

长顺马路屯堡地戏是长顺县较为重要的民族文化资源，当地学校办学理念中都包含打造民族特色中小学校。

（三）建设目标

通过将屯堡地戏引入校园文化建设中，做到让学生既学习也欣赏戏剧文化，既普及也提高学生对戏剧文化的认识，让学生真切地感受到民族经典戏曲的魅力，学会唱中华经典戏曲。

（四）建设思路

戏曲文化进校园，以"民族特色满校园"为办学理念。

A.对屯堡地戏文化从文化、面具、服饰及历史故事等来拆解戏剧文化内容，将其分为不同的板块。

B.从校园文化、校园活动、校园课程等方面来展开校园文化建设工作，旨在营造民族戏曲文化氛围。

（五）实施策略

1.提高认识，加强领导

开展"戏剧曲艺进校园"活动，是传承民族文化、弘扬民族精神，建设中华民族共有精神家园的迫切需要，是丰富校园文化生活、提高青少年艺术修养的有效载体，是探索课程改革和实施素质教育的有益尝试。为此，各个学校应成立"戏剧曲艺进校园"活动领导小组，加强活动的指导，并安排与设定专门的领导负责人专门负责。

2. 大力宣传，营造氛围

A. 学校举办"中华优秀传统戏剧文化节"主题教育活动，屯堡地戏等表演进校园活动；建立戏剧社团，定期展演，受到学生们的普遍欢迎，育人效果显著。

B. 黑板报，橱窗。

C. 晨会、班会及家庭会。

D. 以学校艺术教育活动为载体，广泛宣传实施成果，鼓励学生学习戏剧曲艺艺术和有关知识，提高演艺水平。各级各类学校经常性开展校园、校际戏剧表演活动。在各县校集中展演的基础上，全市每两年举办一次中小学校戏剧展演活动，不断推出戏剧新人新作，繁荣校园戏剧艺术，要将优秀人才纳入"艺术小人才""艺术特长生"选拔范围，全面展示全市学校戏剧教育教学成果。

3. 结合实际，特立独校

A. 根据本校教师和学生的实际，考察、结合、利用好当地的戏剧曲艺资源，根据不同年级、不同年龄、个人爱好与擅长，以教学班为单位进行学习。利用音乐课、大课间、活动课等时间进行学练，积极引导学生收看中央综艺和戏剧频道。

B. 寻求上级有关部门支持，构建统一的戏剧曲艺特色及培训、普及模式。

C. 学生画脸谱；木雕——手工课、校园建筑装饰。

图 3　地戏学习教室

D. 学科课程联系；戏曲作为集中体现中华传统文化的艺术形式，融合吸收了诗歌、音乐、舞蹈、美术、服饰、武术等艺术精华，充分展现中华美学风范。

课程中开设好"地方戏曲"和"电影艺术与欣赏"等课程。

4. 加强指导，促进特色创建

学校组织专门人员，定期对各班级活动开展情况进行督查与指导，同时学校在条件允许的情况下聘请专业艺术团作为校外辅导员，并计划组织成果展示活动，同时把"戏剧曲艺进校园"活动列入学校文化特色创建，为促进艺术特色学校的创建和地方戏剧曲艺艺术的振兴而作出贡献。

四、成果展示

（一）校园活动

屯堡地戏进校园展演、在特展厅进行文化主题展览等，是让广大师生特别是在校中小学生不出校门就可了解屯堡文化、增强文化自信的有益探索。

（二）校园墙壁绘图

A.屯堡地戏的展演画面可以绘制在墙壁上，形成独特的戏剧文化之墙。

B.可以将屯堡地戏的面具、服饰以及一些基本动作进行简单的拆解，绘制在墙壁上，同时，每个板块的图画区配上一段文字注释，以便让学生对屯堡地戏有一定深入的了解。

图4 半成品地戏面具

（三）兴趣课

开设专门的戏剧文化兴趣课，比如唱屯堡地戏、制作屯堡地戏面具、制作戏剧服饰等兴趣课。学校根据实际情况邀请屯堡地戏文化传承人到校传授屯堡地戏的技巧、面具制作等基础知识与技能。

■ 问题探究

长顺屯堡地戏——制"面子"、秀文化

　　地戏面具的雕刻艺术，主要体现为雕刻和彩绘，雕刻手法分为镂雕和浮雕。以"将"面具为代表的地戏面具，最具艺术性，其结构主要为盔头、耳翅、面部三个部分。

图 5　地戏面具制作的工具

　　（一）探究主题

　　探寻长顺地戏"面子"的独特技艺。

　　（二）任务清单

　　1.了解长顺马路屯堡地戏的历史和文化背景。

　　2.学习地戏面具的基本制作技巧。

　　3.发挥学生的创造力，设计并制作个性化的地戏面具。

　　4.通过实践，深入体验传统文化的魅力。

　　（三）活动目标

　　1.加强学生对民族传统文化的认识，加深对地戏文化的理解。

　　2.培养学生的创新精神与实践能力。

　　（四）活动流程

　　1.活动导入

　　介绍长顺马路屯堡地戏的背景和重要性；展示一些地戏面具的样品，激发学生的兴趣。

　　2.文化背景了解

　　分享长顺马路屯堡地戏的历史、表演形式和意义；展示一些地戏面具的设计风格，解释其象征意义。

　　3.介绍地戏面具的基础知识

　　介绍地戏面具的基本材料和工具；演示制作过程的基本步骤，包括剪裁、涂绘、装饰等。

　　4.实践活动

　　准备工作：分发所需材料，包括面具基底、颜料、装饰物等；制作过程：学生根据教师的演示，开始制作自己的地戏面具；辅导和展示：教师和助教在制作过程中提供指导，鼓励学生发挥创造力，分享制作经验和成果。

　　（五）成果展示

　　展示学生所制作的地戏面具。

章末问题研究

非遗文化"进校园"：学非遗、用非遗、秀非遗

教育部出台《大中小学劳动教育指导纲要（试行）》，要求在课外校外活动中安排劳动实践，恰当处理好理论学习与实践锻炼的关系。文化和旅游部积极贯彻落实《关于实施中华优秀传统文化传承发展工程的意见》《关于戏曲进校园的实施方案》等文件要求，支持各地编撰适应青少年认知特点的乡土教材、普及课本等非遗教材，将非遗纳入中小学特色课程、乡土教育课程。

基础教育方面，教育部印发《中小学德育工作指南》《关于在未成年人校外活动场所开展非物质文化遗产传承教育活动的通知》，指导各地各校充分利用校外活动场所和公共文化设施，组织当地非遗代表传承人授课、示范性教学展演展示等活动，引导中小学生了解非遗魅力，自觉接受传承非遗；指导各地中小学组织举办"少年传承中华传统美德"系列活动，充分结合当地非遗资源，学习体验非遗项目和产品，争做非遗小传承者。

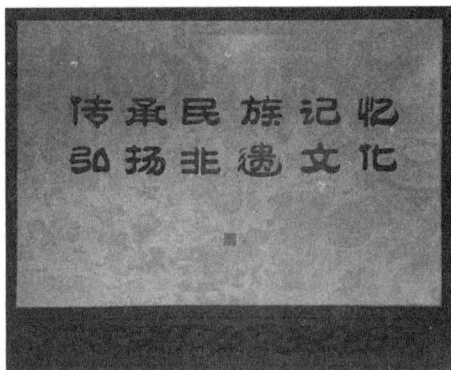

图 6　传承非遗宣传语

贵州本就是一个多民族聚居的省份，非物质文化遗产种类丰富，包含有民间信仰类、民间音乐类、岁时节令类、文化空间类、人生礼俗类、传统体育竞技类、民间手工技艺类、民间舞蹈类、民间文学类、民间知识类、戏曲类、民间杂技类、曲艺类。这些非遗文化与校园课程建设、校本教材、校园文化氛围建设等密切相关，融入校园文化建设、助推民族文化进校园的育人功能的实现。

非遗是"活"的文化，需要学生将亲身体验、实际操作与探究式学习结合起来，在实践中感受文化精髓，在"知行合一"中收获成长。比如，学生可在教师或非遗传承人带领下动手操作，了解非遗制作技艺。在数字技术飞速发展的当下，要充分利用互联网优质资源，拓展非遗进校园的深度和广度，让非遗文化真正在校园"生根发芽"。

资料分析

　　非遗进校园，目的是让优秀传统文化走进孩子们的心里。要"走心"，就不能只是简单地开展文体活动。一方面，要注重因材施教，根据不同学龄阶段的学生特点，组织开展一些有针对性的讨论、学习，深入挖掘非遗文化的内涵，让学生形成自己的感悟。另一方面，要将非遗进校园作为一项长期工作来抓，纳入学校教育教学长远发展规划，不仅要将非遗文化引进校园，而且还要让其常驻校园。

　　请选取你熟悉的中学，并查阅相关资料，分析所选取的学校对"非遗进校园"的看法、具体做法；并从德育的角度谈一谈"非遗进校园"措施的育人效果。根据所收集的信息撰写一份调查报告，格式自拟。

传承

黔南非遗　共筑德育之路

第五章　活动育人

非遗之心·德育之魂
——非遗德育活动育人

　　作为人类的历史创造，非物质文化遗产与人类生活的许多方面都有关联。在确认非物质文化遗产的乡土民俗性，挖掘民俗与道德伦理深层关联的基础上，不难发现非物质文化遗产具有重要的当代道德价值：就个体道德而言，它事关个体的名誉与自信，可以形成强烈的个体自豪感，张扬个体的生命力；就集体道德而言，它事关集体的规训与教化，可以形成强烈的集体荣誉感，彰显集体的自觉规约力；就群体道德而言，它事关群体的繁衍与归属，可以形成强烈的族群认同感，达成群体的核心凝聚力；就国家伦理而言，它事关国家的公正与平等，可以提升最广泛民众的幸福感，进而提升国家的整体软实力，因而围绕地域非遗文化组织并实施非遗德育活动是提高群众道德修养，推动精神文明建设的重要环节。

　　本章我们重点探讨以下问题
- 围绕地方非遗文化可以开展哪些实践活动？
- 如何具体设计并实施非遗实践活动？需要注意什么？
- 开展非遗活动具有哪些重要价值？

第一节 游千年古邑·戏火龙嘘花——瓮安草塘火龙

图1 舞龙盛况

瓮安草塘火龙起源于清代，迄今已有几百年的历史。2015年，草塘火龙被列为贵州省省级民俗类非物质文化遗产代表性项目。火龙被视作祥瑞象征，人们希望通过火龙的表演，能够获得好运和吉祥。同时，瓮安草塘火龙也逐渐成为了当地居民传承乡土文化、增进乡亲情谊的纽带，成为了瓮安县的标志性文化活动之一。

一、草塘火龙概况

草塘火龙主要分布在瓮安县草塘周边各村寨，主要以草塘四大街为主。每年正月初九至十五，草塘都要开展玩龙灯活动，祈求来年风调雨顺。火龙的独具之处在于用竹篾条把龙扎制为头、身、尾三截，头、身、尾各自断开，又称之为"断头龙"。火龙表演时还配有宝灯、排灯、彩扎成对的鱼虾等，边走边舞，相随陪玩。

二、火龙活动习俗

猴场龙灯常见的有大弯龙、彩龙、母猪龙三种，还有板凳龙、玉竹龙、水龙等，大弯龙、彩龙由头、身、尾三部分构成，均用金竹篾条编扎，龙身一般为九至十三节，最多不超过十五节，节数均为奇数。每节内设有二至三个供插蜡烛用的

图2 草塘火龙

烛座，统用蜡烛照明；每节下有一根舞龙者手握的木棒或竹竿。大弯龙、彩龙的龙头呈"S"型，高约一米八，头上有似鹿角形的龙角、能滚动鹅蛋大小的龙眼、凸直

的龙鼻、张开的龙嘴、嘴内有扁长的龙舌和锋利的龙牙，口内衔有一个能滚动的宝灯，龙嘴巴下有长长的龙须，展现了真龙的形态，龙身呈圆柱蛇形。

猴场玩龙的方法多种多样。大弯龙、彩龙的玩法基本一样，龙身、龙尾必须与龙头游动的方位、幅度、快慢、高低协调配合。围观者在夜间可用"嘘花"嘘龙身和龙尾，但不能嘘龙头，这是个不成文的规矩。母猪龙的玩龙者全是妇女，跟在大弯龙、彩龙后面舞动，但观众不能用"嘘花"嘘母猪龙，这也是一条不成文的规矩。

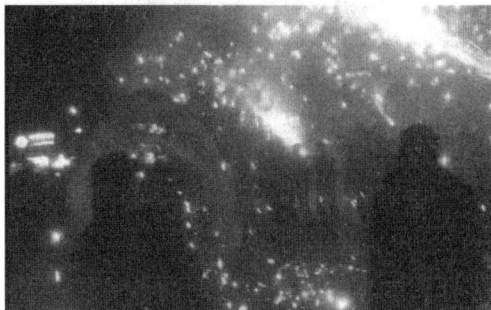

图 3　正月舞龙盛况

板凳龙与其他龙的区别在于每节龙身下的握柄为四根，放在地上可以站立，不用人支撑，玩法与大弯龙、彩龙相同。水龙比较短小，用柳条编扎而成，下面加上木柄即可。这种龙在农村久旱不雨时才玩，用以求雨。玩龙时前面由四人抬架，架上捆着一只穿花衣服的狗，后面跟着玩龙的健儿。男女老少一见便忘记旱忧而发笑，并不断用盆或桶将准备好的水向抬着的狗和玩龙的人泼出，把狗和人淋得像"落汤鸡"一样，故被称为"水龙"，现在民间流传的"笑狗天要下雨""狗打喷嚏天要晴""人打喷嚏狗心慌，要晴不在这一方"等风凉话亦源于此。

图 4　舞龙戏台

猴场龙灯从前一般是在农历正月初九晚上出灯（开始），十四晚上化灯（结束）。出灯要举行仪式，在出灯地点（一般为公共场所或扎龙灯的技师家院坝），

图 5　各地舞龙队伍

众人将龙灯摆好，插上点燃的蜡烛，由扎龙技师"画龙点睛"，由活动者做供祭仪式，做完"开光点相"仪式，赋予真龙法威。然后由挑选出来的既身强力壮又有舞龙娴熟技巧的人各就各位举龙灯。举本拨龙灯标明横幅的人在前，举其他吉祥语的人次之，锣鼓队、唢呐队、长号队等居三，举龙头、龙身、龙尾的人依次跟后，在锣鼓节奏声的指挥下出发。从初十晚上起不再举行出灯仪式。

思考：

为什么当地保存有如此浓厚的舞龙文化呢？

三、本土非遗活动方案策划

（一）活动概述

活动主题：龙腾狮跃 喜迎新春

活动时间：正月初一、初二

活动地点：猴场镇部分街道

活动受众：猴场市民群众

（二）活动目的

A. 让居民更好地了解和传承当地的传统文化，增强文化认同感和归属感。

B. 鼓励多方群体参与火龙表演，不仅能够保护和传承这一非遗技艺，同时也能促进文化交流和融合，加深不同地区间的友谊和了解。

C. 锻炼身体、增强凝聚力，增进人们对这一传统文化的理解和重视。

D. 推动乡村振兴：舞龙活动可以吸引更多的游客前来体验当地文化，进而带动当地的旅游产业发展，进一步推动乡村振兴和脱贫致富。

（三）活动原则

1. 以文化为核心

活动的核心是展示和弘扬瓮安地区的传统文化，同时也是为了促进文化交流和互动。因此，活动要紧密围绕文化主题展开，确保所有与文化有关的方面都得到充分的体现。

2. 倡导绿色环保

作为一个乡村地区，瓮安的环境保护和生态问题尤为重要。因此，在活动中应该倡导绿色环保理念，避免对环境造成破坏，选择环保材料和方式进行活动。

3. 安全第一、人性化设计

为了保护参与人员的安全，让参与人员体验到乐趣和文化魅力，活动设计时应当充分考虑安全和人性化因素，例如安排专业人员指导、提供不同人群选择的表演内容和环保设备等。

4.公平公正、透明开放

活动组织方应当直接公开活动策划和方案，确保各参与方机会均等，确保竞争的公平性和透明度，避免不必要的纠纷和不公正行径的出现。

5.注重协作、跨界融合

为了增强活动效果，活动组织方应该注重跨界合作，与其他文化机构、宣传渠道和社会资源协作，以提高活动的覆盖范围和影响力。

（四）活动意义

1.传承非遗

通过举办草塘舞龙活动，让更多人了解这项非遗技艺，增强人们对传统文化的认知和了解，促进文化传承和非遗保护。

2.增强团队凝聚力

通过舞龙表演，鼓励当地社区、学校、机构、企业等多元化的团体参与，增强团队凝聚力和互动交流。

3.促进文化交流

邀请其他地区的舞龙团队参加，增进不同地区的友谊和了解，促进文化交流和融合。同时通过舞龙表演向外界展示中华文化。

4.推动旅游发展

举办草塘舞龙活动可以增加当地景区的文化内涵和提高旅游吸引力，进而促进当地文化旅游经济的发展，推动社区经济和乡村旅游发展。

5.引导青少年成长

通过参与舞龙、制作舞龙道具等方式，引导青少年成长，传承非遗文化，提高年轻人的文化自信和创造能力。

（五）活动内容

1.开幕式

在活动开始前，我们将举行开幕式。主持人介绍活动的目的和意义，以及活动的流程和时间安排。舞龙表演队伍代表将进行表态致辞。

2.草龙制作

本次活动的亮点之一是草龙制作。活动将邀请当地的非遗匠人和民间艺人到现场为大家展示草龙制作的过程。参加活动的观众还可以现场亲手制作草龙，深入了解草塘舞龙文化并体验制作

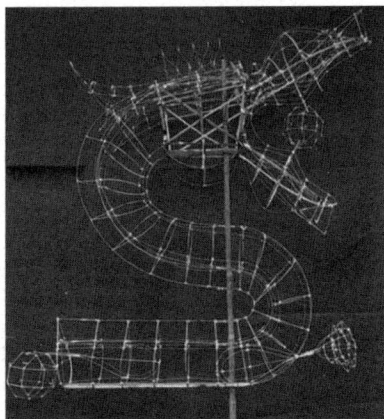

图6　火龙骨架

的乐趣。具体活动内容如下：

（1）材料准备

活动组织者会提前准备好所需的材料，包括竹竿、彩纸、彩带、颜料、剪刀、胶水等。参与者可以根据自己的喜好和创意来选择材料。

（2）示范教学

活动开始前，工作人员会向参与者示范制作草龙的步骤和技巧，讲解如何搭建龙身骨架、定位龙头和龙尾，以及如何装饰龙身。

（3）制作过程

参与者可以根据示范和教学自己制作草龙。参与者可以选择用彩纸剪出龙鳞、贴上彩带增加装饰效果，或使用颜料给龙身涂上绚丽的色彩。制作过程中，可以发挥创意来设计独一无二的草龙。

（4）分组合作

如果参与人数较多，可以分成小组来进行制作，增加互动和合作的乐趣。每个小组可以合力制作一条完整的草龙，共同完成一个集体作品。

（5）竞赛评选

当所有草龙制作完成后，可以举行评选活动，评选出最具创意、最美观或最有个性的草龙。评选可以根据参与者投票或由评委团评定。

（6）展示和演出

草龙制作完成后，邀请参与者将制作的草龙展示出来。可以组织一个小型的舞龙巡游，让参与者一边舞动草龙，一边展示他们的创作。

3. 草塘舞龙比赛

草塘舞龙比赛是本次活动的一项重头戏。多个地方的舞龙队伍将在现场展示自己的表演技巧。通过比赛，观众可以更好地欣赏、体验草塘舞龙，增强对舞龙文化的认知。赛事规则：

（1）参赛队伍

每个参赛队伍由固定人数组成，每队可以由个人或团队报名参赛。

（2）舞龙要求

参赛队伍需要准备一条完整的草塘舞龙，包括龙头、龙身和龙尾，长度和比例要符合规定要求。

（3）舞龙表演时间

规定每个参赛队伍的舞龙表演时间限制在 20 分钟内，确保比赛的公平性和流程紧凑。

（4）评分标准

评委综合舞龙技巧、协调度、创意设计、表演表现等对各个参赛队伍进行评分。

（5）才艺表演要求

参赛队伍的创意才艺表演可以作为一个亮点，时间 10 分钟以内。

（6）观众投票

设置观众投票环节，让观众投票选出自己喜欢的参赛队伍，增加互动和观赏的乐趣。

4.舞龙表演展示

除了草塘舞龙比赛，活动现场还邀请多个舞龙团队展示他们的舞龙技巧。这些团队有的来自当地，有的是全国有名的舞龙表演团队。

5.非遗文化展览

在现场设置"非遗文化展览"专区，展示当地非遗文化，向观众介绍非遗保护和传承的相关政策和措施，同时设专人为观众讲解当地非遗文化的特点和特色。

6.草塘文化和美食体验

草塘舞龙活动不仅可以观看和参与表演，还可以了解当地的历史、文化和传统，感受当地人的生活和习俗，品尝当地特色美食。

图 7　特色草塘美食

总之，本次瓮安草塘舞龙活动将展现传统文化艺术魅力，并为观众提供互动式体验，加强对舞龙文化的认知和理解，促进文化传承和非遗保护。

■ 问题探究

立足草塘火龙，打造民间文化艺术之乡

《乡村地理》：恭喜猴场镇依靠特色民间文化艺术"草塘火龙"入选国家文化和旅游部评选的"2021—2023年度中国民间文化·艺术之乡"。

猴场（草塘）历史悠久，自晋以来就设有建制，元、明设草塘安抚司。随着中原文化、巴蜀文化和草塘本土文化的交流融合，形成了富有特色的文化现象。特别是民间逢年过节耍龙舞狮的习俗源远流长，形成以龙狮文化为代表的地方文化。自2007年起，创办了瓮安龙狮文化艺术节，节日期间，龙狮飞舞、焰火升腾、人声鼎沸，吸引4万~5万人次观看。

民间文化发展，如何传承是关键。猴场镇的具体举措：一是培育一批扎根基层、服务基层的民俗民间文化艺术团队；二是加大对草塘火龙特点的挖掘力度，收集整理相关资料做好国家级非遗名录的申报工作；三是建立并完善非遗传承机制，通过聘请专业师资力量，对龙狮技巧进行传授。同时，将经费预算列入财政预算，有效解决传承人员待遇及传习场所经费问题，切实做好非遗"传帮带"工作。

猴场镇将借力"中国民间文化艺术之乡"这一名片，走上文旅融合的发展之路。以打造国家5A级景区为目标，努力将猴场镇打造成集文化体验、园林博览、亲水休闲、田园风情、温泉康养度假于一体的黔中文化生态休闲精品旅游目的地。一是继续发挥好猴场会议会址爱国主义教育示范基地的思想阵地作用，吸引更多的游客来这里参观学习；二是充分依托万亩桃园、千亩樱花、荷花、富含硫和锶的龙凤温泉、十二塘景等，推动景区业态多元化，全面提升猴场镇旅游业的竞争力和影响力。

任务清单：

1. 草塘火龙的起源和发展历程是怎样的？它又如何反映着当地居民的生活方式和信仰呢？

2. "中国民间文化·艺术之乡"名片对猴场镇的文旅融合发展有何影响？

3. 为促进当地文旅产业发展，以及草塘火龙文化的传承与发展，你还能提出哪些建议呢？

第二节　师承蔡伦·质非凡品——长顺县翁贵造纸

翁贵古法造纸作为贵州省省级传统技艺非物质文化遗产，具有较高的文化价值。据史料记载，"翁贵"二字的由来，也与纸业有关。其中，"翁"指的是造纸先师蔡伦，"贵"则是形容纸张的品质。

图1　造纸房遗址

一、翁贵造纸概况

（一）长顺县翁贵造纸概述

贵州三穗县、长顺县、惠水县、盘州市等地都有古法造纸，传说继承了蔡伦的发明，因此都祭奠蔡伦。如长顺翁贵的造纸单位、造纸人家每年都要在农历五月二十七这一天举行仪式祭奠蔡伦。

据记载，翁贵造纸作坊在明朝万历年间已具规模。清朝乾隆年间被列为地方税上纳，而且作为朝廷贡品，史称"翁贵纸"。翁贵纸在当时享有盛名，翁贵造纸作坊历史悠久，清代最盛，上百家作坊近千名工人。土法造纸作坊生产的白纸，主要原料是构树皮。全手工操作，工序复杂而细致，一张纸在工匠的手里要经过72道工序。

图2　翁贵村

（二）长顺县翁贵造纸工艺流程

A. 湿料，将干构皮在水里浸湿浸软。

B.可料，"一可"就是"一打"，重5公斤左右，可料其实就是理顺归类，即将长的、短的、粗的、细的各归为一可。

C.泡料，将理好的料一颗一颗地按顺序排放在水里浸泡一星期。

D.浆料，在一个准备好的水池里放入一定量的熟石灰搅匀后将渣汁捞出，将泡过的构皮一可一可地拿出来（不能理乱）放在浆池里面浸泡几分钟，从浆池里拿出来后一可一可地理顺，放置在一个能够排水的地方直到水滴干为止。

图3 打对房

E.蒸料，滴干水后放在蒸窑里蒸，蒸料要分两次，第一次蒸一个星期后，底下的已蒸熟，上面的部分没熟还要重新全部拿出来把上面的翻到下面再继续蒸上一个星期，直到完全蒸熟为止。

F.洗料，将蒸熟的构皮放在清水里用脚踩，目的是把构皮中的黑水和表层的黑壳去掉。

图4 构皮

G.漂料，一可一可地排放在河里（流动的清水）浸漂一个星期使其漂净漂软，将料挤干。

H.扬料，放到清水里清洗，这个时候构皮中的渣汁已经全部去掉。

I.曾白，也叫乍料，把去渣的料放到碱水窑里蒸煮一天一夜，早期是用石灰，后来是用纯碱，一百可料大约要用3公斤纯碱，曾白后用手一可一可地扭干。

J.打料，扭干后用木对打成料皮。

K.囊洗，将料皮装进能够滤水的料袋里，再放入清水里用料粑在料袋里来回蠕动，直到料皮被蠕散出现清水为止，然后挤压成料巴。

L.操纸，将料巴放入盛满水的水槽里面，然后用木棒在水槽里不停地搅拌，直到料在槽里搅匀为止，搅拌时还要放入一定量的糯叶水（糯叶水能够起到光滑和隔离的作用）。然后用竹帘在水槽里来回地

图5 水车房

摆动，拿起竹帘时一张薄薄的纸就粘在了竹帘上，然后将帘子反过来将纸粘贴在准备好的平板上，这样一张一张地叠在一起。叠至一千张左右用平整的木板盖上压干。

M.晒纸，这是烘干过程，挤压后再拿到烘房里面一张一张地揭下来贴在纸背上烘干。用剪刀修去毛边，一百张叠在一起成一刀纸。

N.打捆，二十刀纸放在一起打成捆便于存放和运输。其中每道工序里面还有许多细节，有的工序要反反复复经历多次。

思考：
　　为什么构树皮能够用于造纸呢？

二、本土非遗活动方案策划

（一）活动概述

活动主题：匠心无"纸"境，古法千年传专题非遗文化市集

活动时间：农闲时节下午5点到晚上10点

活动地点：广场

活动受众：长顺市民群众

（二）活动目的

长顺县翁贵造纸是中国传统非物质文化遗产中的重要组成部分，为加强与丰富长顺县翁贵造纸的非遗传承与弘扬，我们将举办一个以"翁贵造纸"为主题的非遗文化市集，旨在：

1.促进非遗传承

集聚长顺县及周边地区的非物质文化遗产项目，展示非物质文化遗产保护的成果，展示非遗传承人的技艺，为民众提供了解非遗文化、关注非遗保护的平台和机会。

2.传递非遗文化

通过市集搭建的多元化文化互动交流平台，推广非遗文化内涵，推动民众传承非遗文化，强化文化自信，增强文化传承自觉性。

3.激发非遗文化热情

通过市集活动，激发社会各界对非遗文化的兴趣和热情，让大家更深入地了解非遗在现代社会中的重要性和意义。

（三）活动原则

1. 重视非遗保护原则

市集活动应遵循非遗保护原则，避免对长顺县翁贵造纸的传统造纸方法、传统文化、传统技艺和非遗文化遗产相对应的环境造成破坏和威胁。

2. 技艺传承为核心

市集活动应以长顺县翁贵造纸的传统技艺传承为核心，展示非遗技艺和文化内涵，让市民在活动中亲身感受和体验非遗文化的魅力。

3. 多元化的文化活动

市集活动应提供多元化的文化活动，让市民能够通过各种方式了解、学习、体验非遗文化和手工艺术的技艺。

4. 创新与传统并重

市集活动应兼顾传统和现代特点，既弘扬非遗文化传统，又推广新技术和新手工艺术，用现代技术手段加强非遗文化的传承和发展。

（四）活动意义

A. 促进非遗技艺的传承和发展：市集活动旨在推动非遗技艺的传承和发展，展示长顺县翁贵造纸的非遗传统手工技艺，促进非遗文化的保护和传承，激发市民非遗文化的兴趣。

B. 提供专门的非遗文化交流机会，促进在非遗传承和保护方面的知识交流、文化交流、技艺交流和体验交流。

C. 推动文化旅游和经济发展：市集活动在传承和保护非遗文化的同时，也将非遗文化和文化旅游结合，通过市集活动推动文化旅游和经济发展，为地方经济发展做出积极贡献。

（五）活动内容

A. 纸叶制作展示：市集有工匠现场展示如何制作传统的纸叶，向市民讲解纸叶的传统技艺和制作工具，供市民了解制作传统纸叶的过程。

B. 纸艺品展示和销售：市集现场设置有纸艺品展区，展示各类纸艺品，包括纸制品、纸贴画、纸雕和剪纸等，并提供销售渠道，供市民参观和购买。

C. 传统文化展示：市集还设置了传统文化展区，展示纸叶制作过程中与长顺县翁贵造纸相关的文化物件、图书资料、文献、影像等，传达非物质文化遗产的价值。

D. 学习手工：在市集现场设置手工制作工作坊，为市民提供学习制作纸叶以及其他与纸叶相关的手工艺课程，通过亲身体验传统工艺传统文化，加深市民对这些非遗技艺的了解和认识。具体内容如下：

（a）简要讲解传统造纸工艺和制作过程。

（b）展示造纸原料的准备工作，如收集废纸、蒸煮纤维等；示范如何将纤维制作成纸浆；展示纸浆如何洒在纸模上，并制作纸张。

（c）手工体验环节：参与者分组进行实际操作，收集废纸、蒸煮纤维、制作纸浆和纸张，鼓励参与者发挥创意，在纸张上加入植物纹样或颜料。

（d）交流与讨论：每组参与者分享制作的纸张成果，讨论制作过程中的体验、困难和乐趣，介绍造纸工艺与环保的相关知识，强调纸张再利用和环保意义。

E. 展示与总结。

F. 互动体验区：此项活动的重点是互动和专业服务，为了保障市集活动的互动性，特在现场设置互动体验区，让市民感受纸叶制作的乐趣，体验和学习非遗文化，了解和传承传统文化，进一步拉近市民与非遗文化的距离和认知。

问题探究

浑身是宝——构树

构树为桑科构树属成员，别名构桃树、楮树、楮实子、沙纸树、谷木、谷浆树、假杨梅等，广泛分布于我国华北、华中、华南、西南、西北各省区，尤其是南方地区极为常见。国外则见于越南和日本。

构树花期4~5月，果期6~9月；花为单性花，雌雄异株，雄花为葇荑花序，着生于新枝叶腋；雌花为头状花序；果为聚花果，肉质，球形，直径约3厘米，成熟后鲜红如血，耀人眼目，酷似无数颗细小晶莹透亮的红宝石攒聚而成，又像无数根红毛线精心编织的绒线球，食之清香甘甜，汁多诱人，有点像草莓，又有点儿像桑葚。

图6 构树

构树皮富含纤维，柔韧性强，可用于缆绳制作，是造纸的上好材料，中国人以之为材料进行造纸活动，由来已久，《齐民要术》就曾记载构树的种植和造纸方法，而隋代则已有大量生产。

构树有多种用途，称之为"浑身是宝"的树毫不夸张。鉴于其巨大的开发潜力和广阔的市场空间，目前已有不少人将眼光锁定在构树上。

任务清单：

1.结合材料，谈一谈构树有哪些用途？

2.构树曾被农民视为"恶树"，查阅资料，结合其生长习性说说这是为什么？

3.如今构树摇身一变成为"摇钱树"，这一转变带给你怎样的启示呢？

第三节　民间天籁·布依八音——平塘布依八音弹唱

布依八音弹唱是贵州省省级曲艺类非物质文化遗产，"八音弹唱"在布依语中叫"万播笛"，即吹奏弹唱的意思。作为深受布依族人民喜爱的民间民族说唱艺术形式，被誉为"声音活化石""天籁之音"，具有鲜明的布依族特色和广泛的群众基础。

图1　布依八音乐器

一、八音弹唱概况

（一）"八音弹唱"的传承与发展

1.历史渊源

布依族"八音弹唱"俗称"八大行"，是活跃在平塘县塘边镇清水一带的民族民间艺术。

八音弹唱原型属宫廷雅乐，古朴自然，风格独特；在历史演变中，以自制大胡、中胡、金胡、三弦琴、月琴、笛子、竹点、八角琴等八种民间乐器进行演奏，配以布依族服饰，辅以歌舞表演，形成了鲜明的民族特色表演，表演技艺在民间艺术方面较为少见，具有不可替代的地位。

2.传承和发展

"八音弹唱"的保护与传承工作成效明显。2009年，"八音弹唱"被列为第三

图2　平塘县塘边镇双河村

批省级非物质文化遗产名录。杨通怀获得"省级非遗项目代表性传承人"称号,杨光闪、杨光锦、杨建梅获得"州级非遗项目代表性传承人"称号。

（1）表演队伍的发展

2009年,全县只有塘边镇清水村一支表演队,为加大传承队伍培养,积极推荐该队伍到县外、省外参加活动,使"八音弹唱"影响力得到了极大的提升。发展至今,演出团队已发展到12支,演出人员达100余人。将"八音弹唱"传承纳入小学重要教学内容,在清水小学深入开展非物质文化遗产进校园活动,提升了"八音弹唱"普及力和影响力,推动了"八音弹唱"民族文化的传承和发展。

图3　传承人介绍八音乐器

（2）曲目传承与演变

"八音弹唱"表演的曲目,分古乐类和近代创作类两种类别。古乐类得到了较好的保护和传承,沿袭了古宫廷吹打乐曲演奏形式,只奏不唱。传承的乐曲有50余种,如祝寿调、开门调、出门调、过街调、哀调等;近代创作类既奏又唱,内容多为群众对美好生活的赞美,年轻人对甜蜜爱情的向往等。主要曲目有《恰恰合》《庆丰收》《美丽平塘我的家》《平

图4　演出经历（部分）

塘是个好地方》《盘花歌》《欢迎客人到我村》《我家住在布依乡》《花灯小曲贺新郎》《欢乐的节日是今天》《五更情歌》《八月桂花香》《走进歌场一般平》《小小绣球妹的心》《今天是个好期程》《布依妹妹爱唱歌》《插秧歌》等200余首。

（3）传承基地的建设

为加强对"八音弹唱"的传承和保护,带动广大布依群众加入到学习传统文化、了解传统文化、传播传统文化的良好氛围中。平塘县在清水村文化广场建设了一个大型的"八音弹唱"传承基地,在双河村建立了一个"八音弹唱"传习所,为"八音弹唱"表演队伍提供了学习、排练及表演场所。

3."八音弹唱"传承发展成效

当地加大了"八音弹唱"传承人及队伍技能提升培训,推荐"八音弹唱"文艺

队到贵阳、长沙、佛山、香港等地参加展演。通过政府在"幸福进万家"、景区驻演、县内文艺汇演等活动中优先采购其演出服务，推动了"八音弹唱"文艺演出的团队化、精品化、市场化。

4."八音弹唱"获得的荣誉

2005 年多彩贵州省"歌唱大赛"上八音弹唱传承人杨光闪荣获民间唱法第一名。

2017 年贵州省第十二届旅游产业发展大会，八音弹唱在主会场"中国天眼"科普基地驻演，得到各级领导和嘉宾的高度赞赏。同年，平塘县布依八音艺术团荣获贵州省"优秀志愿文化服务团队"称号。

图 5 布依八音人家

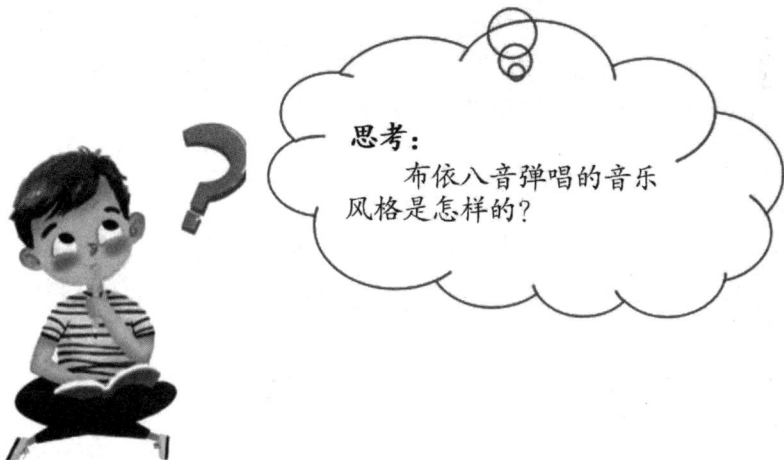

2019 年"八音弹唱"参加黔南州第六届"好花红"文化旅游节，获得非遗文化展演优秀奖。在香港演出获最佳组织奖。

近年来，八音艺术团及演员多次被平塘县委、县政府评为"脱贫攻坚先进组织或先进个人"荣誉称号。

2020 年 10 月 11 日，首届北京国际音乐产业高质量发展促进大会上，黔南州平塘县的 8 位"八音弹唱"非遗传承人，在大会分论坛"2020 乐器文化创新发展论坛"中，表演了"八音弹唱"代表曲《庆丰收》和《盘花歌》。

思考：

布依八音弹唱的音乐风格是怎样的？

二、本土非遗活动方案策划

（一）活动概述

活动主题：布依乐团校园巡回演出

活动时间：3月10日到6月30日

活动地点：平塘各中小学礼堂

活动受众：平塘中小学生

（二）活动目的

1.丰富校园文化生活

通过布依八音弹唱演出，丰富校园文化生活，培养学生的艺术素养。

2.拓宽眼界、增进文化交流

通过巡回演出的形式让中小学生了解布依族文化、非遗文化，增强民族文化交流和理解。

3.增强民族文化自信心

布依八音弹唱这一非遗文化是中国传统的文化艺术之一。开展这一活动可以提高中小学生对自身民族文化的认同感和自信心，增强对中华文化的认同。

（三）活动原则

1.切实保障学生身心健康

活动组织要切实保障中小学生的身心健康，演出场地、设备等要符合安全卫生标准，演出内容要依据中小学生心理和认知特点进行合理设置。

2.充分尊重布依族传统文化和制作工艺

在演出过程中，要充分尊重布依族的传统文化和制作工艺，在演出内容上力求向中小学生传递文化知识，展示布依族文化和生活方式。

3.注重活动的多元性和可持续性

组织活动时，应注重活动的多元性和可持续性，创新活动内容，做到丰富多彩，提高活动观赏性和趣味性，同时要确保活动的持续性，长期推广和宣传，提高传播效果和文化影响。

4.激发学生的兴趣和积极性

活动组织应针对中小学生特点，通过组织互动性强的演出、举办艺术竞赛等方式，来激发学生的兴趣和积极性，让学生通过参与演出、展览等形式，体验非遗文化的魅力。

（四）活动意义

1.提高学生文化素养

通过布依八音弹唱演出和文化活动，提高学生文化素养，让学生在欣赏和体验非遗文化之中增长知识和见识。

2.让学生系统了解布依族文化

通过演出推广和知识讲解，让学生更全面地了解布依族文化，认识到布依八音弹唱的艺术价值和独特性，从而推动非遗文化的传承和保护工作。

3.推广非遗文化，促进文化多样性

布依乐团巡回演出进校园活动不仅可以让更多学生领略布依八音弹唱这一非遗文化的魅力和精神内涵，还可以促进文化多样性的发展，推动各民族文化的传承，让更多的人了解、认同和支持非遗文化。

（五）活动内容

1.布依八音弹唱展示

在演出和互动环节中，可以利用音乐、歌舞等形式，向学生展示布依八音弹唱这一非遗文化的艺术魅力和表现形式，展示不同乐器的演奏技巧和和声表达，选择一些经典的布依八音曲目进行演奏，如《布依鼓舞》《布依山歌》等。表达布依族人民对生命的热爱、对音乐艺术的追求，让学生感受到非遗文化的独特性和艺术性。

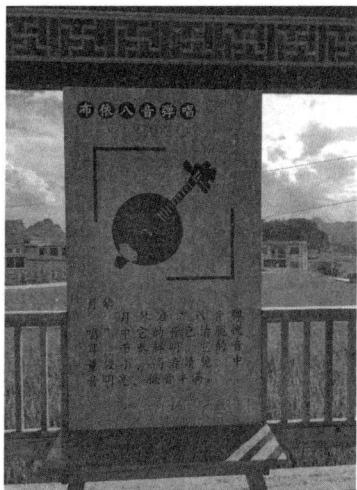
图 6　月琴

2.文化课堂教学

与布依八音弹唱相关的历史、传统文化、道德等方面的知识，可以通过文化课堂等方式传授给学生，使学生更为全面地了解布依八音弹唱的文化内涵和精神价值。

3.民俗展览

可以利用图片、文物、文献等展品，辅助展示讲解布依八音弹唱所代表的非遗文化，让学生对布依族文化有一定的认知和了解。

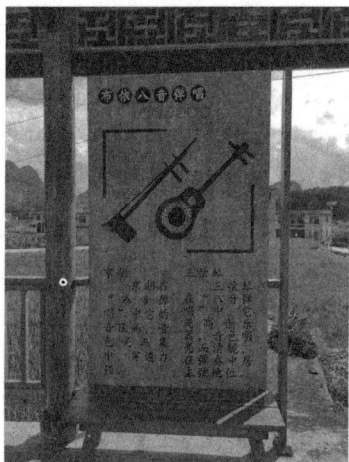
图 7　京胡和三弦琴

4.互动体验

可以组织学生亲身体验布依八音弹唱，让学生通过自己的体验和感受，更直观地了解布依八音弹唱文化的魅力，提高学生对非遗文化的兴趣。观众和学生进行互动合唱，共同演奏或舞蹈。鼓励观众参与，提供简单的乐器供观众和学生共同演奏或体验。学生可以通过改编和演绎的方式展示对布依八音的创意和个性化理解。可以尝试与其他音乐元素的融合，如流行音乐、爵士乐等，创造出独特的音乐风格。

5.文化交流

可以组织布依乐团与学生进行文化交流，让学生了解和感受布依族文化艺术的魅力，同时也能带给演出团体更多的艺术灵感和文化体验。鼓励学生分享他们对布依八音的理解、学习过程和个人体验。

此外，还可以设计以下活动：

活动一：布依八音知多少！

活动环节	初识布依八音		
活动项目	了解布依八音的前世今生		
活动安排			

1. 查阅县志、新闻等文献资料，初步了解双河村的发展历史，以及双河村传承布依八音弹唱的历史渊源；
2. 参观当地文化馆、村委会等场所设施，拜访布依八音文化传承人，求证文献中布依八音弹唱资料的真实性，同时挖掘民间对于布依八音的历史和文化记载；

非遗名称			
所属民族			
形成期		形成地	
表演形式		表演技法	
演出场所		演出习俗	
非遗传承人信息			
姓名			
性别			
年龄			
个人成就			

3. 根据查阅的文献资料和布依八音传承人的叙述，整理有关布依八音的材料，组织一堂有关布依八音的非遗讲堂，介绍布依八音的历史渊源、乐器组成、演奏特点等，让更多的人认识布依八音；
4. 制作一份介绍布依族文化以及布依八音的手抄报，在学校展示栏中向其他同学进行科普展示。

活动二：布依八音的多感官体验！

活动环节	体验布依八音
活动项目	聆听天籁八音，体验八音乐器
活动安排	

1. 在老师的带领下，学习布依族人民日常生活交流用的布依语，了解布依语的发展历史、语言特色以及与其他少数民族语言的异同之处；

2. 与村落里的布依族人沟通交流，学说简单的布依语，并学习歌唱几句布依山歌，在小组间进行传唱；

3. 拜访布依八音表演团队，聆听原生态的八音弹唱表演，观察表演者的神情以及动作特征，推测弹唱表达的内容，以及叙述什么样的布依生活；

4. 观察布依族传统乐器的组成，条件允许的情况下参观乐器制作过程，思考布依乐器与现代乐器的区别与联系，领悟布依族人的音乐造诣；

5. 以 8 人为一个弹唱小组，操作布依乐器，跟随布依族老师的弹唱节奏体验布依乐器的奇妙之处，学会一段简单的布依八音弹唱，熟练后在小组间进行布依八音弹唱才艺比拼。

活动三：布依八音的价值及保护传承思考！

活动环节	传承布依八音
活动项目	基于布依八音的开发与保护传承路径探索
活动安排	

1. 利用互联网，搜寻布依八音的开发策略以及案例，评价相应案例实施的可行性与不足之处；

策略及案例名称	涉及领域	开发措施	优缺点

2. 基于游客、村民和村委三个调查纬度，设计并发放符合实情的调查问卷，收集三方对于布依八音开发与保护传承现状的了解；

3. 对八音弹唱传承人进行访谈，了解布依八音传承与保护的真实情况，以及传承与保护过程中的困境；

4. 挖掘布依民族文化，例如刺绣、蜡染、服饰、建筑、酿酒等特色活动，将与布依八音匹配的民族资源进行整合，设计一份基于布依八音的布依民族文化体验攻略；

5. 根据收集的资料与调查的信息，分析布依八音蕴含的民族文化价值，思考布依八音价值的合理开发路径，例如"八音＋研学""八音＋产业""八音＋脱贫"等，能正确看待非遗文化保护传承与开发间的辩证关系。

问题探究

平塘布依八音弹唱惊艳亮相广州白云区人和镇"龙舟文化周"

"我的家乡，在平塘，好山好水好风光……"

在广州市白云区人和镇流溪河高增河段，平塘县的布依八音弹唱队员们向八方宾客演唱具有民族特色的八音弹唱。一曲曲朗朗上口的歌曲，赢得现场观众阵阵掌声。

"第一次听到这么地道的民族风歌曲，旋律特别优美，朗朗上口，听起来特别舒服。"广州市民何大庆一边拍照一边说道。

端午节，为丰富广大人民群众的文化生活，广州市白云区人和镇举办"龙舟文化周"活动，作为白云区人和镇结对帮扶的平塘县塘边镇受邀参加活动。

"来到白云区人和镇演出非常激动，我们要把我们的民族特色传唱给更多的人，让更多的人来平塘了解我们的民族文化，让民族瑰宝

图 8　演出现场

发扬光大，绽放精彩。"省级非物质文化遗产项目代表性传承人杨建梅说道。

"代相传承八音村，东西协作战脱贫。而今谱写振兴谱，一曲更比一曲新。我们相信通过两地精诚合作，一定会在乡村振兴的征程中越走越好。"人和镇挂职平塘帮扶干部王建东如是说。

源于东西部协作，广州白云与贵州平塘山海同心、血脉相承。自结对帮扶以来，广州白云按照"中央要求、平塘所需、白云所能"的原则，先后投入资金用于平塘基础设施建设、产业发展、人才培养等。人和镇也与塘边镇建立了良好的结对帮扶关系，现在两地正在乡村振兴的大道上携手并进。

任务清单：

1.开展东西部协作对贵州平塘、广州白云各有着怎样的意义呢？

2.当下许多年轻人更喜欢时尚潮流的流行音乐，对"布依八音"不甚了解，兴致不高，对此你有什么好点子吗？

第四节　响篙起舞·别样风情——独山县布依族响篙舞

响篙舞是贵州省省级传统舞蹈类非物质文化遗产项目，是由男女表演者共同表演的集体舞蹈，通过抑、扬、顿、挫等诸多演出形式有机结合，对独山最具代表性的文化意象进行具象表达，充分展示独山独特的民族文化。

图1　响篙舞

一、响篙舞概况

（一）基本概况

布依族响篙舞主要分布在独山本寨丙怀、基长坡头、甲里峰洞、打羊墨寨等乡镇，尤其是本寨乡丙怀村至今仍然完整地保留着这一传统古老的舞蹈形式，并有村响篙舞队。

在历史长河中，由于民族的迁徙、杂居、生产、生活和经济文化的互相渗透融合，响篙舞也从最初的丧舞礼仪舞蹈演变成逢年过节、婚丧嫁娶、歌场立房、丰收祭社中以舞祈求平安，表达丰收喜悦、新婚快乐、老少安康的娱乐性舞蹈。布依族响篙舞在历代艺人的传承发展中，逐渐丰富，最终形成今天这古朴粗犷、热烈奔放、具有强烈民族风格的布依族代表性民间舞蹈之一。

丙怀布依族响篙舞是独山布依族民间舞蹈的代表。舞蹈以其造型美、情韵美、真实美的三个审美特征而具有形象性、情感性、愉悦性的娱乐价值和功能，它寄托着布依族人的美好愿望，渗透着民族的整体精神，激发着民族的审美娱乐需求，是丙怀人唱了一代又一代的古歌，也是研究布依族民间舞蹈文化演变发展的窗口。

（二）舞蹈形式

布依族响篙舞，为男女共舞，均为偶数，人数不限。青壮年手持响篙（一种吆喝家禽的竹竿，2米长一端破裂成条状），应铜鼓、皮鼓声起舞，相互击打竹竿。随着鼓点的强弱、轻重、快慢来展现舞蹈动作及情绪的变化，使人体动作产生了大与小、快与慢、轻与重、动与静的对比，形成了比舞时而似蛟龙出海，时而如大鹏展翅，时而如雄狮滚球，时而如龙吟虎啸的抑、扬、顿、挫的变化，一派阳刚之气，令人荡气回肠。响篙舞的铜鼓、皮鼓作打击乐伴奏。以击"鼓心""鼓边""鼓梆""鼓棒"互击，"响篙击地"为主。击竹篙与鼓声同步，随鼓点的变化而变化，形成了咚咚嗒｜咚咚嗒｜嗒嗒嗒嗒｜咚嗒咚咚｜嗒｜等各种不同的节奏，同时舞蹈动作也随之发生变化，产生不同的舞姿、舞步。鼓点舞步同步是该舞主要特色。其音乐有八种曲牌，以铜鼓指挥，皮鼓伴奏，击竿声与鼓点同步。

图2　响篙舞表现形式

思考：
　　通过响篙舞你能看出布依族怎样的文化心理呢？

二、本土非遗活动方案策划

（一）活动概述

活动主题："响篙舞动课间"特色课间运动比赛

活动时间：4—5月

活动地点：独山各中小学

活动受众：独山中小学生

（二）活动目的

1.体育健康

通过学习非遗文化舞蹈，增强学生运动能力和体魄，促进学生身心健康。

2.传承非遗文化

通过学习传统非遗文化舞蹈，让学生更好地了解和认识布依族响篙舞的文化底蕴和价值，推动非遗文化的传承和保护。

3.提高学生表现能力和自信

通过学生参与舞蹈编排、排练、表演等环节，培养和增强学生的表现能力和自信心。

（三）活动原则

1.尊重非遗文化传承

在活动中应该尊重和重视非遗文化的传承和保护，不改变布依族响篙舞的表现形式和艺术内涵。

2.以学生为中心

活动应该以学生为中心，安排合理的排练和演出时间，并根据学生的年龄、技能等因素制定适当的排练课程和舞蹈动作。

3.鼓励团队合作

学生参与舞蹈编排不仅是个人能力的展示，更是团队合作的体现，应该鼓励团队合作，共同完成舞蹈编排和表演的任务。

4.鼓励学生创新表现

在舞蹈编排和表演中，鼓励学生展现才华，尽可能满足学生多样化的表现需求，激发学生创造力和艺术想象力。

5.选择合适的舞蹈曲目

根据学生实际情况和年龄特点，选择合适的舞蹈曲目，避免曲目难度过高或过低，确保学生能够更好地掌握技巧，提高学生的学习兴趣和积极性。

（四）活动意义

1.增进对非遗文化的了解

通过推广非遗文化的展示，增进学生对非遗文化的认识和了解，增强文化自信。

2.引领学生积极向上的情感和意识

通过课间非遗舞蹈活动，引导学生树立积极向上的情感和意识，增强文化自信和自我发展的信念。

3.提升学生的审美能力

通过学习非遗文化舞蹈，提高学生对美的敏感性和判断力，培养学生艺术审美素养。

（五）活动内容

1.舞蹈编排和训练

聘请专业的舞蹈传承人编排和训练学生。学生需认真学习、掌握舞蹈技巧和动作，遵守严格的训练计划，注重全面的身体素质训练。

2.舞蹈资料

对布依族响篙舞的历史、文化背景等进行介绍，让学生了解舞蹈更多的文化内涵，加深对非遗文化的理解和认知。

3.成果展示和评奖

在一个月的排练后，为学生提供舞台，展示学生学习成果，评价排练效果，激发学生学习舞蹈的热情。

4.观摩体验

邀请专业的舞蹈人士和相关专家到场观摩、点评舞蹈表演，让学生在体验舞蹈表演的同时了解舞蹈发展历程和学习重点，以提升学生的知识层次。

问题探究

布依少儿响篙舞　热情四溢传承忙

"咚咚嗒嗒、咚咚嗒嗒……""快点！跟上节奏！"小朋友们乐呵呵地踩上节点，有节奏地敲击竹竿舞动起来。这对于孩子们来说是一个喜庆的时刻。在"双减"政策出台后，为丰富孩子们的校园生活，减轻孩子们的学习压力，玉水小学将眼光投向贵州省非物质文化遗产——响篙舞。

响篙舞是独山县本寨乡覃、莫两姓口传心授传承至今的舞蹈，舞蹈寄托着布依族人民的希望，渗透着勇敢无畏、无私奉献等民族精神。而今受多方面影响，响篙舞的传承堪忧。"双减"政策助力，让响篙舞更快地走进校园！

玉水小学特地聘请响篙舞传承者莫光汉老先生为外聘老师，带领全校师生学习长达两个星期的响篙舞。孩子们随着老师的击鼓声舞动起来，士气高涨，热情澎湃，老师敲鼓，学生舞竿，师生配合，无比默契。舞蹈时而大开大合，勇往直前；时而低沉含蓄，朴素大方……阵阵竿声、鼓声，配合简单的舞蹈变换，似在述说布依族人民的桩桩件件的故事，团结而有爱，勤劳而质朴。各班你方跳罢我登场，好不热闹！引得台下一片喝彩！

任务清单：

1. 为什么要推动响篙舞进校园？非遗进校园具有哪些重要意义？
2. 你的家乡有哪些非遗项目呢？你能否围绕家乡的非遗做一次专题汇报？

第五节 卉服鸟章·文化积淀——龙里苗族服饰

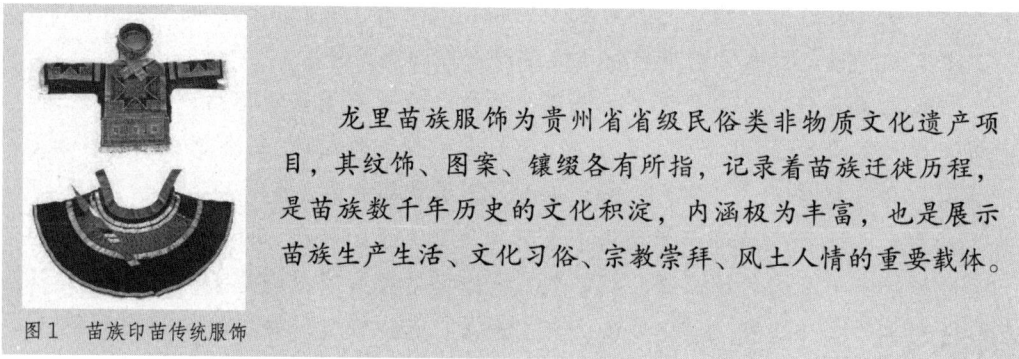

龙里苗族服饰为贵州省省级民俗类非物质文化遗产项目，其纹饰、图案、镶缀各有所指，记录着苗族迁徙历程，是苗族数千年历史的文化积淀，内涵极为丰富，也是展示苗族生产生活、文化习俗、宗教崇拜、风土人情的重要载体。

图1 苗族印苗传统服饰

一、龙里苗族服饰概况

（一）龙里苗族服饰简介

苗族是龙里县主体民族之一，人口约4.7万，占全县总人口的21%。县内各镇（街道）均有分布，主要聚居在南部的湾滩河镇摆省片区、岱林片区和龙山镇的草原片区。苗族很早就迁徙到贵州，随着历史变迁和文化不断交融，逐渐形成了各个支系特有的语言和服饰文化。

苗族服饰款式繁多，各支存异，分男女童装、成人常服和盛装，又有古今之别。其工艺主要包括纺织、靛染、裁缝、刺绣、织锦、银饰镶缀等，这些环节都包含了大量的民俗和传统技艺。在此以"海葩苗"的盛装为例：女子头缠白色、蓝色多层绕叠头帕，帕尾呈蝶翅状；上穿青色、蓝色布对襟窄袖短衣，无纽扣；衣袖镶为多圈桃色刺绣花布带；背披自制"印型"花纹

图2 龙里海葩苗族服饰

背牌，背牌下垂边沿以一排海贝滚边；腰部前后均系有刺绣花围腰，缠白布挑花腰

带；下着青白底色短裙，内穿青色长布裤，服饰图案以对称纹样为主。

（二）龙里苗族服饰历史渊源

苗族服饰文化源远流长，宋代郭若虚《图画见闻志》中就有唐代"东谢"苗族"卉服鸟章"的记载。明代弘治《贵州图经新志》载："龙里卫风俗，夷俗杂糅，境内东苗之夷性矗厉，男子科头赤脚，衣用青白花布，领缘以土锦，妇人盘髻，贯以长簪，衣用土锦，无襟，当幅中作孔以首纳而服之，别作两袖，作事则去之，杂缀铜铃青白绿珠为饰。"清《百苗图》也有龙里贵定等处"白苗"服饰的记载。由此可见龙里苗族服饰文化的积淀历程。

二、龙里苗族服饰制作技艺

（一）龙里苗族服饰制作工序

1. 纺织

自己种植或从市面上买来棉花，用纺车纺成棉纱后，再用土织布机织成一尺来宽的布匹。

2. 靛染

以自己种植蓝靛叶为原料，用木桶浸泡六天至九天，然后加入适量的石灰水，经过多次反复上下搅拌，待沉淀后的靛料成浆状即可。靛染时将蓝靛浆溶于染缸，加上适量的烧酒，把自织的白布放入其中浸染十来次即成深蓝布料。苗族同胞尤为喜爱的亮布，还需在浸染好的布料上，涂上动物血，晒干，再涂上牛皮胶。

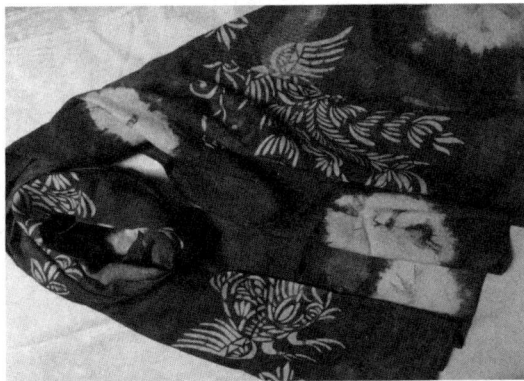

图3　靛染

3. 裁缝

根据所要缝制衣服的款式和规格，对布匹进行裁剪，用手工缝制成普通成衣。

4. 刺绣

针法有挑花、平针、交错针、反针等。

5. 织锦

其纹样主要是几何图形以及飞禽走兽、花鸟虫鱼等，色彩对比强烈，协调统一。织锦主要用作背带、腰带、裙带等。

6. 镶缀饰物

用针线把绣花片、银饰品等装订到成衣上。

7.百褶裙制作

将手工织的棉布折叠成条,用水浸湿,拉紧后固定在半圆形的模型板或木桶上,将水分晾干即可。

（二）龙里苗族服饰承载的文化内涵

1.族群历史记忆与族群识别符号

龙里苗族支系众多,服饰早已成为识别这些风俗、语言等各有差异的支系的符号,人们通过这些标志,在社会交往、通婚等方面做出选择。同时,造型和服饰上的各种图案、纹饰,与苗族的历史传说和生产生活息息相关,承载着该民族的历史记忆,是"穿在身上的史书"。

2.实用性与礼仪化

苗装有便装与盛装之分,便装在日常生产生活中穿着,主要用于遮羞御寒;盛装主要在节日庆典、祭祀、婚嫁和走亲访友等社会交往场合穿着,用以建构和表达社会礼仪。

3.独特性与多样性

龙里苗族服饰及制作工艺的独特性,既表现在形制方面,也表现在工艺方面。形制上如"红毡苗"的果里式、"白裙苗"的草原式等,为龙里所独有。工艺上如双针锁绣、打籽绣、辫绣等,仅刺绣就有十几种技法,其娴熟与技巧都有较高水平。

图4　锁绣

4.展示性

苗族妇女不仅是苗族服饰的创造者、承继者和制作者,还是主要消费者和展示者,重大聚会的着装展示既是制作者的技艺展示,也是展示妇女勤劳能干的一种形式。另外,大量的银饰以及刺绣盛装,在舞场、婚礼上的展示,传递着家庭富足的信息。

三、传承价值

（一）传承价值体现

1.历史和文化价值

苗族服饰是在苗族历史演化中沿袭数千年的文化积淀,特别是其种类繁多的纹饰图

图5　鱼身飞鸟纹

案，蕴含了苗族先民丰富的原始意象、民间信仰和族群记忆，是其民族精神文化的重要表达。

2. 工艺价值

龙里苗族服饰保留了大量植物纤维纺织、天然染色工艺，并创造了具有鲜明地方特色的手工刺绣技艺，在大力倡导"回归自然，返璞归真"的今天，有其特殊意义和价值。

3. 艺术审美价值

龙里苗族服饰不论在形制上还是在纹饰造型艺术中，大量运用了夸张造型、多维立体造型、型中型的复合型造型、象征性造型以及各种变形，用暗喻、借喻等比喻手法，形成了别具民族风格的审美旨趣。

4. 科学研究价值

苗族服饰既是苗族"穿在身上的史书"，又是其社会礼仪的表达，不同支系的识别符号，在民族学、人类学、历史学、美学等方面具有重要的科研价值。

图6 几何纹

5. 社会价值

苗族服饰是苗族人民生产生活物质和精神文化的反映，保护和传承苗族服饰民俗文化是苗族文化自信的表现。

（二）存续状况

1. 苗装礼服化

过去一直引以为豪的作为支系标志的民族服饰，在如今的日常生活中已经很少穿或不穿，取而代之的是从市场上购回的大众化成衣，在青年人身上表现得尤为突出。传统服饰仅成为人们在节日、庆典、宗教、丧葬、婚礼等仪式上穿着的礼服。

2. 服饰材料的非本土化

具体表现为衣料、绣线、染料等大多为舶来品，本地自产布料、丝线等使用率较低，甚至有逐渐消失的倾向。

3. 传统工艺濒临失传

传统的棉花种植、种桑养蚕、纺纱、缫丝、织布、染料种植与制靛、染布的活动减少了。随着具有精湛手艺的一代艺人渐渐老去，大部分年轻人已不再掌握核心技艺。

四、本土非遗活动方案策划

（一）活动概述

活动主题：锦绣龙里——龙里苗族服饰 T 台秀

活动时间：5—6 月

活动地点：龙里各中小学

活动受众：龙里中小学生

（二）活动目的

1. 培养文化自信心

通过深入了解和参与龙里苗族非遗文化，培养中小学生对本土文化的自信心，增强对传统文化的认同感。

2. 弘扬传统美德

结合非遗传承，引导学生从中汲取传统美德，如尊敬长辈、团结合作等，培养良好的道德品质。

3. 提升社会责任感

通过秀场走秀、义卖市集等活动形式，培养学生的社会责任感，使他们认识到自己可以通过行动支持非遗的传承工作。

（三）活动原则

1. 以学生为本

活动应以学生的学习和成长为导向，启发学生自主探究和学习的兴趣，根据学生的能力和兴趣，进行合理的学术研究和思考。

2. 多元参与

活动应鼓励学生广泛参与，包括学生的自主研究、集体讨论、站台展示和互动交流等，拓展学生的思维和知识层次，形成多方位的参与和交流。

3. 跨学科实践

以非遗为载体，融合多学科知识，全面提升学生的综合素养。将历史、艺术、手工、社会责任等元素融入活动，拓展学生视野，培养综合能力。推崇科学精神和方法，注重文献材料的选取和分析，严格遵循资料准确性、信息完整性等科学分析原则，增加研究的深度和广度。

（四）活动意义

1. 文化传承与保护

通过深入了解和参与龙里苗族非遗文化，有助于传承和保护这一珍贵的本土文化，使其得到更好的传承和发展。

2.学生德育培养

活动以德育为主线，培养中小学生对本土文化的自信心，弘扬传统美德，提升社会责任感，形成家国情怀。

3.激发创造力与创新精神

通过设计非遗服饰和手工艺制作，激发学生的创造力和创新精神，使传统文化在现代得到新的发展。

4.引导多学科知识融合

活动以非遗为载体，融合多学科知识，提升学生的综合素养，拓宽学生的知识视野。

（五）活动内容

1.开幕式

仪式：传统苗族舞蹈开场，重现苗族欢庆的场景。

致辞：介绍活动目的，感谢参与者，强调对非遗文化的重视。

2.非遗文化学习工坊

设置手工艺制作工坊，学生亲手制作传统苗族手工艺品，如刺绣、编织等。

专家分享：邀请非遗传承者分享传统服饰制作技艺，与学生互动。

3.服饰设计与展示

学生设计：学生参与苗族服饰设计比赛，以展现对传统文化的理解和创新。

T台秀：举办苗族服饰T台秀，学生身着自己设计的服装，凸显个性与文化融合。

4.文化沙龙与座谈

专题讲座：邀请文化学者、设计师等专业人士开展关于苗族非遗文化的讲座。

座谈互动：学生与专业人士进行座谈，分享对传统文化的认知与感悟。

5.义卖市集

义卖摊位：学生制作的手工艺品、设计的服饰等进行义卖，所得善款用于支持当地非遗传承项目。

社区互动：邀请当地社区居民参与，促进社区融合。

6.颁奖典礼与闭幕式

优秀设计奖：颁发最佳苗族服饰设计奖、最佳手工艺制作奖等奖项。

感谢致辞：感谢所有参与者，总结活动取得的成就，展望未来对非遗文化的关注。

7.后续跟进活动

文化课程：设计非遗文化相关的课程，供学生选择深入学习。

志愿活动：组织学生参与非遗传承志愿活动，进一步培养社会责任感。

■ 问题探究

奇特绚丽的织锦——布依锦

布依族是一个精于纺织的民族，除了著名的"仲家布"（即格子布）外，还有美丽的布依锦。布依族先民们生活在群山环抱、河流绵延的秀美景象之中，把大自然的美丽和布依族人对生活的追求融为一体，用灵巧与智慧编织成精美的织锦。

图7 传承人伍德芬正在编织织锦

布依锦根据材料特点可分为棉质和丝棉交织两类。一般将青色或蓝色棉纱作为经线，以红、黄、蓝、绿等五彩棉纱或丝线作纬线，用竹片拨数纱线，穿梭精挑细插编织而成。布依族人将自然纹样提炼、归纳、简化为抽象的几何纹样，以菱形、方形、勾纹、回纹、井字、田字等几何图案进行有规律的组合排列、穿插，构成人物或各种动物，使原本平淡无奇的几何纹样变成新颖别致、趣味盎然的装饰图案。

对布依族人而言，布依锦不仅是一种装饰的艺术，更是民族精神的载体。

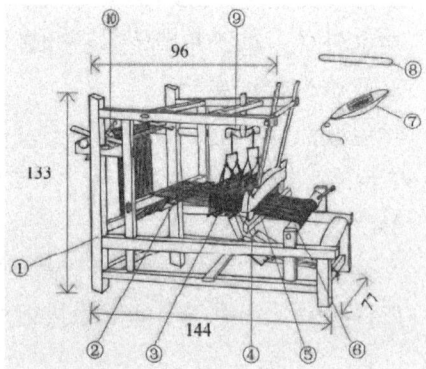

①机架；②分经杆；③地综；④脚踏板；⑤筘；⑥卷布轴；⑦梭子；⑧挑花片；⑨鱼儿；⑩羊角

图8 布依族传统织机

精美绝伦的织锦工艺是布依族人代代相传相印在血液里的默契。布依族妇女把织锦装饰在服饰、床品等物品上，寄托着布依族人对未来生活的美好祝愿，展示与传承着祖传的族风，表达了对祖先的敬怀。

任务清单：

1.布依锦主要特点有哪些？

2.为什么说"布依锦不仅是一种装饰的艺术，更是民族精神的载体"呢？

章末问题研究

创新与转化：对非物质文化遗产的最好传承

非物质文化遗产是中华民族古老的生命记忆和活态的文化基因，是中华民族文化根脉的活态流变。对非遗的保护与传承是中华文脉的薪火延续，是国家文化软实力的最佳体现，更是文化自信的有力彰显。

1. 生产性保护注入发展活力

在当今社会要让非遗"活下去"并且"活起来"，把具有历史感的非物质文化与当今高新技术智能化社会有效连接，就需要让"久居深闺"的非遗实现"自我造血"。通过生产性保护，借助生产、流通、销售等手段，让传统工艺等非遗走进当代社会、走进大众，更好地融入日常生活，把非遗的保护和生产化、商品化联系在一起，为非遗保护和发展注入生机和活力。

图9　农民画文创产品

2. 整体性保护促进转化创新

对非遗文化空间进行区域整体性保护是实现创新和转化的突破口。我国非遗保护进程中的一项重要实践是设立文化生态保护实验区，用以维护非遗赖以生存的土壤和空间。

我国非遗绝大部分植根于农村，因此，保护非遗可以与美丽乡村、乡村振兴结合起来，打造民俗文化品牌，开发乡村旅游产品，在遗产保护和旅游开发中形成良性互动。

图10　农民画手提包

3. 新媒体的运用实现载体创新

非遗传承在表达方式和传播方式上也要与时俱进，综合利用移动直播、视频短片、纪录片等新媒体手段，以全新的方式闪亮登场。非遗文化可以通过新媒体实现"活"态展现，但这种创新性表达不仅要注重其外在的传播形式，更要抓住其文化内涵，坚持"内容为王",此外,还可以设立非遗大数据库,通过数字化手段进行数据采集、分析,制定标准、精准备案、防伪溯源,让非遗更具有社会价值和经济价值。

非遗是中华民族源远流长的历史中留下的灿烂瑰宝,是凝聚先辈智慧与卓越价值的精神财富。创新与转化的核心是传承中华民族的思想理念以及文化精神,从而更好地传承中华优秀传统文化,将中华文明持续发扬光大。因此,无论如何创新,都要俯下身、静下心,一方面研究非遗内在的文化内涵,回归传统、深入生活;另一方面与时俱进、开阔视野,在不失其本的基础上博采众长、创新发展,让古老的非遗在现代社会中焕发光彩!

载于"黔东南非遗"公众号

2020 年 8 月 20 日

资料分析

　　创新与转化是对非遗的最好传承，随着时代发展，许多非遗技艺从过去的抢救性保护、展览式传播，逐步回归生产实践和生活体验，非遗工艺品从博物馆走入百姓日常，非遗资源有机融入文化生活，深度嵌入文化产业发展之中，展现出日新月异的时代气息和创新活力。当前，跨界融合的"非遗+"成为非遗传承创新的重要表征，请查阅有关资料，梳理目前"非遗+"的主要类型有哪些？其中哪些取得较好成效？哪些还有较大优化空间？你是否能提出"非遗+"的新方案呢？请围绕以上内容撰写一份研究报告。

传承

黔南非遗　共筑德育之路

第六章　管理育人

非遗德育管理育人
——细化管理德与行·春风化雨育人心

　　落实立德树人根本任务，提升学校管理育人质量是关键！非物质文化遗产是一个民族、一个地方的文化积淀，其传承方式的特殊性决定了它的传承价值，因而在中小学德育实践活动中融入非物质文化的因素具有重要意义。通过寻找、了解、亲近家乡古文化，增进学生对家乡的了解，唤起学生热爱家乡文化从而热爱家乡的情感。同时可以丰富学生的社会实践活动，创新教师的教育理念。

　　本章我们重点探讨以下问题
● 水族端节进校园的管理制度如何制定？
● 刺梨干制作工艺如何契合学校劳动教育？
● 布依族器乐演奏绝技与美育的关系是什么？

第一节 水族盛日·庆端祥瑞——水族端节

水族端节是国家级民俗类非物质文化遗产项目，是水族民间一年中最隆重的传统节日，相当于汉族的春节，堪称历时最长、批次最多、具有民族特色的年节。端节的寓意：新年开端、辞旧迎新；稻谷成熟、庆贺丰收；祭祀祖先、报恩祈福；聚会亲友，和谐族群。

图1 水族端节赛马

一、指导思想

认真贯彻落实《中小学生守则（2015年修订）》和《中小学德育工作指南》，切实加强和改进学校德育工作。结合校园文化建设需求和学生特点，在加强民族文化教育、弘扬民族文化、提高民族地区学生综合素质等方面积极发挥学校特色。以非物质文化遗产为主题，开展系列文化活动，引导学生学习并体验非遗文化，增强民族认同感和归属感，提高学生综合素质，培养德、智、体、美、劳全面发展的民族复合型人才。

二、水族端节概况

（一）水族端节简介

水族主要聚居在贵州省三都水族自治县。端节是水族最盛大的传统节日，属国家级非物质文化遗产民俗类之一。水族有自己的历法，端节一般在水历十二月至次年二月（约在农历十月初至十一月中旬），时长49天，以庆贺丰收、辞旧迎新，被称为世界上最长的节日。

（二）水族端节活动

水族端节传统的庆典活动主要有家族祭祖、端坡赛马、文艺表演、体育竞技、铜鼓和木鼓演奏等，其中家族祭祖和端坡赛马是两项很重要的活动。同时，端节是

图2 端节击鼓迎宾

图3 端节祭祀

水族斗牛舞、铜鼓舞、芦笙舞、对歌等诸多民间艺术起源、传承、发展的重要文化空间。

1.祭祀

过端节必须吃鱼，水族人期望鱼的诸多优良特性转化到人的体内，从而成为鱼的传人。鱼是端节祭祀祖先的必备供品，也是待客席上不可缺少的佳肴。水族人会邀请村子里品德和厨艺皆佳的人来制作鱼包韭菜。

2.赛马

赛马大会是端节活动的最高潮。登高赛马活动是南方民族年节中独有的现象，赛马的地点叫"端坡"或"年坡"。跑马之前也要举行一个简便的祭典。祭典完毕，寨老跃身上马在跑道上遛上一圈，方宣告赛马开始。

图4 水族端节赛马习俗

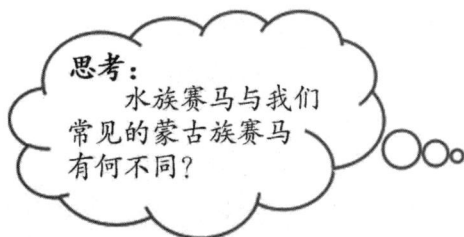

思考：
水族赛马与我们常见的蒙古族赛马有何不同？

水族与蒙古族是我国西南、西北地区两个典型的少数民族，赛马是他们共同流行的传统体育项目，水族与蒙古族赖以生存的自然环境与人文社会环境的迥异，造就了其赛马文化的差异性。

三、目标与任务

（一）目标要求

A. 为提高学生思想道德素质，培养学生初步具有爱祖国、爱人民、爱劳动、爱科学、爱社会主义的思想感情和良好品德，遵守社会公德的意识和文明行为习惯。

B. 培养学生良好的意志、品格和活泼开朗的性格，促进学生综合素质的全面提高，培养学生的科学精神，激发爱国情怀，树立正确的世界观。

C. 使学生成为有理想、有道德、有文化、有纪律的社会主义公民，打下初步的思想品德基础。

D. 提高学生对水族端节的了解和认识，培养学生的守望精神，引导学生热爱祖国、热爱家乡，加强爱国主义教育，关心关爱学生身心健康发展。

E. 通过水族端节系列德育活动，培养学生的爱国情感和文化认同感。

水族端节丰富多彩的庆祝活动和文化活动，深深地打动着人们的心灵。本方案的目的是通过德育管理促进学生对中国水族端节的文化意义以及传统民俗活动的认识和理解，引导学生热爱本民族的文化，尊重并传承传统节日文化，树立良好的家国情怀和文化自信。

（二）任务解析

A. 组织学生了解水族端节的文化渊源、风俗习惯及庆祝方法，增强对水族文化的认同感。在活动过程中，向师生介绍水族节日和传统民俗等内容，让广大师生加深对端节里美丽传说与美好祝愿的理解与领悟，同时也能使学生感受到水族人民勤劳朴实、团结向上、乐观开朗、热情好客的精神面貌。

B. 制定水族端节文化教育计划，各教学科目开展课程教学，在语文、美术、音乐、体育等方面开展围绕水族端节的文化教育活动，使学生提高文化素养和审美情趣，培养高尚人格。以"五育"（爱国爱乡、热爱祖国、尊老敬老、团结友好、勤劳勇敢）为重点，加强爱国主义教育和民族精神教育，弘扬民族团结奋进的传统美德。

C. 组织学生参加系列水族端节的庆祝活动，如水族歌舞、水族民俗游戏等，增强学生的民族文化自信心和自豪感。利用节日开展丰富多彩的校园文化活动，让广大师生参与到校园文化建设中来。

通过水族端节系列主题活动，提高各社团及教职工素质，丰富校园文化氛围，为加强德育工作提供平台，同时也促进全校师生全面发展，实现"人人有特长"，全面提高教育教学质量。

四、德育内容

（一）面向教师的德育

A. 引导教师认识和了解水族端节的文化内涵和历史背景，并向学生传递相关知识，调动学生学习传统文化的热情，逐步培养他们对传统文化的兴趣，提高他们的传统文化素养。

B. 加强教师队伍建设，提升教师整体素质，引导教师以身作则，树立优秀师德师风，积极参与文化活动，与学生共同感受水族文化的诗意和美感，进一步培养教师的高雅情趣，丰富教师的精神世界。

C. 引导教师合理规划和开展课内外活动，指导学生发掘和体验水族文化的优秀传统和精神内涵，传承和弘扬水族优秀传统文化，增强学生民族自豪感和自信心。

D. 鼓励教师通过参加学校的各项文化活动，如校际间的师生交流、教师个人学习培训、教学观摩、课题研究等，拓宽自己的文化认识及扩大交流视野，提升自身的民族文化素养。

（二）面向学生的德育

A. 开展水族端节文化节庆活动，展示水族文化的历史渊源，弘扬民俗文化，保护和传承中华优秀传统文化。

B. 组织学生参加水族嘉年华和传统龙舟比赛，感受水族端节文化的体验性和互动性，以激发学生认识、学习传统文化的热情，增强学生的民族归属感和文化自信。

C. 举办水族民族文化知识比赛、手工制作、艺术表演等活动，提高学生对水族端节的传统文化认知，调动学生学习传统文化的积极性，逐步培养学生对传统文化的兴趣，提高学生的传统文化素养。

五、实施方法

（一）水族端节文化走进课堂

A. 采用故事、诗歌、歌曲、视频等形式，讲述水族端节的文化历史、文化底蕴等，培育学生爱国主义情感和民族文化认同感。

B. 通过讲解水族端节的传统民俗活动，如龙舟竞渡、花灯展览、水上舞会等，让学生了解水族文化习俗，提高学生的活动参与度，拓宽知识面，丰富文化底蕴。

C. 通过展览、观摩等形式，让学生从视觉、触觉、听觉等多个角度感知传统节日文化，掌握民俗文化知识，感受中华传统文化的独特魅力。

D. 营造和谐、尊重和关爱的学习和生活氛围，建立和谐班级机制，弘扬优秀的师生关系文化。

E. 设计水族端节文化评价标准，通过学生的工作、作业、演讲等评价方式，提高学生民族文化自信心和综合素质。

（二）水族端节文化丰富课余生活

A.整合学校及周边教育资源，安排水族端节主题活动，制定活动规划和日程安排，做好活动的宣传工作，充分调动教师和学生参与活动的积极性。

B.举办线下活动，如水族歌舞、水族习俗体验、水上运动比赛等，拉近学生与传统文化的距离，传承传统文化。

C.在线下不能举办活动时，举办线上互动，如水族歌曲、水族风物等展示，增进学生与水族端节文化的互动。

图5　学生设计水族文化展画

D.指导学生意识、习惯和行为的培养，引导学生每天从生活细节中感受节日氛围，引导学生弘扬爱国主义精神，培养奋斗精神和家国情怀。

（三）水族端节文化提高学生的人文素质

A.通过德育课堂、学生讨论会等形式，引导学生学会热爱本民族的文化，尊重并传承传统节日文化，树立良好的家国情怀和文化自信。

B.引导学生参与社会公益活动、区域文化活动，增进学生社会主义核心价值观的认同和内化，引导学生在服务社会的过程中积极锻炼自我，彰显社会担当。

C.引导学生积极参与学校水族端节活动，培养学生的素质和能力，增强学生的个人及集体荣誉感。

六、实施步骤

A.制定水族端节文化活动方案，根据本地区的传统风俗和学校特点，规划适合学生的各类活动，组织学生喜爱参与的文化活动，如传统知识竞赛、民族艺术表演等。

B.组织教师，在水族端节到来前完成准备工作，包括教育培训、材料准备、场地布置、宣传推广、安全保障等，提供开展活动的必要条件，做好活动的宣传工作，充分调动教师参与活动的积极性。

C.组织学生参与活动，提高学生对民族文化的认知和历史感，增加学生对民族传统文化的热情和热爱度。

D.加强交流和培训，分享优秀的方案和经验，不断改进并完善活动的举办形式和方式，实现活动载体多样化，丰富活动内容，增强活动效果，尽可能实现参与人员全覆盖。

E.综合考核评估活动效果，总结活动成功实践经验并广泛推广，打造活动品牌，用形式多样的实践载体来支撑活动平台，丰富活动内容，突出活动特色。

七、德育管理保障

A. 设立特别工作小组，负责水族端节文化教育计划的制订、管理过程的监督和实施控制。明确部门单位的承办责任，提前组织教研会讨论制定方案，统筹协调各项工作任务。

B. 把教师的教学工作和参与全员育人情况、所负责学生的学习思想情况等联系起来，把学生评价、家长测评、教师互评和校领导评价结合起来，建立多元化、多层次的考核评价机制。

C. 加强安全宣传教育，营造安全、文明和谐的环境，保障活动的实施质量和安全度，突出做好安全教育培训、安全管理和现场管控，消除安全隐患，保证各项活动安全有序进行，确保活动收到实效。

D. 通过学生自我评估与互评的方式，对学生的德育素质进行考核和评估，并及时反馈给学生及家长。同时，对品德优良、特长明显、综合发展的学生给予表扬和奖励，提高学生学习的积极性。

E. 设立专门工作小组或组织各班级自组织自管理，确保活动顺利推进。引导教师和学生共同参与，形成学生自我管理、班级互相帮助、教师关心、家长支持的良好环境。

F. 加强宣传，进一步普及水族端节文化知识，营造全校性、全社会性的水族端节文化氛围，达到全民共享的效果，增强大众的参与感和共同体意识。

G. 加强安全宣传教育，营造安全、文明和谐的环境，保障活动的实施质量和安全度，牢固树立安全意识，确保各项活动安全有序开展。

H. 设立相关资金项目，加大且保障经费投入，给予充足的财政支持，明确专项资金的使用范围，保证资金使用全过程透明化，发挥专项资金的引导作用。

八、总结与展望

通过上述水族端节文化教育措施的实施，学生的文化素质得到提高，学生的爱国主义情操得到了进一步培养，学生的民族认同感得到了提高，学生的个人能力得到了提高,学生的德育素质也得到进一步的提升。学生能够在实践中体验诗意和美感，增加学生对民族传统文化的热情和热爱度，增强学生对传统文化的认识和理解，在形成爱国、敬业、创新、进取精神和直面生活挑战的同时，引导学生树立理性、开放、包容、进步的世界观、人生观和价值观。

九、非遗德育案例

基于水族赛马的初中生拓展活动设计

（一）古老的赛马传说

1. 活动目标

（1）了解水族赛马的传说，认识赛马的相关习俗，知道水族端节对水族人民的重要意义。

（2）能在地图上找出水族的分布所在地，并知道水族的迁移历史，绘制水族迁移路线图。

（3）通过了解水族赛马，对赛马活动感兴趣，能分析水族赛马与蒙古族赛马的不同之处。

2. 活动准备

水族和蒙古族赛马的视频、故事《赛马的传说》、中国地图。

3. 活动过程

（1）教师播放水族赛马视频，引起学生们的兴趣。

提问：你们知道这里是哪里吗？他们在干什么？

小结：三都县是西部赛马场，赛马是水族人民过端节时的活动。那你们想知道水族赛马的传说吗？

（2）教师讲述故事《赛马的传说》。

任务：请大家根据之前的视频和传说，课下自行查阅资料在地图上绘制水族迁移图。

（3）教师播放蒙古族赛马视频，引发学生思考。

提问：水族赛马与蒙古族赛马有什么不一样的地方呢？

（4）教师小结。

4. 活动延伸

请同学们回家将《赛马的传说》讲给爸爸妈妈和身边的小伙伴听。

5. 活动反思

学生对观看水族赛马视频表现出了极大的兴趣，这激发了他们对家乡文化的热爱和对水族赛马活动的好奇心。然而，在讲述《赛马的传说》故事时，学生对故事内容似乎不太投入，他们的注意力开始分散，回答教师提问的速度很慢，思维不够集中，导致活动的气氛有些沉闷。这可能是因为故事中出现了许多陌生的地名，学生对故事内容不够熟悉。同时，老师在讲解故事时的语言表达较为平淡，缺乏生动的讲解方式。要让学生积极参与到赛马活动中来，教师必须从学生生活实际出发，结合学生的实际情况和心理需求，设计富有情趣、生动感人的教学情境。

（二）我是赛马手

1.活动目标

（1）认识赛马的动作，体验赛马的乐趣，感受赛马手的勇敢。

（2）通过比赛，体验与同伴合作游戏的快乐。

2.活动准备

音乐、小马驹道具、跨栏、路障等。

3.活动过程

（1）准备活动。教师带领学生进入场地，讲解活动规则和安全事项，然后指导学生进行热身活动，跟着音乐做热身操。

（2）教师引导学生玩赛马。教师提问，引导学生运用小马驹道具进行赛马。教师示范赛马的动作，重点引导学生练习跳跃、躲避障碍等动作。

（3）以小组为单位，选派一名赛马手进行比赛。教师发出口令，学生开始赛马游戏，其间要越过跨栏模拟的小山坡，躲避障碍，哪组先回到起点哪组就获胜。在游戏活动中，教师要时刻注意学生的安全，对可能发生的状况要有预见。

（4）分享交流，总结活动。学生自由表达在游戏中的体会，对本次活动的收获作出总结，并发表对水族赛马活动的看法。

4.活动反思与再行动

通过设计趣味性的赛马活动，让学生亲身体验赛马的乐趣，感受到赛马过程中的惊心动魄以及赛马手勇敢顽强的意志力。在组织活动时，教师要充分考虑学生对活动参与的积极性，尽可能让游戏有趣、互动参与性强，从而吸引更多的学生参与进来。同时活动注重团队合作和协调能力，通过竞争激发参与者的活力和激情，让学生以团队进行活动而不是单打独斗，教师要关注小组内学生间的关系氛围，创设和谐活动环境。

（三）我脑海中的赛马

1.活动目标

（1）赏析赛马的外形特征，感知赛马中的美学要素。

（2）根据"古老的赛马传说"和"我是赛马手"活动感悟，结合自己的理解进行绘画创造。

2.活动准备

赛马图片、铅笔、蜡笔等。

3.活动过程

（1）教师给学生提供一定的赛马形象，引导学生对赛马活动中的瞬间进行动作分析，解析绘画创造情境。

（2）教师根据学生理解的赛马情境进行绘画指导，给学生提供一定的帮助。

（3）学生们绘画赛马，教师巡回指导，引导学生想象赛马的场面，按照正确方向进行创造。

4. 活动延伸

将学生创造的作品进行展出，设置评选环节，选出最具创意和表现力的作品，并颁发奖项。

5. 活动反思

通过画马活动，促进学生对赛马文化的理解，同时培养他们的艺术鉴赏能力和创造力。同时审视活动中存在的不足，提出改进措施。第一，教师专业能力是指导学生开展活动的基础，讲解时语言应更加精练易懂，多给予学生鼓励，使更多不会和不愿画马的学生参与到活动中。第二，教师的指导要适可而止，应在思路、方法上多加引导，而不是替学生画、替学生思考。

问题探究

水族第一名菜——鱼包韭菜

水族的祖先原来居住在江河湖海边上，一日三餐都有鱼虾，后来由于洪水成灾和战乱，疾病像阴云一样笼罩着水乡大地，他们被迫向黔桂边界迁徙。临走前先祖们采集了九种草药和鱼一起制成了一种能治各种疾病的良药并作为路上的食品。后来他们定居在云贵高原南坡的都柳江和龙江上游，随着岁月

图6　水族鱼包韭菜

的流逝，水族人民用九种草药和鱼制成的能治各种疾病的药方失传了。水族人民为了表达对祖先的怀念，就用韭菜代替失传的九种草药，制成了佳肴"鱼包韭菜"来祭祖、待客，其也具有一定的食疗作用，一直相传至今。

烹制"鱼包韭菜"时选用鲜活的1~2斤重的鲤鱼或草鱼，去鳞、去鳃后，沿背部剖开，但腹部相连，除去内脏后清洗干净，洒上醇香的九阡酒，拌上荤葱、大蒜、生姜、糟辣，加上少量食盐，然后再将洗净的宽叶韭菜、广菜充填在鱼腹内，将两半鱼合拢，用糯米稻草扎牢，放入大锅内清炖或大甑子中清蒸，约几个小时后取出即成。

任务清单：

1.查阅线上和线下资料，收集鱼包韭菜的食疗价值有哪些。

2.结合给出的制作步骤，绘制一幅鱼包韭菜制作步骤手抄报，并向家人介绍鱼包韭菜这一水族美食。

第二节　金黄小果·维 C 之王——刺梨干制作技艺

　　刺梨干制作技艺入选第五批贵州省省级传统技艺类非物质文化遗产名录，是保存在贵州苗族民间的一种平喘止咳、生津润肺、清肠健脾、补肝益肾的传统技艺，也是苗族生活中不可缺少的保健食品。

图1　刺梨干

一、指导思想

　　以习近平新时代中国特色社会主义思想为指导，全面贯彻党的教育方针，落实全国教育大会精神，坚持立德树人，坚持培育和践行社会主义核心价值观，把劳动教育纳入人才培养全过程。

　　劳动是创造物质财富和精神财富的过程，是人类特有的基本社会实践活动。劳动教育是发挥劳动的育人功能，对学生进行热爱劳动、热爱劳动人民的教育活动。劳动教育是中国特色社会主义教育制度的重要内容，是全面发展教育体系的重要组成部分，对全面贯彻党的教育方针、落实立德树人根本任务、培养德智体美劳全面发展的社会主义建设者和接班人具有重要的意义。

　　劳动课程是实施劳动教育的重要途径，具有鲜明的思想性、突出的社会性和显著的实践性，在劳动教育中发挥主导作用。义务教育劳动课程以丰富开放的劳动项目为载体，重点是有目的、有计划地组织学生参加日常生活劳动、生产劳动和服务性劳动，让学生动手实践、出力流汗，接受锻炼、磨炼意志，培养学生正确的劳动价值观和良好的劳动品质。引导学生崇尚劳动、尊重劳动，增强对劳动人民的感情，发展创新意识，提升实践能力和社会责任感，成为懂劳动、会劳动、爱劳动的时代新人。

二、刺梨干制作技艺

（一）刺梨

刺梨（Rosa roxburghii）为蔷薇科多年生落叶灌木缫丝花的果实，是滋补健身的营养珍果，是一种稀有的果实。生于海拔 500~2500 米的向阳山坡、沟谷、路旁及灌丛中。

刺梨的收获期不足 30 天。刺梨为野生小灌木，果实多为扁圆球形，俗称为"刺梨"。果实内含有丰富的维生素 C，被称为"维 C 之王"。

（二）刺梨干制作技艺简介

刺梨干制作技艺被收录在贵州省第四批省级非物质文化遗产名录之中，属于传统技艺类非遗项目。

刺梨干以刺梨为主加多味中草药配制而成，历史久远。刺梨干制作技艺始于清朝光绪二十三年，主要由贵定县胡氏家族第九代传人掌握，至今由胡世卿等人传承，成为苗族生活中不可缺少的保健食品。

苗族人民在长期的生产活动和与疾病斗争的实践中，积累了宝贵的医疗经验。他们对致病因素、疾病诊断、治疗

图 2　刺梨鲜果

及预防等都有较深刻的认识，在疾病分类和命名上具有浓厚的民族特色，临证处方用药方面有着许多的独到之处，积累了丰富的医疗经验，成为我国传统医药宝库的

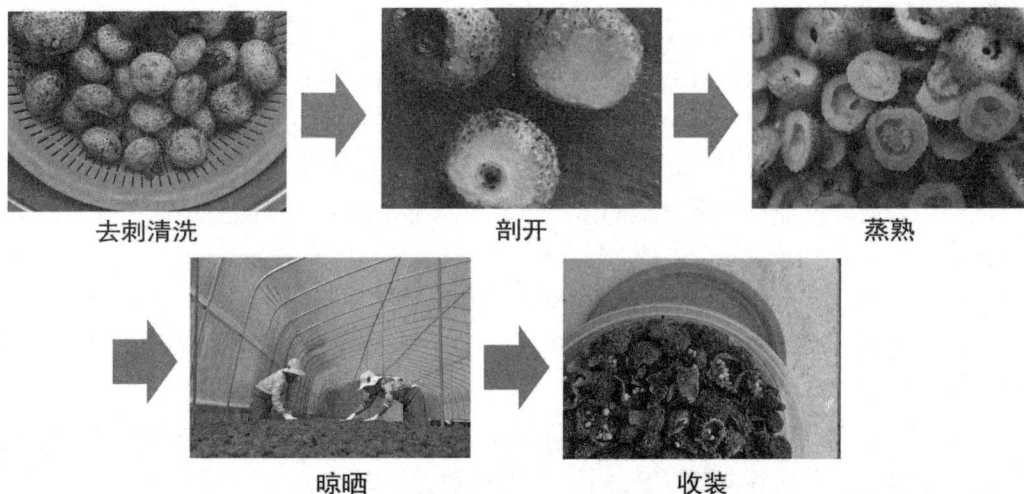

去刺清洗　　　　　剖开　　　　　蒸熟

晾晒　　　　　收装

图 3　刺梨干制作工艺流程

一部分。虽然苗族生活在植被繁茂、药物丰富的地区，但苗族早期迁徙频繁，所到之处大多是人迹罕至的荒僻山区和瘴疠之乡，自然条件十分恶劣，但这种环境反而锻炼了苗族生存斗争的能力。在这特定的条件下如果没有起源较早的医药活动，则民族无法得到生存和繁衍。苗药豆布脱就是我们通常说的刺梨，苗族祖先在久病不治寻医无方的情况下，由苗族寨老召集主持采药活动，采药前先在野外举行祭祀仪式，再将采摘的鲜药洗净、切片，用擂钵研磨备用，最后用瓦罐特配秘方熬制而成。

胡氏祖先研制出由刺梨、杜仲、苦丁等配置的刺梨干，药食两用，方便易存，可直接服用，可泡水当茶，可调配当酒，遵循传统中医理论，炮制方法独特，更为难得的是经过 100 多年的传承，至今仍然继承和保持着手工制作的传统特色。

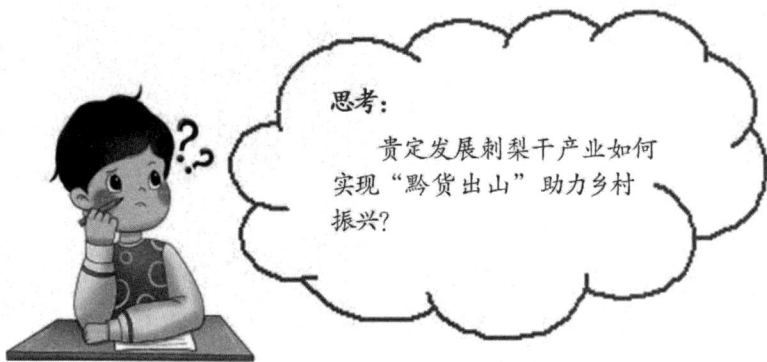

> 思考：
> 　　贵定发展刺梨干产业如何实现"黔货出山"助力乡村振兴？

三、目标与任务

（一）目标要求

A. 提高学生的农业文化素养和创新意识，加深对家乡特色农产品的认识，树立绿色农业的生产观念，为特色产业发展建言献策，培养学生热爱自然、热爱家乡的朴素情感。

B. 通过刺梨干制作技艺的学习，强化学生尊重知识和劳动的价值观念，养成良好的劳动习惯和态度，注重学生的体验感和获得感，使学生在实践中学会良好的劳动技能。

C. 引导学生珍惜粮食资源和环境资源，增强生态文明观念，提高社会责任感，增强环保意识，全面提高学生的综合素养，净化社会、校园、家庭环境，营造良好的生活和学习环境。

D. 通过刺梨干制作技艺的传承，让学生了解传统非遗文化，提高学生的实践能力和综合素质，增强学生对民族文化的认同感和文化自信。

（二）任务解析

A.通过周边教育、课程教学等形式，介绍刺梨干的传统文化背景和制作工艺，让学生了解刺梨干的文化历史、特点、制作等，提高学生对刺梨干制作技艺的认识，了解传统工艺的魅力和精华。

B.组织学生参加刺梨干制作活动，引导学生了解刺梨干制作的工艺步骤，培养学生的动手实践能力，增强学生的创新意识和团队合作意识。

C.通过参与和制作，增强学生对传统文化的认同感和文化自信，激发学生热爱优秀传统文化的热情，主动参与到文化遗产的保护与传承队伍之中。

D.制定节约粮食方案，通过周边教育、家庭教育等形式，引导学生珍惜粮食资源，树立勤俭节约的生活态度。

E.引导学生关注环境保护，组织学生参与保护活动，增强学生的环保意识和生态文明观念，提高学生的生态环保意识，使学生逐步树立生态环保、可持续发展的生态文明价值观。

本节内容旨在通过德育管理促进学生了解刺梨干制作的文化意义和技艺，增强对农业文化的认识和理解，引导学生珍惜粮食，树立良好的家国情怀和爱国主义情感。

四、德育内容

（一）面向教师的德育

A.理解爱国主义教育、国情教育、民族团结教育背后的深层次内涵，坚定不移跟党走，发挥教育方针政策的引领作用，认真履行教师责任与义务。

B.强化创新意识，提升实践指导能力，学会课堂教学与劳动实践相结合，致力于培养全面发展的新时代青年。

C.树立教育模范，规范自身举止行为和生活习惯，加强节约教育和环境保护教育，引导学生树立保护自然的发展理念，养成勤俭节约、低碳环保、自觉劳动的生活习惯，形成健康文明的生活方式。

D.关注乡土发展现状，搭建育人阵地，提高学生的文明素养，培养学生爱国爱乡情感，做家乡非物质文化遗产的宣传人，为家乡代言。

（二）面向学生的德育

A.弘扬中华传统文化，树立正确的文化、民族和价值观念，增强民族自豪感和身份自信，弘扬民族优秀传统文化，传承民族传统美德。

B.促进学生之间的合作与交流，激发学生间的团队意识和凝聚力，以参与者的角色构建班集体和谐氛围，促进班集体文化建设，营造良好的校园文化氛围。

C.增强学生的实践能力和动手能力，提高自身的技能水平，给学生提供一个交流学习的平台，促进彼此间的成果交流与分享，让学生互相学习、互相进步。

D. 积极传播环保理念，强化生态意识和环境保护的自觉性。建立科学、合理、可持续发展的正确认知，践行绿色生活理念，在校园营造出充满人文气息、和谐优美的学习氛围。

五、实施方法

（一）刺梨干文化课堂教学

A. 开展刺梨干的课堂教学，让学生了解刺梨干的起源、历史、特点、制作技艺等相关知识，提高学生对刺梨干的认识和了解，激发学生的探究兴趣，提高学习能力。

B. 组织学生分组讨论，探究刺梨干的制作工艺和制作过程中的问题，培养学生的创新意识和团队合作意识，激发对科学的探索精神，提高学生的动手能力和创造能力。

C. 配合语文、美术、生物、化学等其他学科知识，设计刺梨干文化主题的相关学习任务，以综合视角加深对刺梨干制作技艺的认识，激发学生的学习兴趣和探索欲望。

（二）刺梨干制作体验活动

A. 组织学生参加刺梨干制作活动，由专业教师全程指导，让学生亲身体验刺梨干制作的乐趣，增强学生对刺梨干制作的兴趣。

B. 通过制作刺梨干的活动，培养学生的动手实践能力和创新意识，同时增强学生的团队合作意识和沟通能力。

C. 通过刺梨干制作活动，培养学生珍惜粮食、节约用水的习惯，树立勤俭节约的生活态度，从而培养学生树立正确的劳动观、勤俭节约的劳动精神和精益求精的工匠精神。

（三）节约粮食教育活动

A. 制订节约粮食计划，通过周边教育、讨论会、主题班会等形式，宣传和普及节约粮食知识，培养学生珍惜粮食资源的意识。

B. 组织学生进行家庭调查，了解家庭粮食消耗情况和浪费现象，引导学生掌握节约粮食的方法和技巧。

C. 通过刺梨干制作活动，引导学生学会利用剩余物，减少粮食浪费。

（四）生态文明教育活动

A. 组织学生参与生态文明教育活动，包括节水、节能、分类等方面，引导学生关注环境保护与生态建设。

B. 组织学生参加社会公益活动，如环保义务劳动、街道清洁行动等，加深学生对生态文明的理解和认同。

C. 在校园周边种植刺梨等植物，培育学生对生态环境的关注和保护意识，同时引导学生学习绿色生活的方法和技巧。

六、实施步骤

A. 结合线上和线下收集到的有关资料，加深对刺梨干制作技艺非遗的系统认识，教师通过课堂授课的方式，详细地讲解刺梨干的历史文化背景和制作工艺，帮助学生加深认识。

B. 借助特殊的活动机会，安排指定时间和场所，在学校内设立刺梨干制作展示区域。在指导教师的帮助下，学生进行观摩和亲身操作，通过亲身参与，让学生感受制作刺梨干的乐趣，感受刺梨干从采摘到果干的制作全过程，激发学生的创造力。

C. 在活动进行的同时，邀请非遗传承人进校园，结合具有丰富制作经验的非遗传承人进行指导，让学生感受非遗文化的魅力，认识非遗项目保护与传承的现状，树立守护非遗的主动意愿。

D. 活动结束后对活动效果及学生学习成果进行总结评价，分析活动的不足之处，对本次活动中存在的问题及时改进，为后续活动作准备。

七、德育管理保障

A. 设立特别工作小组，负责刺梨干文化教育计划的制订，管理过程的监督和实施控制，具体负责相应的组织实施、业务指导、管理监督、考评考核等工作。

B. 全面加强对学生的德育工作，组织学生开展爱国主义、集体主义、勤俭节约、团队合作等主题教育活动，加强学生的个人品德修养，帮助学生树立正确的人生观和价值观。

C. 引导教师和学生共同参与，形成学生自我管理、班级互相帮助、教师关心、家长支持的良好氛围，加强学生学习的过程管理，规范教学组织工作，提升教学效益。

D. 配合学校安排，加强宣传和普及相关知识，营造刺梨干文化和生态文明教育氛围。

E. 活动期间，由活动主办方根据安全规章制度和危险性大小，采取相应的安全措施，杜绝活动风险，确保活动参与人员的安全。

八、总结与展望

刺梨干制作技艺的传承活动是一个家校合作的全面发展体验项目，旨在通过具体的学习和实践，让学生更深刻地了解传统非遗文化的魅力和精华。增强学生的实践能力和综合素质，提高学生的文化认知和民族自豪感，促进文化传承和交流，更好地保护和发扬民族文化的优秀传统。

九、非遗德育案例

地理教学设计之贵定刺梨产业与农旅融合发展

1. 授课年级

高一年级。

2. 课标及解读

课标要求：结合实例，说明工业、农业和服务业的区位因素。

课标解读：课标中的"结合实例"，首先要求学生能够通过案例，将所有可能的区位因素列出并归纳成自然与社会经济两方面。本节课以刺梨干为切入点，让学生通过对刺梨生产条件的分析、生产布局特征的归纳，分析贵定所具备的优势条件。其次，能够分析区位因素及其变化对农业生产活动的影响。以案例来分析农业区位影响因素与服务业区位影响因素及其变化，从因地制宜、和谐发展的角度分析农业地域的形成，了解农业、旅游服务业的影响因素，探索现代化农业、旅游服务业的发展方向。辩证分析刺梨产业发展存在的问题，通过学习让学生了解贵定农旅融合发展的现状，并为当地刺梨产业纵深发展、农旅进一步融合提出合理的建议。

3. 学情分析

在义务教育阶段的学习中，学生已经接触到世界和中国不同地区的农业发展的部分知识，如举例说明因地制宜发展农业的必要性和科学技术在发展农业中的重要性。初步了解农业的分布和不同的农业生产类型。通过必修二农业区位因素的学习，学生能分析某一农作物分布与自然环境、人文环境之间的相互关系，以及农业生产活动对地理环境的影响，同时高一年级下学期的学生已经具备一定的读图、析图、提取信息和分析推理的能力，在教学过程中将相关资料提供给学生，通过合作探究，让学生了解刺梨产业以及农旅融合实现可持续发展的方法与途径。

4. 教学目标

（1）分析贵定刺梨产业的农业区位因素，了解刺梨产业生产的条件、布局特点和存在的问题，说明刺梨生产活动以及农旅融合发展对地理环境的影响，了解区域农业可持续发展、实现三产融合纵深发展的方法与途径。（区域认知、综合思维、人地协调观）

（2）运用贵定刺梨产业发展以及农旅融合现状资料分析其影响因素，学会搜集和处理地理信息的能力，关注生活中的地理。（综合思维）

（3）关注家乡的特色非遗地理农产业的发展，从身边的地理环境入手，形成正确的资源观和环境观，树立可持续发展观念，学习刺梨干背后的文化内涵，形成文明的生活与生产方式。（区域认知、人地协调观）

5.重点难点

重点：刺梨区位条件和产业发展建议。

难点：综合分析和评价刺梨产业与农旅融合发展条件。

6.教法学法

案例分析法、问题探究法、多媒体辅助教学法、小组合作法等。

7.教学准备

学生：课前预习、分小组实地调查刺梨加工厂和上网搜集有关资料。

教师：制作多媒体课件、搜集刺梨种植和刺梨干文化相关教学资料。

8.课时安排

1课时。

9.教学过程

表1　评价量表

教学过程	教师行为	学生活动	设计意图
新课导入	【播放视频】播放《刺梨》视频短片。 【承转】刺梨，又名送春归，属蔷薇科野生植物，刺梨富含维C，是云贵高原及攀西高原特有的野生资源，以贵州为主产。刺梨干是由刺梨鲜果晒制或烘干而成，每百克干果的营养成分比每百克鲜果高出两倍以上。那么今天我们就一起来"品刺梨"吧，来一场独特的维C之旅。 【提问】小小的刺梨有哪些"不一般"之处？ 【承转】下面让我们一起来到刺梨干制作技艺的故乡——贵定，了解刺梨产业的发展、探索农旅融合发展的模式吧！	学生观看视频。 学生列举刺梨的特征，如：果皮有刺、开粉色的花、生命力顽强等。	运用视频导入，借助影像资源建立起学生头脑中对刺梨的印象，激发学生对刺梨产业了解的兴趣，进而引入本节课所要运用到的案例——刺梨产业发展及其农旅融合发展模式。

续表

教学过程	教师行为	学生活动	设计意图
刺梨产业及茶旅融合发展模式	【板书】刺梨干产业及农旅融合发展 【提问】1. 刺梨种植园建设要考虑哪些因素？（引导学生复习影响农业的主要区位因素） 2. 这些因素会不会变呢？ 【承转】以一系列数据说明贵定刺梨是典型的农业发展地区，自然条件深深影响了其农业发展。 【播放视频】《刺梨园建设宣传片》，并提醒学生在观看中思考刺梨园建设的自然环境条件。 【板书】一、地理环境 【投影】贵定位置和范围示意图，了解贵定县的地理位置。 【投影】1. 贵定的气候统计资料、地形图、土壤、水文及植被信息。 【提问】（1）分析贵定无霜期的原因。（2）分析贵定年平均日照时数较少的原因。	学生：影响刺梨种植园建设的因素有地形、气候、水源、土壤、市场、劳动力、交通、科技、政策等。 学生：自然因素变化不大，人文地理因素对农业的影响越来越大。 学生观看、思考、欣赏刺梨园美景和前景，并思考刺梨园建设的自然环境条件。 学生：地处亚热带低纬度地区，黔南州西北部，距都匀市中心区 50 千米左右。 学生小组合作探究展示： （1）贵定无霜期长的原因：纬度较低，气温较高。高原地形阻挡了冬季冷空气入侵，受冬季风影响较小；多阴雨天气，大气保温作用强，昼夜温差小。 （2）贵定年平均日照时数较少的原因：属亚热带季风气候，冬半年受昆明准静止锋影响，多阴雨天气，夏半年气候湿润，多云雨，太阳辐射弱。	激发学生联系上学期所学习的知识，归纳影响农业的区位因素，并带动促进学生形成区域认知与地理综合思维。 培养学生读图综合能力与地理分析能力。

续表

教学过程	教师行为	学生活动	设计意图
自然条件对刺梨生产的影响	2. 投影表格，让学生完成。 | 条件	类型或特点	对刺梨生产的影响
---	---	---
地形		
气候		
土壤		
生态环境		| 过渡：在这种有利的地理条件下，本地刺梨产业获得了哪些荣誉？展示各项荣誉和刺梨园景观图。	学生分析材料并填表。 | 条件	类型或特点	对刺梨生产的影响
---	---	---
地形	高原山地	利于排水
气候	亚热带季风气候	日照较少，雨量、气温适中
土壤	黄壤为主	刺梨富含营养物质
生态环境	森林广阔，空气清新	品质好，有机产品		让学生通过地理资料分析刺梨生长背后的自然地理环境因素，培养学生的地理分析与地理综合能力，在分析过程中建立学生的人地协调观念。
产业基础及发展成果	【板书】二、产业基础及发展成果 指导学生阅读材料，完成下列问题： 1. 贵定刺梨产业发展的条件优越，那发展的现状怎样呢？ 2. 列举刺梨大面积种植的生态效益。 关键词：保水、保土、降风、增湿、降温差等。 3. 阐述发展"农旅融合发展"的意义。（提供补充资料） 【师生小结】刺梨产业发展成果 （1）生态建设成果显著。 （2）基础设施逐渐完善。 （3）产业发展初具规模。 （4）农旅融合同步发展。	学生阅读材料并讨论，归纳总结。 1. 产业基础：①刺梨生产历史悠久；②种植区集中，面积大；③刺梨原料品质优良；④刺梨品牌得到认可。 2. 生态效益：保持水土、涵养水源、稳定和保持土壤肥力、降低风速、提高空气湿度和稳定气温等生态效益尤其突出。 3. "农旅融合发展"的意义： ①调整刺梨产业结构，延长产业链，使刺梨产业和旅游协调发展。②充分发挥刺梨资源优势，实现刺梨产业优质高产。	培养学生自学能力，以渐进提问的形式，培养学生的探究能力。培养学生的综合思维能力和语言表述能力。突出刺梨产业发展取得的成就。通过角色扮演，培养学生从不同角度看问题的习惯。

续表

教学过程	教师行为	学生活动	设计意图
产业基础及发展成果	【承转】刺梨产业及农旅融合发展虽然取得一些成绩，但还存在诸多问题。 【板书】三、存在问题及发展建议 【活动】角色扮演：展示材料"龙里刺梨干的发展"成功案例，将学生分为四组，即龙里刺梨干、贵定刺梨干、消费者、评判者组。 龙里刺梨干组：向贵定刺梨干介绍成功经验。 贵定刺梨干组：找出当前存在的问题。 消费者组：提出消费需求。 评判者组：对三组的回答进行点评，并提出发展建议。 教师在各个组陈述过程中给予指导，最后引导学生总结出：贵定刺梨产业的发展要实现生态效益、经济效益和社会效益三者的统一。	③促进城乡交流，缩小城乡差距，加快城乡一体化进程。 ④将生态环境优势转化为经济优势。 龙里刺梨干组：龙里出产的刺梨干是贵州省龙里县特产，也是中国国家地理标志产品。气味清香，质地柔软，有韧性。甜、酸适口。业务范围遍及全国，刺梨衍生的产品多样，远销北上广深。 贵定刺梨干组：①有机种植园面积比重小。②刺梨产业从业人员多，但专业技术人员极度缺乏。③未形成区域联合经营模式的龙头企业，缺乏市场竞争力。④产业文化缺乏，难以吸引大批休闲旅游人士。 消费者组：要综合体验劳动过程，看美景、喝刺汁、吃刺干、享养生等。 评判者组：对各组作点评（略），并提出发展建议：①普建有机种植园，提高刺梨品质。②提高科技含量，规范刺梨干生产。③规模化经营，提高市场占有率。④发展"农旅融合"新模式，提升品牌知名度。	培养学生合作探究的意识以及运用知识解决实际问题的能力。

续表

教学过程	教师行为	学生活动	设计意图
小结	本课以刺梨产业与农旅融合发展为例，分析影响该地区刺梨产业发展的主要因素、存在的问题并提出发展建议。区域农业的发展要综合考虑自然和社会经济因素，合理安排农业生产布局，实现区域内经济、社会和生态效益的统一。	学生通过画思维导图，对本节课学习的内容进行归纳总结。	培养学生理论联系实际的能力，培养学生区域认知与可持续发展观念。
练习巩固	作业：为促进"农旅融合"进一步发展，请你对贵定刺梨种植区的规划建设提出合理化建议。		

■ 问题探究

刺梨酒发酵酿造技术

刺梨酒发酵酿造工艺流程如下：

1. 鲜果挑选：选取无腐烂、无病虫害，果实大、肉厚，充分成熟的果实。

2. 清洗修整：熟果用流水冲洗干净，用小刀进行切分，然后自然沥干水分。

3. 榨汁：将刺梨送入破碎机进行破碎，再输入压榨机压榨。

4. 调汁：为减少维 C 的损失，果汁要及时处理。添加少量碳酸钙使果汁含酸度下降至 0.7 左右，加入少量的苯甲酸钠以抑制杂菌生长。

5. 主发酵：在发酵桶内添加酒母搅拌均匀进行发酵，控制发酵温度和时间。

6. 后发酵：适当添加蒸馏果酒或食用酒精提高酒精含量，将酒桶密封置于恒定温度，连续一个月左右进行后发酵。

7. 陈酿：后发酵结束后，排出酒脚，于15℃左右长时间陈酿。

8. 下胶澄清、冷处理：原酒陈酿后，用明胶于原酒中搅匀，静置 2～3 周，待沉淀完全后，虹吸上层酒液过滤，在 5℃左右冷藏澄清，过滤分离酒脚。

9. 调配、灌装：过滤的原酒按产品质量标准调整酒精度后灌装成品，检验后入库贮藏。

任务清单：

1. 调汁环节中添加碳酸钙有何作用，请结合化学知识加以解释。

2. 市面上对于刺梨酒的定位是保健品，你认为这样定位是否恰当。

第三节　音韵悠扬·技艺非凡——布依族器乐演奏绝技

布依族器乐演奏绝技属于省级传统体育、游艺与杂技项目类非物质文化遗产项目。乐器是布依族人民创造美好生活的必需品。布依节庆时所用乐器都是由民间艺人手工制作的，乐器的材料、形状、效能、性能等都具有鲜明的民族特征。

图1　布依族乐器

一、指导思想

音乐作为美育的基本课程，是学校实施美育的重要途径，具有情操教育、心灵教育、以美育人功能，要培育和践行社会主义核心价值观，培养学生的音乐学科核心素养，落实立德树人根本任务，发展素质教育服务。通过多样、生动的音乐教学，使学生在潜移默化中陶冶道德情操，开掘创造潜能，培养团队精神，提高审美与人文素养。

二、布依族演奏绝技

（一）布依族演奏绝技简介

布依族是中国重要的少数民族之一，具有丰富的文化遗产，其中器乐演奏绝技就是其中之一，并被纳入贵州省第三批非物质文化遗产名录，属于传统体育、游艺与杂技类非遗项目。

布依族器乐演奏绝技以独特的音韵技表现出丰富的情感，它不仅具有自己的艺术形式，而且是布依族人传承文化的重要载体，在布依族戏剧、舞蹈、音乐、民俗节庆中发挥着不可或缺的作用，承载着厚重的布依民族文化精髓。

（二）布依族主要器乐

布依族民间乐器包括管乐器、弦乐器和打击乐器三种。

1.管乐器：主要有唢呐、萧筒、竹笛等

（1）唢呐

唢呐是中国传统双簧木管乐器，它的音色雄壮，管身多由花梨木、檀木制成，唢呐是纯律乐器，高音唢呐发音穿透力、感染力强，过去多在民间的鼓乐班和地方曲艺、戏曲的伴奏中应用。

（2）萧筒

萧筒属于吹管乐器，选用一段水竹，在水平方向开有一个"U"形的风口，在竹管身上开有5个发音孔，可发出一组完整的五声音阶5、6、1、2、3，萧筒是没有笛膜的，又称为"无膜笛"。在八音乐队中萧筒穿透力强，常与竹笛同时担任主要旋律。

（3）竹笛

竹笛属于吹管乐器，在有些八音队中用竹笛代替萧筒，其主要由布依族当地所产的竹子制作而成，在选材上一般选用一根长约38厘米、外径1.5厘米的竹竿，在竹竿的一侧上开有6个按音孔、1个笛膜、1个吹孔，竹笛可以演奏出一组完整的七声音阶。

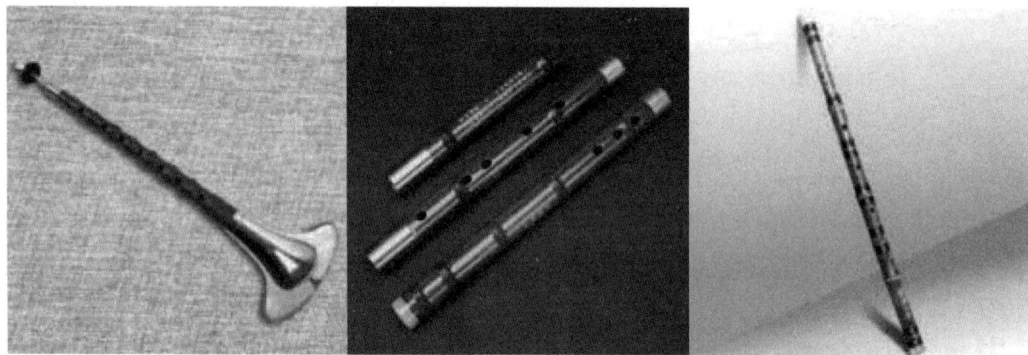

图2　唢呐、萧筒、竹笛（从左至右）

2.弦乐器：主要有莽胡、无柄三弦、月琴、中胡、京胡、三弦琴等

（1）莽胡

莽胡音色宽厚柔和、沉闷，能演奏较高的把位，在唢呐表演中莽胡必不可少，起到帮衬作用。

（2）无柄三弦

无柄三弦由于弹奏旋律的音域高低变化自由，可奏出各种滑音，在演奏中能够起到衬托作用，具有丰富的变现力。

（3）月琴

月琴作为中国传统乐器，多个民族都有使用。布依族对月琴的使用多在八音坐唱、布依戏等众人参与的艺术形式中。它的音色清脆悦耳，节奏鲜明，它的音量较小，高声清脆，中音明亮，低音丰满。

（4）中胡

它的音色具有柔和抒情的特点，发出的声音极富歌唱性，宛如人的歌声，优美动听。

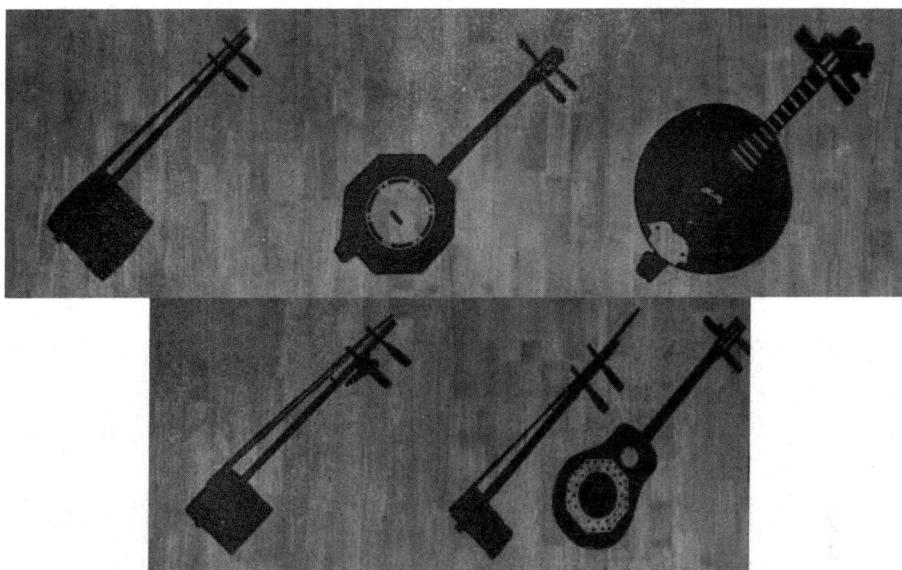

图3　莽胡、无柄三弦、月琴、中胡、京胡、三弦琴（从左至右）

思考：
月琴的音箱有哪些形状？
不同形状月琴的用途有区别吗？

（5）京胡、三弦琴

京胡在八音弹唱中音区高，音色亮而集中，穿透力强。

三弦琴在八音弹唱中是高音乐器，音色明亮而清脆，在弹奏中居主弦地位。

3.打击乐器：主要有皮鼓、铜鼓、竹点等

（1）皮鼓

皮鼓的结构比较简单，由鼓皮和鼓身两部分组成。鼓皮是鼓的发音体，通常是用动物的皮革蒙在鼓框上，经过敲击或拍打使之振动而发声。

（2）铜鼓

贵州铜鼓分布范围广，由铜、锡、铝合金等铸造而成，制作工艺考究。鼓面多铸有太阳纹、翔鹭纹、十二生肖、钱纹、竞渡纹、云纹、乳钉纹、枬纹、游旗纹等纹饰。由于铜鼓所具有的乐器和神器的社会功能，逐渐成为重器。因而，铜鼓成为了身份、权力、财富的象征，贵州各族均有使用，苗、侗族最为普遍。

（3）竹点

竹点在八音弹唱中声音清脆明亮，左右敲击，发出"公""母"声，在演奏中起到控制速度、指挥的作用。

图4 皮鼓、铜鼓、竹点（从左至右）

三、目标和任务

（一）目标要求

A.提高学生的民族文化素养和创新意识，培养学生的文化基因，唤醒文化自觉和自信，激发学生的民族自豪感，激发学生对相关课程和活动的学习兴趣。

B.通过布依族器乐演奏绝技的学习，强化学生尊重知识和劳动的价值观念，提高情感表达能力，增强社会适应能力。

C.引导学生珍惜文化遗产和传承文化，增强学生的民族意识和民族自豪感，提高学生对传统文化的认识和理解，树立文化自信，陶冶情操，强化文化认同感。

D. 倡导和谐的校园文化氛围，加强师生、家长与学校之间的交流互动，营造良好的教书育人环境，促进校园环境的美化提升。

（二）任务解析

A. 通过周边教育、课程教学等形式，让学生了解布依族器乐的文化历史、特点、演奏技巧等相关知识，加深学生对布依族器乐的认识和了解。

B. 通过组织学生分组讨论、听讲、演练等形式，深入挖掘布依族器乐演奏绝技的技艺和特点，培养学生的创新意识和团队合作意识。

C. 开展学生音乐论坛，让学生分享自己的感悟和见解，提升学生的综合素质和思辨能力，培养学生的文化创新意识，增强学生对中华优秀传统文化保护与传承的责任感和使命感。

本方案以布依族器乐演奏绝技为主题，旨在通过德育管理促进学生了解布依族器乐演奏绝技的文化意义和技艺，增强对民族文化的认识和理解，培养学生的文化自信和民族自豪感，同时提升学生的综合素质，促进学生的全面发展，引导学生珍惜文化遗产，树立爱国主义情感和文化自信。

四、德育内容

（一）面向教师的德育

1. 培养音乐艺术修养

通过学习布依族器乐，提高学生对音乐的感知和理解，从而培养学生的音乐欣赏和演奏能力，提高学生的音乐素养和艺术修养。

2. 弘扬集体主义精神

通过合奏、演出等形式，加强学生的团队意识和合作能力，增强学生的团队荣誉感和集体荣誉感。

3. 培养创新思维能力

通过音乐创作、演出和评比等活动，培养学生的创新思维和实践能力，提高学生的自主创新能力。

4. 增强文化自信与民族自豪感

通过学习布依族器乐，深化学生对布依族文化的认识和理解，提高学生的文化自信和民族自豪感，并促进学生的全面发展和成长。

（二）面向学生的德育

A. 主动学习主要的布依族器乐和表现形式，提升对这些器乐的欣赏和理解能力，从而提升音乐鉴赏的能力。

B. 在学习过程中，跟随教师的讲解学习相关乐理知识、音乐技巧、节奏感等，将音乐与生活联系在一起。

C.发掘自己的音乐天赋,提高音乐表达和演奏能力,形成音乐素养,实现更全面、更充实、更精彩的成长。

D.积极参与各类音乐活动,成为布依族器乐团队的一员,学习表演和演奏技巧。

E.开展音乐创作和演出,大胆进行个性化尝试,根据自身的特点和所学技术,自主创造表现形式,寻求与众不同的表述和创新。

F.通过集体行动,培养协作、团结、友爱的理念,共同致力于学校音乐文化事业的繁荣发展和推广。

五、实施方法

(一)暑期社会实践

组织学生赴贵州省调研布依族器乐演奏绝技的传承和发展现状,了解当地文化遗产资源保护现状和相关院校的音乐专业及其教学特点,拓宽学生的视野和视角。

(二)布依族器乐课堂教学

通过布依族器乐的相关教学和实践,让学生了解布依族器乐的种类、演奏技巧和传承演进等相关知识,提高对民族文化的认识和理解。

(三)器乐演奏指导

甄选优秀的器乐演奏专业教师,为学生提供详细的技术指导和个人演奏机会,同时提供合乐演奏机会,培养学生的合作意识和音乐表演能力。

(四)布依族器乐演出和文化交流

为学生提供在布依族地区进行器乐表演和交流的机会,让学生了解并感受布依族音乐文化的独特性和魅力,借此提高学生对多元文化的了解和认知。

(五)组织学生参加音乐比赛

引导学生参加音乐比赛和展示活动,为学生提供展示才华和锻炼技巧的机会,激发学生的个人音乐兴趣和特长,培养新型人才。

六、实施步骤

(一)布依族器乐文化推广活动

1.确定活动目标

组织音乐会或音乐节活动,让更多人了解和体验布依族器乐的独特魅力。

2.活动策划

整合学校、社区、家长等力量,统筹安排表演、比赛、宣传、赞助、奖品,等等。

3.组织学习

对布依族器乐演奏绝技进行学习和培训,提高学生的专业技能与文化素质。

4.组织比赛/表演

制定比赛规程、确定表演节目,并进行赛前和赛中的安全检查,确保比赛/表演安全有序进行。

5.常规总结

总结评估活动效果，给予奖品，鼓励学生继续完善自身技能和水平，鼓励学生进行科学探究和创新思维。

（二）布依族器乐课堂教学

A.在学校教育活动中，将布依族器乐文化融入到日常教育中，引导学生了解民族文化，促进文化交流和跨文化融合。

B.将乐器融入音乐课堂，教师教授相关乐器的演奏技巧，指导学生实践练习，强化布依族乐器的演奏能力。

C.以个人和小组的形式进行器乐演奏表演，培养个人表现能力和团队合作精神，促进分享与交流学习，提升音乐素养。

D.积极开展校园文化艺术节或相关音乐比赛，为学生提供展示自我才华的机会，积极大胆展示学习成果，培养音乐学习兴趣。

E.抓住外出交流机会，向非遗传承人学习，提升对布依族器乐的认识，了解多元化的布依音乐文化，强化技能学习。

（三）营造别样的环境氛围

A.结合学校特色和学生特点，完善相关类别课程设置，建立布依族音乐文化研究领域的课程体系，加强与语文、历史、地理等学科的有机融合，为有志于从事布依族音乐研究的学生提供顶尖的师资和学习平台。

B.通过提供需要的文化资源、音乐教材和实地考察等形式，使学生更加了解和深刻地理解布依族器乐演奏绝技的产生、发展和意义，并逐渐提高对布依族文化的认知和理解。

C.通过真实案例引导学生关注传统文化并进行思考，让学生明白传统非遗文化对于我们民族发展、学习生活的重要性。

七、德育管理保障

A.设立特别工作小组，负责布依族器乐文化教育计划的制订和推进，管理过程的监督和实施控制。

B.全面加强对学生的德育教育，组织学生开展爱国主义、集体主义、勤俭节约、团队合作等主题教育活动，为学生终身学习奠定良好的德育基础。

C.引导教师和学生共同参与，形成学生自我管理、班级互相帮助、教师关心、家长支持的良好氛围。

D.配合学校安排，加强宣传和普及相关知识，营造布依族器乐文化和交流教育氛围。

八、总结与展望

通过上述布依族器乐文化教育措施的实施，学生的文化素养得到提高，创新意识和团队合作能力得到进一步的加强，同时也提高了学生对民族文化的认识和关注程度。相信在今后学校教育和生活中，学生将更好地传承和弘扬布依族器乐文化这一民族文化遗产，为中华民族的文化传承和发展做出应有的贡献。

九、非遗德育案例

社会调查范例：黔南布依族乐器特色文化产业发展与现状调查

（一）背景介绍

黔南是贵州省主要的少数民族聚集地之一，这里历史悠久，布依族文化璀璨夺目。在地理因素和民族文化等多重因素作用下，黔南产生了无数别具特色的非遗文化，布依民族乐器便是其中之一。随着现代科技的发展，新型乐器对布依民族乐器的冲击有目共睹，布依民族乐器的传承和保护面临着诸多问题。因此，对黔南地区布依民族乐器进行实地调查迫在眉睫。

（二）调查方法

本次调查采用的是问卷调查和实地访谈相结合的方法。通过问卷发放和实地访谈，了解当地民间音乐文化的现状和发展情况，以及当地民族乐器制作、销售和演奏的实际情况。

（三）调查状况

1. 黔南布依族乐器的种类

通过问卷调查和实地访谈，了解到黔南布依族乐器种类较为丰富，包括管乐器、弦乐器和打击乐器三种。管乐器主要有唢呐、竹笛、萧筒等；弦乐器主要有莽胡、无柄三弦、月琴、中胡、京胡、三弦琴等；打击乐器主要有皮鼓、铜鼓、竹点等。

2. 黔南布依族乐器的制作情况

据访谈得知，黔南的布依族乐器制作历史非常悠久，传承了百年手工制作技术，制作出来的乐器音色纯正，品质卓越。现在黔南少有专业的乐器制作工厂，存在一些手工制作的小作坊，他们传承了家族式的制作技艺。不过当前黔南的布依民族乐器制作面临一些困难，手艺人数量减少，青年一代从事意愿低，技艺面临失传的困境，进而出现"以买代做"的现象。

3. 黔南布依族乐器销售情况

据调查得知，黔南当地一些小作坊的布依民族乐器有一定的销售量，主要是小规模的当地销售和网络销售，但销售区域具有一定的局限性，市场开拓仍然不足。同时，由于市场品种单一，缺乏创新，导致乐器市场饱和。要想扩大市场，提高销售量，需要注重品牌建设和开拓新的销售渠道。

（四）现状成因分析

1. 审美标准"西化"

民族器乐无论是乐器演奏，还是曲调进行，在音色技法和作韵技法方面均达到了极其精妙的境界，在艺术意境创造和表现上自成体系，照搬西洋乐器进行改动和模仿，忽略了民族乐器个性鲜明、独韵丰富的特点，抹杀了传统民族器乐演奏中最有味道、最具个性的部分。

2. 布依民族器乐教育的偏失

大部分调查者认为布依族器乐演奏音响单薄，演奏形式呆板枯燥，当前民族器乐教育局限于少数专业院校。民族器乐教学的目的绝不仅是听几首乐曲，演奏几首曲目，而是带领学习者透过音乐现象、音乐形式的表面，理解其所承载的文化内涵，体悟其所蕴含的民族气韵，树立科学的传统艺术审美观，在与西方多元文化的交融中，始终保有自己的精神风貌。因此，当下的民族器乐教学需要在内容和形式上进行调整和改革。

3. 传统生存环境的变革

社会历史发展，农业社会自给自足的封闭状态被打破，现代社会的开放性、流动性、体制化、组织化在很大程度上消解了古老农业社会的文化差异，特定文化群体的生活方式、价值观念以及文化传统都在发生翻天覆地的变化，各种传统民乐品种发生、发展所赖以生存的土壤已经改变，加上广播、影视、网络、音像制品等现代传媒高度发达，更加剧了传统民乐原有的自为存在方式的根本性变革。

（五）黔南布依族乐器发展的生机

1. 民族文化传承与创新

布依族乐器是布依族文化的重要组成部分，具有悠久的历史和独特的音乐风格。在黔南地区，布依族乐器得到了广泛的传承和发展，同时也在不断创新，为布依族文化注入新的元素和风格。

2. 政府支持与推动

黔南地区政府对布依族乐器的发展给予了大力支持，通过举办各种文化活动、设立专项资金等方式，推动布依族乐器的传承和发展。政府支持为布依族乐器的发展提供了有力的保障。

3. 市场需求与商业机遇

随着旅游业的不断发展，黔南地区的旅游市场日益繁荣。布依族乐器的表演成为了旅游市场的一大亮点，吸引了众多游客前来观赏。同时，布依族乐器也成为了当地特色文化产品，得到了广大消费者的喜爱。这种市场需求为布依族乐器的发展提供了商业机遇。

4. 文化交流与融合

随着全球化的不断推进，不同民族之间的文化交流日益频繁。黔南地区的布依族乐器在与其他民族乐器的交流中，不断吸收新的元素和风格，形成了独具特色的音乐风格。这种文化交流与融合为布依族乐器的发展注入了新的活力。

■ 问题探究

辨一辨：月琴与琵琶

　　最早被称为"琵琶"的乐器大约在中国秦朝出现。琵琶由六个相、二十四个品构成了音域宽广的十二平均律。其一弦为钢丝，二、三、四弦为钢绳尼龙缠弦。琵琶发声十分特殊，它的泛音在古今中外的各类乐器中居首位，不但音量大，而且音质清脆明亮。同时，琵琶发出的基音中又伴有丰富的泛音，这种泛音能使琴声在传播中减小，具有较强的穿透力。

　　月琴是由阮演变而来的。到了清代，月琴就与阮完全不同了，琴杆缩短为琴颈，演变为现代的式样。月琴音箱呈月牙形或满圆形，琴脖短小，琴首琴颈为一体。琴颈和音箱边框用红木、紫檀木制，边框用六块规格一致的木板胶接而成。面板和背板桐木制。箱内置两道音梁，支两个音柱。四轴，四弦，每两弦同音，五度定弦。琴颈和面板上设八或九个品位。

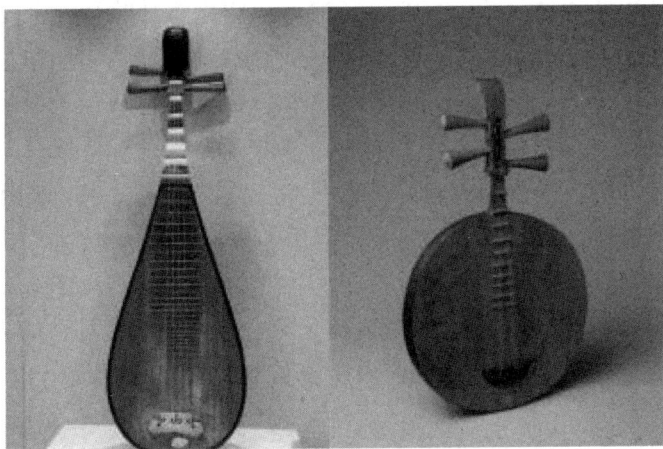

图 5　琵琶与月琴（从左至右）

任务清单：

1. 自行查阅资料，归纳琵琶与月琴两种乐器构造上的异同点。

2. 结合自身兴趣选择一款乐器，学习相关经典曲目的演奏。

章末问题研究

非遗教育两步走："请进来"与"走出去"

习近平总书记指出，要加强非物质文化遗产保护和传承，积极培养传承人，让非物质文化遗产绽放出更加迷人的光彩。我们要让非遗"活起来""走出去"，更好地开展非遗的传承和保护工作，坚定文化自信，守住民族之魂。

非遗教育中蕴含着文化价值、科技价值、育人价值、实践价值。它具有传承中华优秀传统文化与推动立德树人这一教育根本任务落地落实的双重使命。要促进全社会形成广泛共识，政府、社会、学校、家长、教师发挥育人合力，推动构建非遗文化教育体系。

非遗文化进校园作为民族文化传承的一种方式，一方面使学生长期处在非遗文化、传统文化的熏陶之内，对其价值取向、思维方式、认知水平形成积极作用，使学生逐渐感受到中华文化的博大精深，进而从心底里建立起高度的民族自豪感、文化责任感和国家复兴意识；另一方面，还有助于构建出区域性、主题性的校园文化特点，提升校园环境整体的艺术表现力和文化价值。

"酒香也怕巷子深"，传承"非遗"不能一味因循守旧，必须结合时代特点，让人们主动走进来，"非遗"文化走出去。旅游产业第一步就是规划，配套完善文化旅游设施和生活生产等基础设施，搭建框架，吸引资源流入，同时引导市场、人才回流，完善好教育、医疗、公共服务。设立乡村记忆博物馆，打造非遗主题类研学基地，吸引家校带领学生学习、体验非遗，形成"非遗＋教育＋旅游"复合发展模式。深入挖掘地方文化特色，打造出具有地方特色的村寨，将本地亮点推广出去，促进当地的旅游业发展助力乡村振兴。实现以品牌资源反哺"非遗"，实现文化、人才、产业多赢的局面。

资料分析

2011年，《中华人民共和国非物质文化遗产法》颁布，明确要求学校应当按照国务院教育主管部门的规定，开展相关的非物质文化遗产教育。有许多学科知识能与非遗内容建立有机联系，就高中地理而言，课程标准对必修地理2、选修5、选修6模块提出了具体的内容要求，如"2.3 结合实例，说明地域文化在城乡景观上的体现""5.2 举例说明某种旅游资源的成因和价值"等，这些内容要求与非遗教育密切相关。

请结合实际情况设计一份"非遗教育与地理学科融合现状"调查问卷，了解教师在地理教学中渗透非遗教育的状况，以及同学们对地理课程与非遗教育融合的看法，收集相关的意见并撰写一份调查报告。

后　记

　　随着《传承黔南非遗　共筑德育之路》的最后一页缓缓合上，我们的心中充满了难以言喻的感慨与欣慰。这部书籍的诞生，不仅是对黔南非物质文化遗产的一次深情致敬，更是对如何在现代教育体系中融入传统文化精髓、探索德育新路径的一次勇敢尝试。回望整个创作过程，从最初的灵感闪现到最终的成书问世，每一步都凝聚了无数人的心血与智慧，也见证了我们对文化传承与德育创新的执着追求。

　　在撰写过程中，我们深刻体会到黔南非遗不仅仅是一种艺术形式或技艺传承，它更是一种精神的寄托、一种文化的自信。这些非遗项目，无论是古老的民族歌舞、精湛的民间手工艺，还是富有哲理的民间故事与传说，都蕴含着丰富的道德观念、价值观念和社会规范，是黔南人民在长期生产生活实践中形成的精神财富。因此，我们尝试将这些元素融入德育教育的探讨中，希望能够在青少年心中种下文化的种子，激发他们的民族自豪感与责任感，引导他们树立正确的世界观、人生观和价值观。

　　同时，我们也意识到，传承黔南非遗并非一朝一夕之功，它需要全社会的共同努力与持续关注。因此，在本书的结尾部分，我们特别呼吁广大读者、教育工作者以及政府相关部门能够积极参与到黔南非遗的保护与传承中来，共同为这一伟大事业贡献自己的力量。我们相信，只要大家携手并进、共同努力，黔南非遗一定能够在新的时代背景下焕发出更加璀璨的光芒。

　　此外，我们还想对在本书创作过程中给予我们支持与帮助的所有人表示衷心的感谢。感谢那些无私奉献的非遗传承人，是他们用精湛的技艺和不懈的努力为我们提供了宝贵的素材与灵感；感谢各位专家学者的悉心指导与宝贵意见，是他们的智慧与学识让我们的作品更加完善与深刻；感谢出版社的同仁们辛勤工作与精心编辑，是他们的努力让这部书籍得以顺利出版并呈现在读者面前。

最后，我们期待着《传承黔南非遗 共筑德育之路》能够引发更多人的关注与思考，成为推动黔南非遗保护与传承、促进青少年德育教育工作发展的重要力量。让我们携手并进，在传承与创新中共同书写中华文化的辉煌篇章！

由于自身学识与视野有限，书中难免存在不足之处。因此，我们诚挚地邀请每一位读者，以您宝贵的眼光和独到的见解，对本书进行批评与指正。

编 者

2024 年 9 月